Utilize este código QR para se cadastrar de forma mais rápida:

Ou, se preferir, entre em:
www.moderna.com.br/ac/livroportal
e siga as instruções para ter acesso aos conteúdos exclusivos do
Portal e Livro Digital

CÓDIGO DE ACESSO:

A 00274 ARPHIST5E 8 81140

Faça apenas um cadastro. Ele será válido para:

Da semente ao livro,
sustentabilidade por todo o caminho

Plantar florestas
A madeira que serve de matéria-prima para nosso papel vem de plantio renovável, ou seja, não é fruto de desmatamento. Essa prática gera milhares de empregos para agricultores e ajuda a recuperar áreas ambientais degradadas.

Fabricar papel e imprimir livros
Toda a cadeia produtiva do papel, desde a produção de celulose até a encadernação do livro, é certificada, cumprindo padrões internacionais de processamento sustentável e boas práticas ambientais.

Criar conteúdos
Os profissionais envolvidos na elaboração de nossas soluções educacionais buscam uma educação para a vida pautada por curadoria editorial, diversidade de olhares e responsabilidade socioambiental.

Construir projetos de vida
Oferecer uma solução educacional Moderna é um ato de comprometimento com o futuro das novas gerações, possibilitando uma relação de parceria entre escolas e famílias na missão de educar!

Taciro Comunicação, Alexandre Santana e Estúdio Pingado

Apoio:
www.twosides.org.br

Fotografe o Código QR e conheça melhor esse caminho.
Saiba mais em *moderna.com.br/sustentavel*

ARARIBÁ PLUS
História
8

Organizadora: Editora Moderna
Obra coletiva concebida, desenvolvida e produzida pela Editora Moderna.

Editora Executiva:
Ana Claudia Fernandes

5ª edição

© Editora Moderna, 2018

Elaboração dos originais:

Maria Raquel Apolinário
Bacharel e licenciada em História pela Universidade de São Paulo (USP).
Professora da rede estadual e municipal de ensino por 12 anos.
Editora.

Letícia de Oliveira Raymundo
Mestre em Ciências pela Universidade de São Paulo (USP),
no programa: História Social.
Editora.

Bruno Cardoso Silva
Bacharel e licenciado em História pela Universidade de São Paulo (USP).
Editor.

Dirceu Franco Ferreira
Doutorando em História Social pela Universidade de São Paulo (USP).
Professor de escolas particulares de São Paulo.
Editor.

Janaina Tiosse de O. Corrêa Cilli
Bacharel e licenciada em História pela Pontifícia Universidade Católica de São Paulo (PUC-SP).
Editora.

Maria Lídia Vicentin Aguilar
Bacharel e licenciada em História pela Universidade de São Paulo (USP).
Professora em escolas públicas e particulares de São Paulo.

Camila Koshiba Gonçalves
Doutoranda em História Social pela Universidade de São Paulo (USP).
Professora em escolas particulares de São Paulo.

Carlos Mauro de Oliveira Junior
Doutor em História Social pela Universidade de São Paulo (USP).
Professor da Faculdade de Formação de Professores da Universidade Estadual do Rio de Janeiro (UERJ).

André Nicacio Lima
Doutor em História Social pela Universidade de São Paulo (USP).
Redator.

Gabriel Passetti
Doutor em História Social pela Universidade de São Paulo (USP).
Professor na Universidade Federal Fluminense (UFF).

Coordenação editorial: Maria Raquel Apolinário, Ana Claudia Fernandes
Edição de texto: Maria Raquel Apolinário, Letícia de Oliveira Raymundo, Bruno Cardoso Silva, Dirceu Franco Ferreira, Janaina Tiosse de O. Corrêa Cilli, Pamela Shizue Goya, Maiara Henrique Moreira
Edição de conteúdo digital: Audrey Ribas Camargo
Assistência editorial: Rosa Chadu Dalbem
Gerência de *design* e produção gráfica: Sandra Botelho de Carvalho Homma
Coordenação de produção: Everson de Paula, Patricia Costa
Suporte administrativo editorial: Maria de Lourdes Rodrigues
Coordenação de *design* e projetos visuais: Marta Cerqueira Leite
Projeto gráfico e capa: Daniel Messias, Otávio dos Santos
Pesquisa iconográfica para capa: Daniel Messias, Otávio dos Santos, Bruno Tonel
   Fotos: Thomas Samson/AFP/Getty Images, v74/Shutterstock, Sociedade Histórica de Nova York/Getty Images – Museu do Louvre, Paris
Coordenação de arte: Carolina de Oliveira
Edição de arte: Tiago Gomes Alves
Editoração eletrônica: APIS design integrado
Edição de infografia: Luiz Iria, Priscilla Boffo, Giselle Hirata
Coordenação de revisão: Maristela S. Carrasco
Revisão: Beatriz Rocha, Cárita Negromonte, Cecilia Oku, Mônica Surrage, Renato da Rocha, Simone Garcia
Coordenação de pesquisa iconográfica: Luciano Baneza Gabarron
Pesquisa iconográfica: Camila Lago, Daniela Barúna, Elena Ribeiro
Coordenação de *bureau*: Rubens M. Rodrigues
Tratamento de imagens: Ademir Francisco Baptista, Fernando Bertolo, Joel Aparecido, Luiz Carlos Costa, Marina M. Buzzinaro
Pré-impressão: Alexandre Petreca, Everton L. de Oliveira, Marcio H. Kamoto, Vilney Stacciarini, Vitória Sousa
Coordenação de produção industrial: Wendell Monteiro
Impressão e acabamento: Esdeva Indústria Gráfica Ltda.
Lote: 288500

Dados Internacionais de Catalogação na Publicação (CIP)
(Câmara Brasileira do Livro, SP, Brasil)

Araribá plus : história / organizadora Editora Moderna ;
   obra coletiva concebida, desenvolvida
   e produzida pela Editora Moderna ; editora
   organizadora Maria Raquel Apolinário. – 5. ed. –
   São Paulo : Moderna, 2018.

   Obra em 4 v. para alunos do 6º ao 9º ano.
   Bibliografia.

   1. História (Ensino fundamental) I. Apolinário,
Maria Raquel.

18-16932   CDD-372.89

Índices para catálogo sistemático:
1. História : Ensino fundamental   372.89

Maria Alice Ferreira – Bibliotecária – CRB-8/7964

ISBN 978-85-16-11202-8 (LA)
ISBN 978-85-16-11203-5 (LP)

Reprodução proibida. Art. 184 do Código Penal e Lei 9.610 de 19 de fevereiro de 1998.
Todos os direitos reservados
EDITORA MODERNA LTDA.
Rua Padre Adelino, 758 – Belenzinho
São Paulo – SP – Brasil – CEP 03303-904
Vendas e Atendimento: Tel. (0_ _11) 2602-5510
Fax (0_ _11) 2790-1501
www.moderna.com.br
2020
Impresso no Brasil

1 3 5 7 9 10 8 6 4 2

Imagens de capa

A balsa da Medusa, pintura de Théodore Géricault, 1818-1819; sala do Museu do Louvre, em Paris, França, onde a pintura está localizada (foto de 2018); *videogame* portátil.

A obra *A balsa da Medusa* é um ícone do Romantismo, movimento sociocultural surgido entre os séculos XVIII e XIX. Influenciado pela Revolução Francesa e pela expansão napoleônica, o Romantismo expressou as transformações em curso na Europa naquele período, temas que serão estudados neste livro.

APRESENTAÇÃO

A **história** é uma viagem que fazemos ao passado orientados pela bússola do tempo presente. Como toda viagem, ela é capaz de nos proporcionar prazer e emoção, mas também dor, estranhamento e perplexidade diante de tragédias e crimes humanos. Mas o saldo é quase sempre positivo, pois temos a oportunidade de aprender com outros povos, tempos e culturas e descobrir que não existe fatalidade na história, que algo que aconteceu poderia não ter acontecido, que outros caminhos poderiam ter sido trilhados. Somos nós que fazemos a história, ainda que limitados, em certa medida, pelas condições sociais em que vivemos.

Convidamos você a embarcar nessa viagem a bordo do **Araribá Plus História**, obra coletiva que há quinze anos vem conduzindo estudantes de todo o Brasil em uma expedição pelos caminhos, temas e tempos da história. Agora, em sua 5ª edição, esse projeto coletivo foi amplamente renovado. Ele foi reprogramado de acordo com as habilidades e os objetos de conhecimento estabelecidos pela **BNCC de história**, mantendo, porém, as características que têm sido a sua marca desde o nascimento: a organização visual e textual, o cuidado com a **compreensão leitora** e a variedade de textos, imagens e atividades.

A viagem a bordo do seu livro de história, porém, não oferece apenas conteúdo e atividades. Ela promove a formação de **atitudes para a vida**, com propostas que o ajudam a resolver problemas de forma reflexiva, crítica e colaborativa e a aprender continuamente.

Um ótimo estudo!

ATITUDES PARA A VIDA

11 ATITUDES MUITO ÚTEIS PARA O SEU DIA A DIA!

As Atitudes para a vida *trabalham competências socioemocionais e nos ajudam a resolver situações e desafios em todas as áreas, inclusive no estudo de História.*

1. Persistir
Se a primeira tentativa para encontrar a resposta não der certo, **não desista**, busque outra estratégia para resolver a questão.

2. Controlar a impulsividade
Pense antes de agir. Reflita sobre os caminhos que pode escolher para resolver uma situação.

3. Escutar os outros com atenção e empatia
Dar atenção e escutar os outros são ações importantes para se relacionar bem com as pessoas.

4. Pensar com flexibilidade
Considere diferentes possibilidades para chegar à solução. Use os recursos disponíveis e dê asas à imaginação!

5. Esforçar-se por exatidão e precisão
Confira os dados do seu trabalho. Informação incorreta ou apresentação desleixada podem prejudicar a sua credibilidade e comprometer todo o seu esforço.

6. Questionar e levantar problemas

Fazer as perguntas certas pode ser determinante para esclarecer suas dúvidas. Esteja alerta: indague, questione e levante problemas que possam ajudá-lo a compreender melhor o que está ao seu redor.

7. Aplicar conhecimentos prévios a novas situações

Use o que você já sabe! O que você já aprendeu pode ajudá-lo a entender o novo e a resolver até os maiores desafios.

8. Pensar e comunicar-se com clareza

Organize suas ideias e comunique-se com clareza. Quanto mais claro você for, mais fácil será estruturar um plano de ação para realizar seus trabalhos.

10. Assumir riscos com responsabilidade

Explore suas capacidades! Estudar é uma aventura, não tenha medo de ousar. Busque informação sobre os resultados possíveis, e você se sentirá mais seguro para arriscar um palpite.

11. Pensar de maneira interdependente

Trabalhe em grupo, colabore. Juntando ideias e força com seus colegas, vocês podem criar e executar projetos que ninguém poderia fazer sozinho.

9. Imaginar, criar e inovar

Desenvolva a criatividade conhecendo outros pontos de vista, imaginando-se em outros papéis, melhorando continuamente suas criações.

No Portal *Araribá Plus* e ao final do seu livro, você poderá saber mais sobre as *Atitudes para a vida*. Veja <www.moderna.com.br/araribaplus> em **Competências socioemocionais**.

CONHEÇA O SEU LIVRO

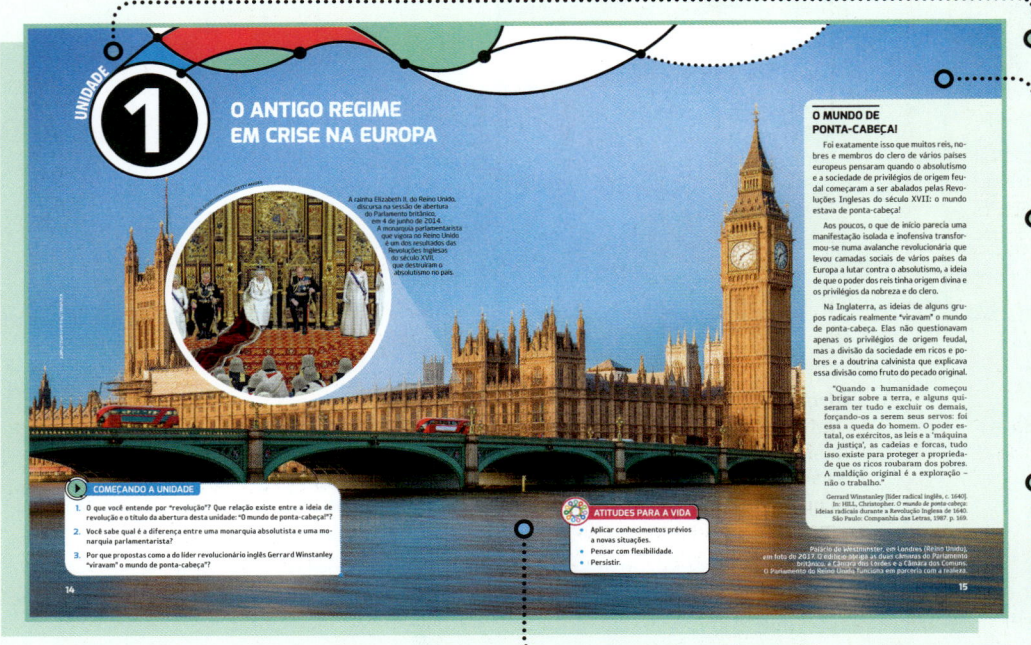

UM LIVRO ORGANIZADO

Este livro tem **oito unidades**. O objetivo é que o estudo de cada uma delas seja feito em um mês do calendário de aulas da sua escola.

UMA UNIDADE ORGANIZADA

As seções, os textos, as imagens e as questões que compõem cada unidade foram selecionados, criados e diagramados pensando em você, para que **compreenda**, **aprenda** e **se desenvolva** com o estudo da história.

PÁGINAS DE ABERTURA

Com imagens, textos e questões, este momento inicial ativa os seus conhecimentos sobre o assunto da unidade e o relaciona às atitudes priorizadas em cada caso.

OS TEMAS DA UNIDADE

Os **temas** são numerados e sempre começam com uma **questão-chave** relacionada ao que será estudado.

EXPLORE

O boxe **Explore** apresenta questões sobre textos, imagens, mapas e conteúdos digitais ao longo da unidade. Procure refletir sobre a situação apresentada antes de formular uma resposta.

CONTEÚDO DIGITAL

Quando você encontrar ícones como este, acesse, no **livro digital**, vídeos, animações, clipes, GIFs, atividades e mapas interativos. Com esses recursos, você vai aplicar seus conhecimentos de tecnologia digital para aprender mais.

ORGANIZAR O CONHECIMENTO

Ao final de cada tema, você vai **recordar** os principais conceitos e ideias estudados.

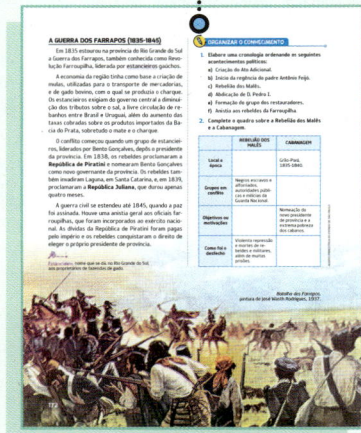

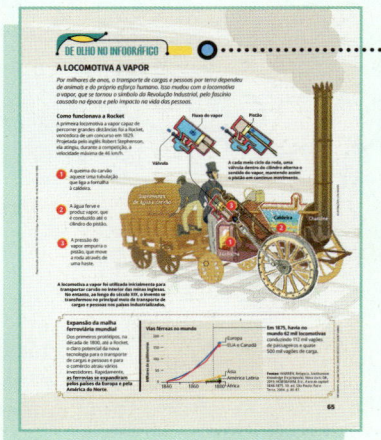

DE OLHO NO INFOGRÁFICO/ NA IMAGEM

Você sabia que as mulas são utilizadas como transporte pelos seres humanos desde a Antiguidade? Já ouviu falar no surgimento da locomotiva a vapor no século XIX? Nessa seção, você também vai interpretar imagens e aprender história por meio da linguagem gráfica e visual.

ATITUDES PARA A VIDA

Nessa seção, você vai se preparar para encontrar, na escola e fora dela, soluções criativas diante de pequenos e grandes problemas.

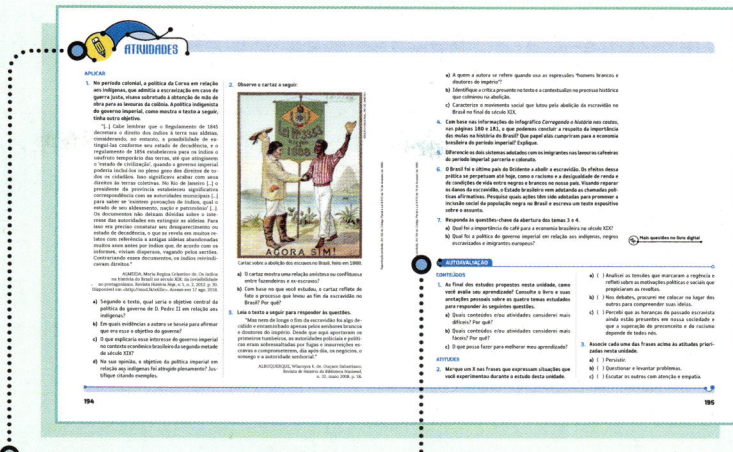

ATIVIDADES

Organizadas em *Aplicar* e *Retomar*, as atividades aparecem ao final do segundo e do quarto tema. Elas o orientam a aplicar o que aprendeu na leitura de imagens, textos e mapas, além de exercitar a argumentação, a pesquisa e a produção de textos.

AUTOAVALIAÇÃO

Ao final dos temas de cada unidade, na dupla de Atividades, há uma **ficha de autoavaliação** para que você avalie seu aprendizado e o desenvolvimento de atitudes durante os estudos.

EM FOCO

As monografias da seção **Em foco** aparecem ao final das unidades 2, 5 e 8 deste livro. A que foi reproduzida ao lado trata da participação de mulheres e crianças no mundo do trabalho. Você sabia que, no século XIX, as fábricas empregavam uma grande quantidade de crianças? Já ouviu falar que, historicamente, as mulheres ganham menos do que os homens, mesmo que exerçam as mesmas funções? O que você pensa a respeito disso?

COMPREENDER UM TEXTO

Nessa seção, você vai ler diferentes tipos e gêneros de texto que vão ajudá-lo a ser um leitor atento, crítico e apaixonado pela experiência da leitura.

REVISANDO

Síntese dos principais conceitos e conteúdos da unidade.

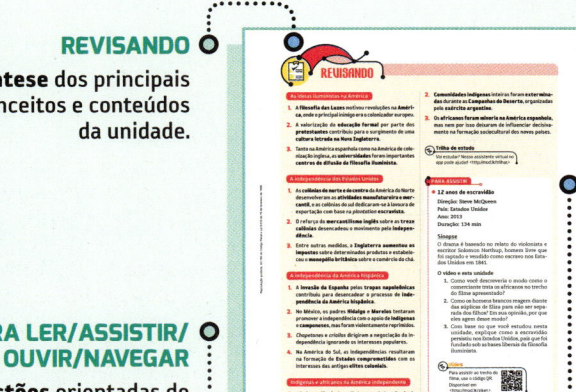

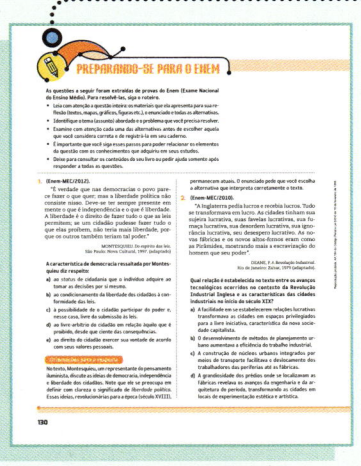

PREPARANDO-SE PARA O ENEM

Questões extraídas das provas do **Enem** dos últimos anos, com alguns comentários que vão ajudá-lo a aprender como resolvê-las.

PARA LER/ASSISTIR/ OUVIR/NAVEGAR

Sugestões orientadas de leituras, filmes, músicas e *sites*.

7

CONTEÚDO DOS MATERIAIS DIGITAIS

O *Projeto Araribá Plus* apresenta um Portal exclusivo, com ferramentas diferenciadas e motivadoras para o seu estudo. Tudo integrado com o livro para tornar a experiência de aprendizagem mais intensa e significativa.

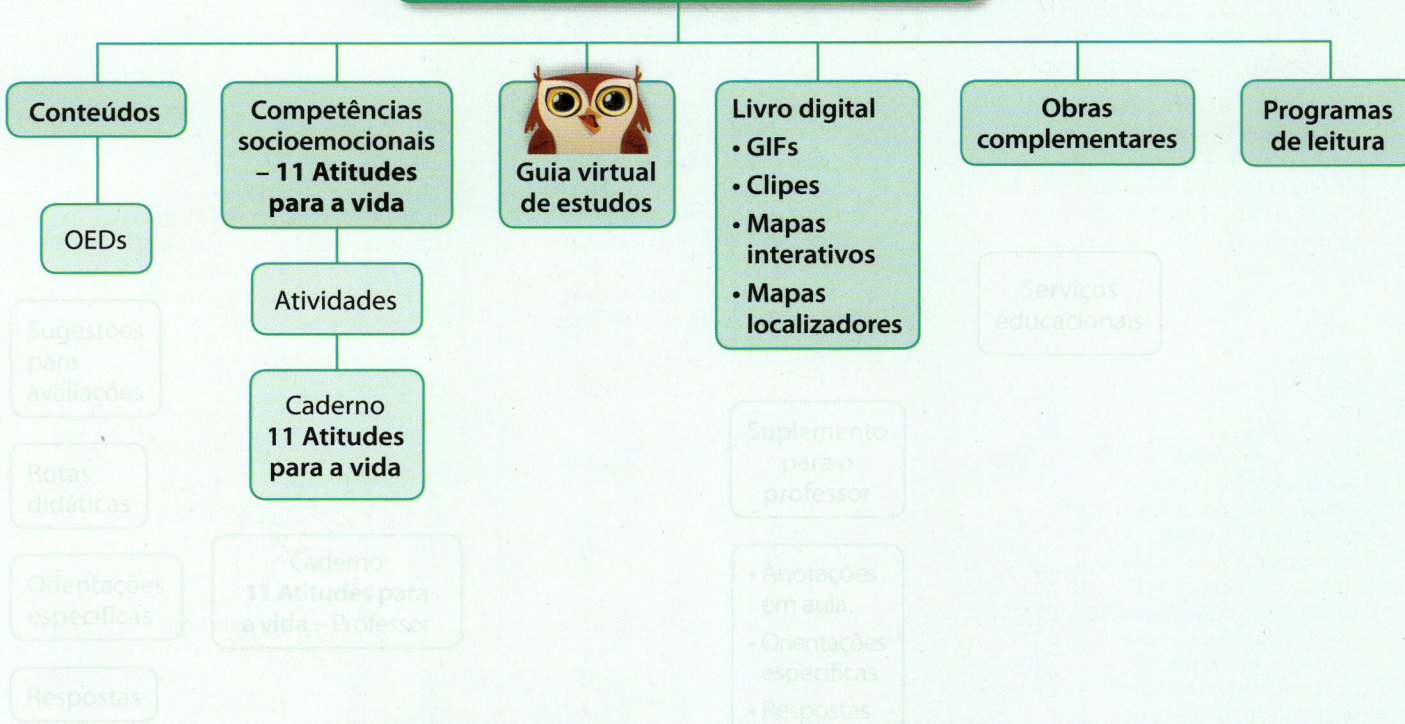

Livro digital com tecnologia *HTML5* para garantir melhor usabilidade e ferramentas que possibilitam buscar termos, destacar trechos e fazer anotações para posterior consulta. O livro digital é enriquecido com objetos educacionais digitais (OEDs) integrados aos conteúdos. Você pode acessá-lo de diversas maneiras: no *smartphone*, no *tablet* (Android e iOS), no *desktop* e *on-line* no *site*:

http://mod.lk/livdig

LISTA DE OEDs

Unidade	Título do objeto digital
1	A corrida
2	O trabalho infantil na Revolução Industrial
3	Girondino ou jacobino?
3	Religiosidade e revolução no Haiti
4	*12 anos de escravidão*
5	#partiuBrasilXIX
6	Movimento abolicionista
7	A liberdade guiando o povo
8	*Colônias alemãs: a África em chamas*

ARARIBÁ PLUS APP

Aplicativo exclusivo para você com recursos educacionais na palma da mão!

Objetos educacionais digitais diretamente no seu *smartphone* para uso *on-line* e *off-line*.

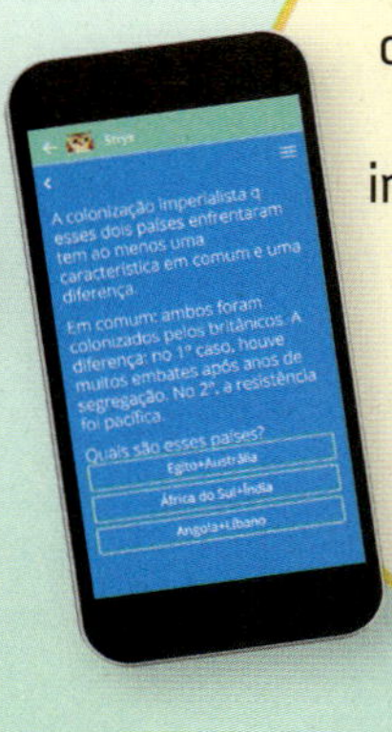

Acesso rápido por meio do leitor de código *QR*.
http://mod.lk/app

Stryx, um guia virtual criado especialmente para você! Ele ajudará a entender temas importantes e a achar videoaulas e outros conteúdos confiáveis, alinhados com o seu livro.

Eu sou **Stryx** e serei seu guia virtual por trilhas de conhecimentos de um jeito muito legal de estudar!

SUMÁRIO

UNIDADE 1 — O ANTIGO REGIME EM CRISE NA EUROPA 14

TEMA 1 O século das luzes: o iluminismo 16
A sociedade europeia do Antigo Regime, 16; O pensamento iluminista, 17; O despotismo esclarecido, 21

TEMA 2 Os valores iluministas no mundo contemporâneo 22
Estado laico e organizado em três poderes, 22; A educação iluminista no mundo atual, 23; O triunfo da razão e da ciência, 25

ATIVIDADES 28

TEMA 3 As Revoluções Inglesas do século XVII 29
A era da dinastia Tudor, 29; A dinastia Stuart, 31; A Revolução Puritana, 32; A Revolução Gloriosa, 32

ATITUDES PARA A VIDA: A ideia de revolução 33

TEMA 4 A Inglaterra na liderança da economia europeia 34
O poderio da Inglaterra, 34

ATIVIDADES 38

COMPREENDER UM TEXTO: *DIGGERS*, OS ESCAVADORES DE TERRAS COMUNAIS 40

REVISANDO 42

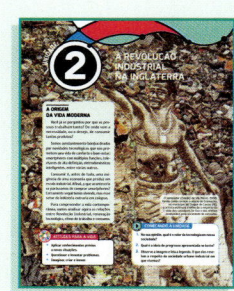

UNIDADE 2 — A REVOLUÇÃO INDUSTRIAL NA INGLATERRA 43

TEMA 1 Do artesanato à manufatura moderna 44
O pioneirismo inglês na industrialização, 44; A autonomia do artesão, 46; A produção manufatureira, 47

TEMA 2 A Revolução Industrial 48
A mecanização da produção, 48

DE OLHO NO INFOGRÁFICO: As máquinas na Revolução Industrial ... 51

ATITUDES PARA A VIDA: Uma revolução nos transportes 53

ATIVIDADES 54

TEMA 3 Os trabalhadores na sociedade industrial 55
O trabalho no sistema fabril, 55; Uma nova divisão social, 58; A organização da classe operária, 59

TEMA 4 Desdobramentos culturais, econômicos e ambientais da industrialização 61
A multidão das cidades, 61; A literatura das multidões, 62; Os impactos ambientais da industrialização, 63; A supremacia britânica no comércio mundial, 64

DE OLHO NO INFOGRÁFICO: A locomotiva a vapor 65

ATIVIDADES 66

EM FOCO: MULHERES E CRIANÇAS NO MUNDO DO TRABALHO 68

REVISANDO 73

UNIDADE 3 — A REVOLUÇÃO FRANCESA E SEUS IMPACTOS NA EUROPA E NA AMÉRICA 74

TEMA 1 A França do Antigo Regime 76
Desigualdades sociais na França, 76; Crise econômica, 78

TEMA 2 Dez anos de revolução: da queda da Bastilha ao 18 Brumário 80
A tomada da Bastilha, 80; A monarquia constitucional, 81; A proclamação da república, 81; A radicalização da revolução, 82; A caminho do fim, 83

ATIVIDADES 85

TEMA 3 A França transformada pela revolução 86
Um novo vocabulário, 86; As mulheres na revolução, 86

ATITUDES PARA A VIDA: Redes de comunicação na França revolucionária 87
O novo panorama nas artes, 88; Símbolos da revolução, 88

DE OLHO NA IMAGEM: A arte da revolução 89
A maior herança, 90

TEMA 4 A era napoleônica e a independência do Haiti 91
Desejo de estabilidade, 91; O Império Napoleônico, 92; O Congresso de Viena, 94; Haiti: rebelião escrava e independência, 95

ATIVIDADES 98
COMPREENDER UM TEXTO: AS MULHERES-SOLDADOS 100
REVISANDO 102

UNIDADE 4 — A INDEPENDÊNCIA DOS ESTADOS UNIDOS E DAS COLÔNIAS ESPANHOLAS 103

TEMA 1 As ideias iluministas cruzam o Atlântico 104
O iluminismo na América, 104

TEMA 2 As treze colônias rompem com a metrópole 107
Uma nação construída por imigrantes, 107; As treze colônias inglesas, 108; Mudanças no mercantilismo britânico, 109; A Declaração de Independência, 111

ATITUDES PARA A VIDA: A Constituição dos Estados Unidos 112

ATIVIDADES 113

TEMA 3 As independências na América Espanhola 114
Tempos de luta, 114

DE OLHO NA IMAGEM: Construindo a imagem da nação 116
O sonho da unidade americana, 119

TEMA 4 Indígenas e africanos na América independente 120
O legado colonial, 120; Os africanos na América Latina, 123

ATIVIDADES 124
COMPREENDER UM TEXTO: O SENTIDO DA DEPORTAÇÃO 126
REVISANDO 129
PREPARANDO-SE PARA O ENEM 130

SUMÁRIO

UNIDADE 5   **O PROCESSO DE INDEPENDÊNCIA DO BRASIL** 132

TEMA 1   O Brasil e a crise do antigo sistema colonial 134
A crise portuguesa se aprofunda, 134; A Conjuração Mineira, 137; A Conjuração Baiana, 139

TEMA 2   A vinda da família real para o Brasil 141
Por que a família real se mudou para o Brasil?, 141; Em terras brasileiras, 142; Uma nova dignidade ao Brasil, 144; Uma rebelião no Nordeste, 145

ATIVIDADES 146

TEMA 3   A independência do Brasil 147
A volta de D. João VI a Portugal, 147; Proclamação da independência, 148

DE OLHO NA IMAGEM: O grito do Ipiranga 149

TEMA 4   O Primeiro Reinado 150
Nem todos queriam a independência..., 150

ATITUDES PARA A VIDA: Bahia: mulheres na luta pela independência 152
A Assembleia Constituinte de 1823, 153; A Constituição de 1824, 154; Uma nova revolta em Pernambuco, 155; Guerra pela Província Cisplatina, 156; A abdicação de D. Pedro I, 157

ATIVIDADES 158

EM FOCO: A CONSTRUÇÃO DO BRASIL E DOS BRASILEIROS 160

REVISANDO 166

UNIDADE 6   **O BRASIL DO SEGUNDO REINADO** 167

TEMA 1   As regências e as rebeliões contra o poder central 168
O período regencial (1831-1840), 168; As revoltas regenciais, 170

TEMA 2   D. Pedro II no trono do Brasil 173
O golpe da maioridade, 173; A Guerra da Tríplice Aliança (1864-1870), 175

ATIVIDADES 177

TEMA 3   A expansão cafeeira no Brasil 178
O império do café, 178

DE OLHO NO INFOGRÁFICO: Carregando a história nas costas 180

TEMA 4   Indígenas, escravizados e imigrantes 183
A política indigenista do império, 183; A persistência da escravidão, 184; As pressões inglesas pelo fim do tráfico, 186; Abolição gradual e segura, 188; A escravidão é abolida no Brasil, 189; Os imigrantes no Brasil, 191

ATITUDES PARA A VIDA: Luiz Gama 193

ATIVIDADES 194

COMPREENDER UM TEXTO: O FIM DO POVO OTI 196

REVISANDO 199

UNIDADE 7 — REVOLUÇÕES, NACIONALISMO E TEORIAS NA EUROPA DO SÉCULO XIX 200

TEMA 1 Agitações políticas e sociais na Europa do século XIX 202
Restauração e revolução, 202; As revoluções do século XIX, 203; O surgimento do nacionalismo, 205; O Romantismo e a revolução, 208

DE OLHO NA IMAGEM: O indivíduo contempla o infinito 209

TEMA 2 As unificações da Itália e da Alemanha 211
A Itália para os italianos, 211; A formação da Alemanha, 212

ATIVIDADES 214

TEMA 3 A expansão industrial na Europa e as novas teorias científicas 215
As condições socioeconômicas na Europa, 215; A valorização do mundo técnico-científico, 216

TEMA 4 O socialismo, o anarquismo e a Comuna de Paris 220
A necessidade de mudanças, 220

ATITUDES PARA A VIDA: O falanstério de Charles Fourier: uma utopia do século XIX? 222
O socialismo de Marx e Engels, 223; O anarquismo: a negação do Estado, 224; A Comuna de Paris, 224

ATIVIDADES 226

COMPREENDER UM TEXTO: NACIONALISMOS QUE ENVENENARAM A EUROPA 228

REVISANDO 230

UNIDADE 8 — O IMPERIALISMO NO SÉCULO XIX 231

TEMA 1 A Segunda Revolução Industrial 232
Um mundo em rápida transformação, 232; Trabalho e moradia na nova era industrial, 235; As migrações ultramarinas, 237; A era do capitalismo financeiro, 238

TEMA 2 A expansão imperialista na África 240
A Conferência de Berlim e a partilha da África, 240; O Império Britânico na África, 241; A África francesa, 242; Portugueses, belgas e alemães, 243; A resistência ao imperialismo europeu, 243;

ATIVIDADES 245

TEMA 3 A expansão imperialista na Ásia 246
O Império Britânico na Índia, 246; O imperialismo na China, 247

TEMA 4 Os Estados Unidos no século XIX 249
Um país dividido pela escravidão, 249; A caminho da guerra civil, 250; Segregação racial, 252

ATITUDES PARA A VIDA: Charlottesville: disputas em torno de um símbolo 253
A expansão territorial dos Estados Unidos, 254

ATIVIDADES 256

EM FOCO: A MARCHA PARA O OESTE E CONTRA OS INDÍGENAS 258

REVISANDO 264

PREPARANDO-SE PARA O ENEM 265

REFERÊNCIAS BIBLIOGRÁFICAS 267

ATITUDES PARA A VIDA 273

UNIDADE 1
O ANTIGO REGIME EM CRISE NA EUROPA

A rainha Elizabeth II, do Reino Unido, discursa na sessão de abertura do Parlamento britânico, em 4 de junho de 2014. A monarquia parlamentarista que vigora no Reino Unido é um dos resultados das Revoluções Inglesas do século XVII, que destruíram o absolutismo no país.

▶ COMEÇANDO A UNIDADE

1. O que você entende por "revolução"? Que relação existe entre a ideia de revolução e o título da abertura desta unidade: "O mundo de ponta-cabeça!"?

2. Você sabe qual é a diferença entre uma monarquia absolutista e uma monarquia parlamentarista?

3. Por que propostas como a do líder revolucionário inglês Gerrard Winstanley "viravam" o mundo de ponta-cabeça?

O MUNDO DE PONTA-CABEÇA!

Foi exatamente isso que muitos reis, nobres e membros do clero de vários países europeus pensaram quando o absolutismo e a sociedade de privilégios de origem feudal começaram a ser abalados pelas Revoluções Inglesas do século XVII: o mundo estava de ponta-cabeça!

Aos poucos, o que de início parecia uma manifestação isolada e inofensiva transformou-se numa avalanche revolucionária que levou camadas sociais de vários países da Europa a lutar contra o absolutismo, a ideia de que o poder dos reis tinha origem divina e os privilégios da nobreza e do clero.

Na Inglaterra, as ideias de alguns grupos radicais realmente "viravam" o mundo de ponta-cabeça. Elas não questionavam apenas os privilégios de origem feudal, mas a divisão da sociedade em ricos e pobres e a doutrina calvinista que explicava essa divisão como fruto do pecado original.

"Quando a humanidade começou a brigar sobre a terra, e alguns quiseram ter tudo e excluir os demais, forçando-os a serem seus servos: foi essa a queda do homem. O poder estatal, os exércitos, as leis e a 'máquina da justiça', as cadeias e forcas, tudo isso existe para proteger a propriedade que os ricos roubaram dos pobres. A maldição original é a exploração – não o trabalho."

Gerrard Winstanley [líder radical inglês, c. 1640]. In: HILL, Christopher. O mundo de ponta-cabeça: ideias radicais durante a Revolução Inglesa de 1640. São Paulo: Companhia das Letras, 1987. p. 169.

Palácio de Westminster, em Londres (Reino Unido), em foto de 2017. O edifício abriga as duas câmaras do Parlamento britânico, a Câmara dos Lordes e a Câmara dos Comuns. O Parlamento do Reino Unido funciona em parceria com a realeza.

ATITUDES PARA A VIDA

- Aplicar conhecimentos prévios a novas situações.
- Pensar com flexibilidade.
- Persistir.

TEMA 1
O SÉCULO DAS LUZES: O ILUMINISMO

Quais eram as principais ideias iluministas?

Nobres franceses representados em gravura de Henri Bonnart, século XVII. Pintor e gravurista francês, Bonnart dedicou-se a retratar os costumes e a vida social da corte francesa do Antigo Regime.

A SOCIEDADE EUROPEIA DO ANTIGO REGIME

Na Europa moderna, práticas e costumes feudais conviviam com mudanças profundas na sociedade. Por isso, é comum identificar a época moderna como um período de transição entre a Idade Média e o mundo que surgiu das revoluções burguesas dos séculos XVII e XVIII.

A sociedade europeia desse período, conhecida como **Antigo Regime**, era hierarquizada e **estamental**. O **clero** e a **nobreza** formavam os estamentos dominantes. Eles eram grandes proprietários de terra e estavam isentos de muitos impostos. O restante da população era formado de **camponeses**, **trabalhadores urbanos** e **burgueses**, que pagavam altos impostos para sustentar o luxo das cortes. Entre os burgueses, havia desde artesãos e pequenos lojistas até banqueiros e proprietários de grandes manufaturas.

A origem de cada indivíduo determinava sua posição na sociedade e seus privilégios.

Um nobre nascia com privilégios herdados da família, enquanto um artesão ou um lojista tinha muita dificuldade de enriquecer e conquistar prestígio social. Apesar disso, muitos burgueses enriquecidos conseguiam comprar títulos de nobreza.

Politicamente, a característica que marcou a Europa moderna foi a centralização do poder na figura do rei. Na França, por exemplo, o fortalecimento do poder real consolidou-se com o **absolutismo**, regime em que o poder de governar, elaborar leis e fiscalizar o seu cumprimento concentrava-se na figura do rei. Na Inglaterra, a tentativa de instaurar um poder absoluto foi uma das principais razões da revolução que eclodiu em 1640.

O PENSAMENTO ILUMINISTA

As reações à sociedade do Antigo Regime aconteceram no campo das ideias e no campo da ação revolucionária. No primeiro caso, os agentes históricos eram pensadores de várias áreas do conhecimento, principalmente filósofos, que faziam parte de um movimento intelectual conhecido como **iluminismo** ou **ilustração**.

Apesar das diferenças entre os pensadores iluministas, eles partilhavam pontos em comum: a valorização da razão como principal instrumento do ser humano para compreender a realidade e orientar a vida em sociedade; a crítica ao fanatismo religioso, ao poder da Igreja e aos privilégios da nobreza; e a defesa da liberdade religiosa e das liberdades em geral. Os iluministas pregavam que só era possível conhecer a realidade por meio da investigação, da experimentação e da observação dos resultados das experiências.

Os pensadores iluministas também defendiam que os homens, em seu estado de natureza, deveriam ser livres e iguais. Por essa razão, eles condenavam os privilégios determinados pela condição de nascimento ou familiar, uma das características do Antigo Regime. Porém, os iluministas não tinham a mesma visão sobre a desigualdade entre aqueles que enriqueciam e adquiriam propriedades e aqueles que se mantinham pobres.

O inglês John Locke, por exemplo, defendia que o homem tem o direito de ser livre para prosperar por meio do seu trabalho. O franco-suíço Jean-Jacques Rousseau, com outra visão, afirmava que a desigualdade era fruto do direito à propriedade, que teria sido a origem de todas as guerras, crimes e misérias da história humana. Não vendo como recuperar a igualdade natural perdida, Rousseau propunha a criação de meios para tornar a existência humana mais suportável.

No campo da ação revolucionária, o primeiro choque que abalou as bases do Antigo Regime aconteceu com as Revoluções Inglesas do século XVII. O resultado foi a vitória do Parlamento sobre o absolutismo real, o fim das restrições à liberdade econômica e a instauração da tolerância religiosa. Mas foi na França do século XVIII que o iluminismo atingiu o seu auge. As ideias da ilustração inspiraram os revolucionários de 1789 e se difundiram por outros países e continentes, influenciando a política, a economia, a educação, a cultura e a arte do mundo ocidental.

Gravura do século XVIII representando o filósofo iluminista Voltaire sentado à sua mesa. O termo "iluminismo" originou-se da ideia de que a Europa viveu um longo período de trevas, a Idade Média, resultado do controle da Igreja sobre a cultura e a sociedade. Na visão dos iluministas, só a razão poderia colocar a história humana no caminho da luz.

A RAZÃO COMO GUIA DO SER HUMANO

Na visão iluminista, a razão era a única ferramenta de que o ser humano dispunha para compreender e transformar o mundo. Isso significa que, em vez de guiar-se pelas superstições e crenças místicas, os indivíduos deveriam orientar suas vidas de acordo com as ferramentas da ciência.

Conheça, a seguir, alguns dos principais pensadores iluministas e as ideias que eles defendiam.

- **John Locke (1632-1704)**. O filósofo inglês defendia que a liberdade, a felicidade e a propriedade são direitos naturais do homem. Visando proteger esses direitos, os indivíduos estabeleceram um pacto com um corpo político que está acima deles. Em outras palavras, eles aceitaram transferir parte da sua liberdade aos governos, que têm a força coercitiva, em troca de segurança. Os governantes, porém, poderiam ser destituídos caso não correspondessem aos interesses coletivos.

- **Charles-Louis de Secondat (1689-1755)**. O barão de **Montesquieu**, como ficou conhecido, defendia a liberdade dos indivíduos, que seria assegurada por um conjunto de leis, e a criação de três poderes: o Executivo, o Legislativo e o Judiciário. O primeiro seria responsável pela administração pública, enquanto o segundo criaria as leis e o terceiro teria o poder de julgar os conflitos e aplicar as punições. Segundo ele, essa tripartição coibiria o abuso de poder por parte dos governantes e permitiria maior equilíbrio entre as esferas de poder. Dessa forma, a separação dos poderes impediria o surgimento de regimes despóticos, como o absolutista.

- **François-Marie Arouet (1694-1778)**. Conhecido como **Voltaire**, o filósofo francês criticou em suas obras o absolutismo monárquico, o fanatismo religioso e a Igreja Católica. O autor foi um defensor incansável da liberdade política e da razão como meio de livrar o povo da superstição e da ignorância. Apesar de suas ideias, que o levaram a se exilar na Inglaterra, Voltaire foi um defensor da monarquia, não absolutista, mas sim de um governo monárquico orientado pelos ideais iluministas.

- **Jean-Jacques Rousseau (1712-1778)**. Iluminista radical, afirmava que todo governo deveria subordinar-se à vontade soberana do povo, pois o poder pertence ao povo. Também acreditava que o ser humano, naturalmente bom, foi desvirtuado pela sociedade. Um dos caminhos para libertar os homens dos vícios sociais seria pela educação. A criança deveria ser educada com liberdade, de acordo com sua própria natureza, para tornar-se um adulto bom.

Coercitivo: que reprime; arbitrário.

Caricatura atual do filósofo iluminista Jean-Jacques Rousseau.

Na obra *Emílio*, uma espécie de romance pedagógico, Rousseau desenvolve sua visão a respeito do papel da educação no desenvolvimento do indivíduo. Segundo ele, crianças educadas com liberdade e constantemente estimuladas com perguntas crescem felizes, boas e capazes de questionar o mundo.

"Amai a infância; favorecei suas brincadeiras, seus prazeres, seu amável instinto. Quem de vós não teve alguma vez saudade dessa época em que o riso está sempre nos lábios, e a alma está sempre em paz? Por que quereis retirar desses pequenos inocentes o gozo de um tempo tão duro que lhes foge, e de um bem tão precioso, de que não poderiam abusar? Por que quereis encher de amargura e de dores esses primeiros anos tão velozes, que não mais voltarão para eles, assim como não voltarão para nós? [...] fazei com que, a qualquer hora que Deus os chamar, não morram sem ter saboreado a vida."

SOËTARD, Michel (Org.). *Jean-Jacques Rousseau*. Brasília: MEC; Recife: Fundação Joaquim Nabuco/Massangana, 2010. (Coleção Educadores)

Explore

1. Você acha que Armandinho, o personagem dessa tira, age como a criança idealizada por Rousseau? Por quê?
2. Qual é o sentido da última pergunta feita por Armandinho?

Tirinha de Armandinho sobre as religiões, do cartunista Alexandre Beck, 2017.

É BOM SABER

A *Enciclopédia*

A preocupação dos iluministas em divulgar o conhecimento formalizado pela ciência levou o filósofo francês Denis Diderot (1713-1784) e o matemático Jean D'Alembert (1717-1783) a organizar a *Enciclopédia*. Por essa razão, os iluministas também ficaram conhecidos como enciclopedistas.

A *Enciclopédia* foi produzida por diversos intelectuais, editores, resenhistas e ilustradores. Ela pretendia resumir todo o conhecimento ocidental existente até aquele momento, expor os avanços técnicos e científicos do século XVIII e reagir a determinadas imposições religiosas, tratadas, na obra, como superstições.

LUZES NA EDUCAÇÃO

Críticos da influência política e cultural da Igreja, muitos iluministas eram contrários ao ensino religioso e à administração das escolas por instituições religiosas. Pensadores do período, como o filósofo e matemático francês **Marquês de Condorcet** (1743-1794), defendiam que a educação elementar deveria ser obrigatória, dirigida pelo Estado e gratuita para todos. Propunham uma educação laica, com um currículo escolar independente de qualquer crença religiosa e orientado para o estudo das ciências, dos ofícios e das técnicas.

Esses princípios educacionais foram implantados na Europa ao longo dos séculos XVIII e XIX. Contudo, apesar de o iluminismo defender a extensão do ensino a todos os cidadãos, prevaleceu a divisão entre uma escola voltada para os burgueses e outra voltada para o povo.

Escola de ensino mútuo, gravura francesa do século XIX.

O LIBERALISMO ECONÔMICO

No campo da economia, destacou-se o pensador escocês **Adam Smith** (1723-1790). Sua obra *Investigação sobre a natureza e as causas da riqueza das nações*, publicada em 1776, se tornou a base do **liberalismo econômico**.

Criticando os fundamentos do mercantilismo, Smith defendia a livre-iniciativa individual e o fim da intervenção estatal na economia, política que era adotada pelos reinos mercantilistas. Sem o controle do Estado, o mercado se autorregularia, orientado pela lei da oferta e da procura.

Outra crítica de Smith ao mercantilismo era a crença de que os metais preciosos simbolizavam a riqueza dos Estados. Em lugar de ouro acumulado, ele acreditava que a verdadeira fonte geradora de riqueza de uma nação era a capacidade de produzir e comercializar mercadorias agrícolas e manufaturadas.

Em um período de crescimento econômico na Europa, as ideias de Adam Smith se difundiram facilmente entre a burguesia, que via a oportunidade de prosperar com a liberdade de produção e de comércio.

O DESPOTISMO ESCLARECIDO

Inspirados pelas correntes de pensamento liberais e ilustradas, diversos monarcas europeus procuraram, na segunda metade do século XVIII, modernizar seus Estados. Entretanto, isso não significava maior liberdade e participação política do povo. O objetivo era promover reformas que tornassem a administração do reino mais eficiente e, ao mesmo tempo, preservassem a ordem social e o absolutismo monárquico.

Esses reis ficaram conhecidos como **déspotas esclarecidos**. Entre eles estão a rainha Catarina II, da Rússia, e os reis José I, de Portugal, Frederico II, da Prússia, José II, da Áustria, e Carlos III, da Espanha.

Carlos III, por exemplo, buscou aproximar seu reino das transformações modernizadoras em curso em outras partes da Europa. Ele empenhou-se em estreitar o controle administrativo e fiscal sobre as colônias espanholas na América, expulsando os jesuítas desses territórios, instituindo novos impostos e criando o Vice-Reino da Prata. Com isso, pretendia criar condições para dinamizar a dependente economia espanhola.

> **PARA ASSISTIR**
>
> ● **Amadeus**
> Direção: Milos Forman
> País: Estados Unidos
> Ano: 1984
> Duração: 180 min
>
>
>
> O filme conta a história dos últimos dias de vida do compositor austríaco Wolfgang Amadeus Mozart, autor de A *flauta mágica*, sua música mais conhecida. A obra representa um artista irreverente e de saúde frágil no contexto do despotismo esclarecido do imperador José II, da Áustria, e dos conflitos entre defensores do absolutismo tradicional e partidários das ideias iluministas.

ORGANIZAR O CONHECIMENTO

1. Escreva um pequeno texto com as palavras do quadro.

iluminismo	privilégios
burguesia	clero
nobreza	igualdade

2. Associe cada item a seguir ao seu respectivo conceito.
   a) Razão.
   b) Antigo Regime.
   c) Despotismo esclarecido.
   d) Liberalismo.
   ( ) Defesa das liberdades individuais: circulação, pensamento, religião e organização econômica.
   ( ) Instrumento que deve ser utilizado pelo ser humano para compreender a realidade e intervir nela.
   ( ) Sistema político e social que se caracterizava pelo poder absoluto dos reis, pela sociedade estamental e pelas restrições à liberdade econômica.
   ( ) Modelo de governo que procurou conciliar princípios liberais e iluministas com o absolutismo monárquico, a fim de modernizar o Estado.

3. Segundo o filósofo iluminista Montesquieu, como deveria ser a divisão dos poderes de um Estado? Qual seria a função de cada um deles?

4. O filósofo Rousseau defendia que a educação não se limitava ao ambiente da escola ou a determinada instituição. A formação do ser humano estaria baseada na interação dele com o seu meio, isto é, a natureza e as coisas. Com base nisso, qual era a importância da educação para Rousseau?

TEMA 2
OS VALORES ILUMINISTAS NO MUNDO CONTEMPORÂNEO

Quais são as principais marcas das ideias iluministas e liberais no mundo contemporâneo?

ESTADO LAICO E ORGANIZADO EM TRÊS PODERES

A organização política da maior parte dos países atuais mostra o alcance e a capacidade de sobrevivência do pensamento iluminista. Mesmo constantemente renovadas e adaptadas à realidade de cada país, as ideias iluministas forneceram as bases para a organização das democracias contemporâneas.

O Brasil é um bom exemplo. Segundo a Constituição de 1988, o Estado brasileiro está organizado em três poderes, autônomos e complementares: o **Poder Executivo** (exercido pelo presidente da república, auxiliado por seus ministros); o **Poder Legislativo** (exercido pelo Congresso Nacional) e o **Poder Judiciário** (composto pelo Supremo Tribunal Federal e outros órgãos).

Como vimos, a separação do Estado em três poderes independentes tem origem na teoria de Montesquieu. Em sua obra *O espírito das leis* (1748), ele propôs um sistema de poder tripartite, em que cada poder, atuando de forma independente, conteria os abusos eventualmente cometidos pelos demais.

Vista aérea da Praça dos Três Poderes. À frente, os edifícios da Esplanada dos Ministérios; ao fundo, o Congresso Nacional e o Palácio do Planalto. Brasília (DF), em foto de 2015.

Além de organizado em três poderes, o Brasil é, oficialmente, um **Estado laico**. Isso significa que, em tese, nenhuma religião deve interferir nas decisões do governo, dos parlamentares ou do judiciário no país. A Constituição brasileira também garante a liberdade de culto aos brasileiros e a obrigação do Estado de proteger as diferentes práticas religiosas no nosso território.

A separação entre Estado e religião e o princípio da liberdade religiosa também têm sua raiz na filosofia da ilustração. Para os iluministas, a razão e não a religião deveria orientar a vida em sociedade. Porém, toda pessoa deveria ser livre para professar sua crença religiosa. Ou seja, eles combatiam a interferência da Igreja na vida pública com o mesmo vigor com que defendiam a liberdade religiosa do indivíduo.

A EDUCAÇÃO ILUMINISTA NO MUNDO ATUAL

Espírito investigativo, elaboração de hipóteses, análise crítica e classificação fazem parte de um conjunto de habilidades necessárias para produzir um conhecimento científico. O desenvolvimento dessas habilidades é um dos principais objetivos das escolas atuais. Isso significa que o ensino praticado na maior parte do mundo tem como referência o método e as teorias científicas.

A defesa de um ensino ministrado em bases científicas, livre da interferência de crenças e dogmas religiosos, foi outra importante elaboração teórica dos iluministas. Segundo eles, a experimentação, a observação e a linguagem matemática deveriam ser aplicadas ao ensino, à política, à economia, ao direito, enfim, a todas as áreas do saber humano.

Com um currículo orientado pela razão e pela ciência, o ensino, mantido pelo Estado, seria capaz de libertar o homem das superstições e de promover a equidade entre os indivíduos. Como estudamos, as ideias do Marquês de Condorcet sintetizam o modelo de ensino defendido pelos iluministas: uma instrução em que a diferença de talentos supere a diferença de riqueza.

Crianças do povo Kalapalo durante aula na escola indígena da aldeia Aiha, em Querência (MT). Foto de 2018. A atual Constituição brasileira também garante o direito dos indígenas à educação, respeitando seus próprios métodos e tradições.

É BOM SABER

O relatório de Condorcet

O marquês de Condorcet, nomeado presidente do Comitê de Instrução Pública na primeira fase da grande revolução na França, apresentou seu projeto de educação à Assembleia Legislativa em abril de 1792. Conheça um trecho desse documento.

"Oferecer a todos os indivíduos da espécie humana os meios (condições) de prover suas necessidades, de assegurar seu bem-estar, de conhecer e de exercer todos os seus direitos, de entender e de cumprir seus deveres. Assegurar a cada um deles a facilidade de aperfeiçoar seu engenho (habilidade), de se tornar capaz das funções sociais às quais ele tem o direito de ser chamado, de desenvolver toda a extensão de talentos (capacidade) que ele recebeu da natureza; e assim estabelecer, entre os cidadãos, uma igualdade de fato, e tornar real a igualdade política reconhecida pela lei:

Esse deve ser o primeiro objetivo de uma instrução nacional e, sob esse ponto de vista, ela é, para o poder público, um dever de justiça. [...]"

Rapport de Condorcet [Relatório de Condorcet – 1792]. Disponível em <http://mod.lk/eootv>. Acesso em 4 jun. 2018.

Explore

- Condorcet foi o principal defensor de uma instrução pública e universal, a mesma para pobres e ricos, capaz de desenvolver os diferentes talentos dos indivíduos e promover a igualdade de oportunidades entres eles. Com base nesse vídeo e nas ideias defendidas por Condorcet, respondam em grupo.
1. Os talentos individuais são biológicos, ou seja, determinados pela natureza, ou são determinados pelo meio social em que vive o indivíduo? Justifiquem.
2. O ensino no Brasil tem sido capaz de promover a equidade, ou seja, a igualdade de oportunidades sociais para todos os jovens do país? Por quê?

A corrida

É comum ouvirmos falar que aqueles que mais se esforçam são os que, por mérito pessoal, serão bem-sucedidos no futuro. Mas será que todos têm acesso às mesmas oportunidades? Assista ao vídeo que discute essa questão. Disponível em <http://mod.lk/nit8g>.

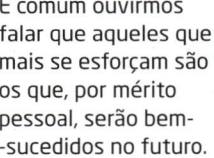

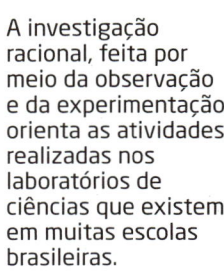

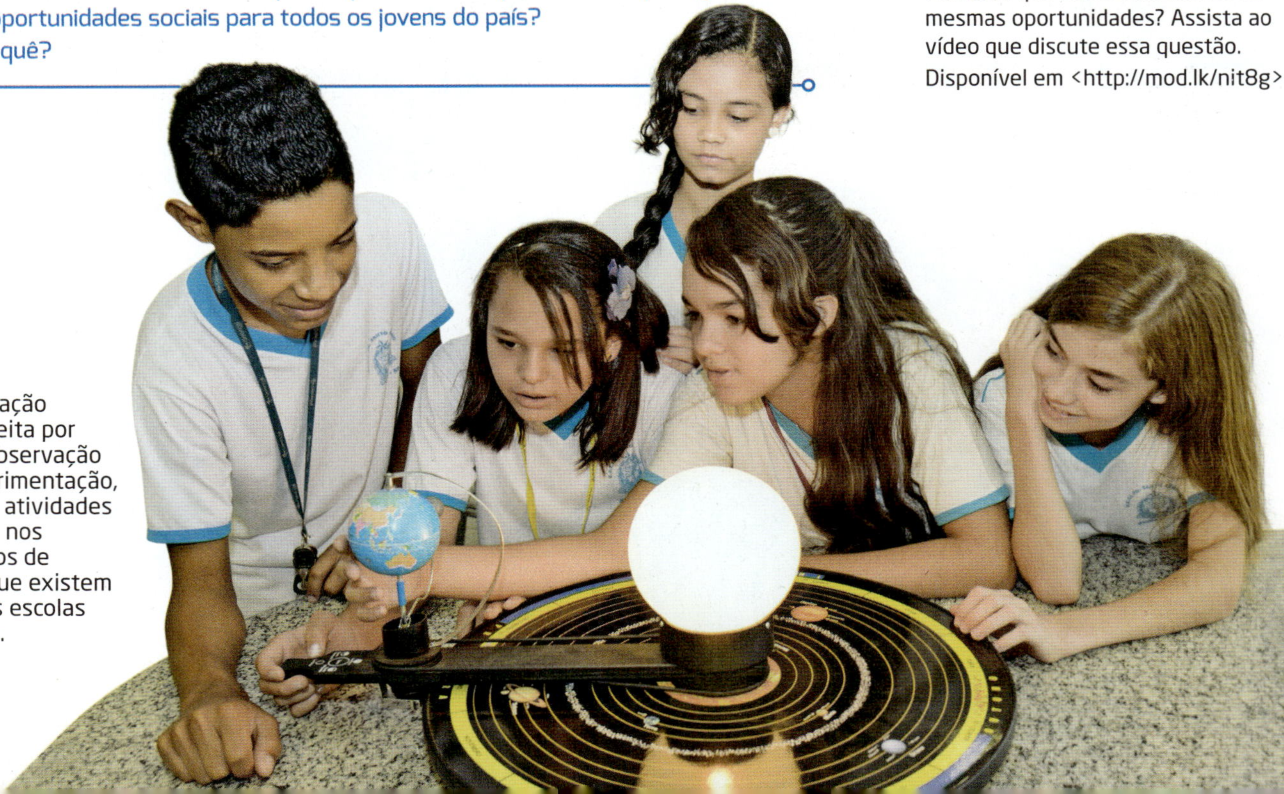

A investigação racional, feita por meio da observação e da experimentação, orienta as atividades realizadas nos laboratórios de ciências que existem em muitas escolas brasileiras.

24

O TRIUNFO DA RAZÃO E DA CIÊNCIA

Dialogando com Ciências e Filosofia

Nos últimos séculos, desde a **Revolução Industrial** na Inglaterra, tecnologias como as da máquina a vapor, ferrovias, automóveis, aviões, antibióticos, vacinas, computadores, internet, drones, entre muitas outras, promoveram grandes transformações nos transportes, nas comunicações, na agricultura, na geração de energia e em várias outras áreas.

A tecnologia, contudo, não surgiu com a Revolução Industrial. Conhecimentos que resultam do aproveitamento de recursos naturais para facilitar a vida humana existem desde os tempos primitivos. Quando nossos ancestrais criaram instrumentos de pedra para abater animais, dominaram o fogo, domesticaram as primeiras plantas e animais, fabricaram os primeiros objetos de cerâmica ou inventaram a roda estavam desenvolvendo tecnologias para vencer as dificuldades diárias e conseguir sobreviver.

Porém, foi apenas a partir do século XVIII, com a Revolução Industrial, que o desenvolvimento científico e tecnológico conquistou um lugar central nas pesquisas feitas em países do Ocidente. Como defendiam os iluministas, o conhecimento científico passou a ser utilizado para controlar a natureza a serviço do homem. Pensavam eles que a razão seria capaz de libertá-lo das superstições e das barreiras impostas pela natureza e de promover a felicidade de toda a espécie.

De fato, quando olhamos à nossa volta, a capacidade humana de manipular a natureza por meio da ciência e da técnica parece não ter fim. O represamento da água dos rios para a construção de hidrelétricas; a aerodinâmica das asas de um avião, que lhe permite vencer a força da gravidade; antibióticos que combatem micro-organismos causadores de infecções; túneis ferroviários submersos ligando territórios separados pelo mar; uso do Sol e do vento como fonte geradora de energia. As novidades tecnológicas nos surpreendem a cada dia.

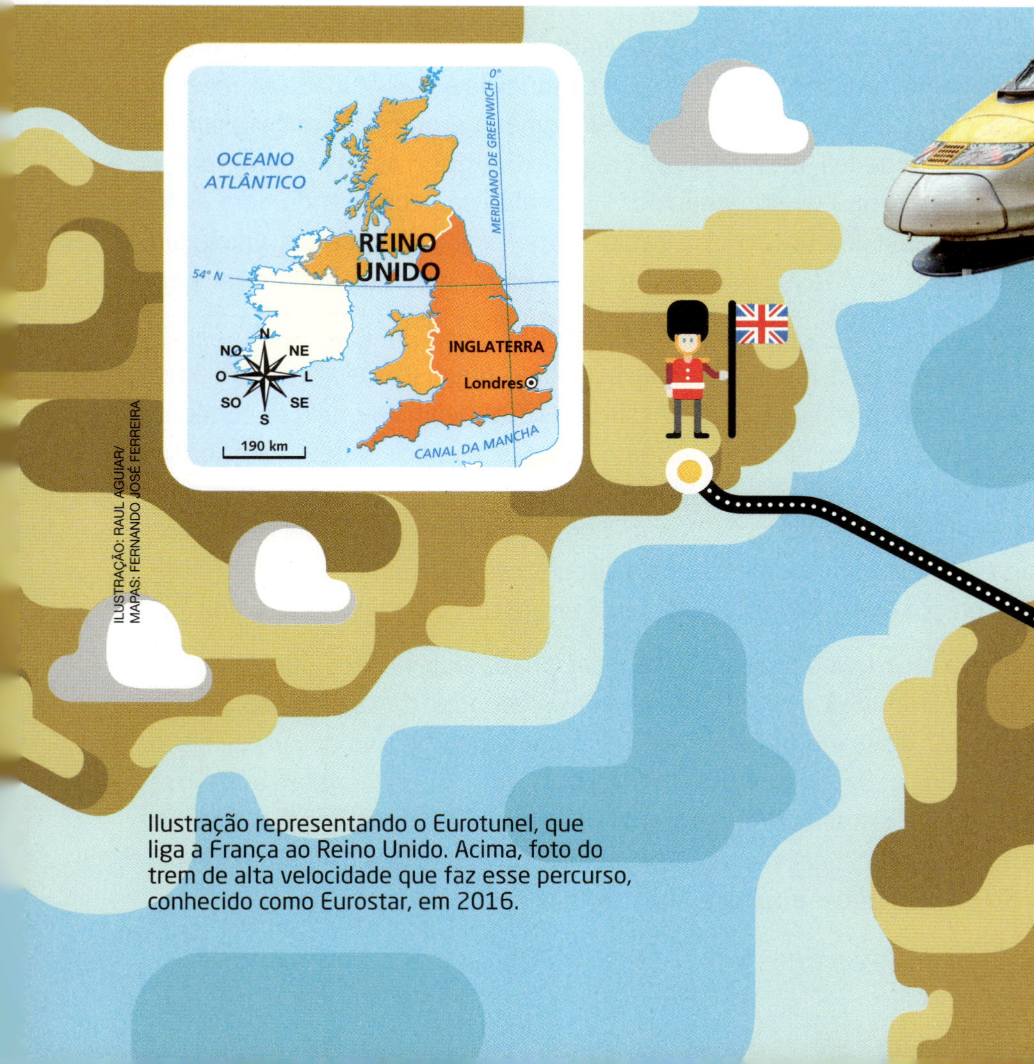

Ilustração representando o Eurotunel, que liga a França ao Reino Unido. Acima, foto do trem de alta velocidade que faz esse percurso, conhecido como Eurostar, em 2016.

Papa-Capim, quadrinhos de Mauricio de Sousa, 2013.

O SENTIDO E O PREÇO DO PROGRESSO

Iluministas como o Marquês de Condorcet viam a história da humanidade como uma linha de progresso contínuo. Ela teria começado nos tempos primitivos, conhecido depois uma fase de aperfeiçoamento com os povos do Crescente Fértil, vivido o esplendor da cultura greco-romana, retrocedido na Idade Média e retomado o caminho do progresso na era da ilustração.

O desenvolvimento da ciência e da tecnologia estariam assim cumprindo seu papel histórico de guiar a humanidade pelo caminho da razão a um mundo evoluído, livre e equilibrado. Mais tarde, principalmente a partir do século XX, várias críticas foram feitas a essa visão triunfalista a respeito do potencial da razão e da crença no progresso. Vamos apresentar três delas.

Primeiro, historiadores e pesquisadores de outras disciplinas deixaram de ver a história como uma linha contínua que conduziria a humanidade ao mesmo ponto, a era das luzes. Para eles, a história humana é marcada por rupturas, mudanças, continuidades, idas e vindas. Revoluções, guerras, crescimento dos grupos neonazistas na Europa, novidades tecnológicas convivendo com antigos inventos e tradições (internet e rádio, *e-book* e livro impresso, produção artesanal e produção industrial) mostram que vários caminhos podem ser percorridos, e não há como determinar o que acontece ao longo de cada um deles.

A segunda crítica feita à ideia de progresso dos iluministas é o fato de ela ter como referência a história da Europa. Assim, ao adotar como modelo as conquistas científicas e tecnológicas dos países europeus, as sociedades tradicionais eram vistas como atrasadas ou selvagens. No pensamento iluminista europeu, a tradição oral, mítica e não científica dos povos indígenas da América ou das comunidades africanas era uma marca do seu atraso. Essas ideias, já defendidas pelos intelectuais do Renascimento, ganharam força a partir do iluminismo.

A terceira crítica ao iluminismo está relacionada aos valores da sociedade industrial que ele ajudou a construir. Ao exaltar o poder da razão e da ciência de explorar a natureza em benefício do ser humano, o objetivo deixou de ser o conhecimento em si. O prazer em conhecer, conviver e aprender com a natureza perdeu sua importância. O que importava agora era conhecê-la e submetê-la aos interesses do progresso econômico e tecnológico. O ser humano, nessa visão, já não era parte da natureza, mas senhor dela.

É BOM SABER

Saberes tradicionais

A ciência moderna é uma forma importante de conhecimento, porém, não é a única. Desde os tempos mais antigos, diversas sociedades têm construído saberes observando e aprendendo com a natureza. Esse é o caso das comunidades indígenas no Brasil, que conhecem profundamente o ambiente onde vivem: espécies vegetais e animais, suas propriedades específicas, hábitat e ciclos de reprodução. Mas os indígenas e outros povos tradicionais não veem a natureza como um objeto que pode ser explorado e destruído em benefício do ser humano. Por essa razão, as atividades que eles praticam causam poucos impactos à natureza.

"Hoje em dia ninguém questiona o valor geral das intervenções no real propiciadas pela ciência moderna por meio de sua produtividade tecnológica. Mas isso não deve nos impedir de reconhecer intervenções propiciadas por outras formas de conhecimento. [...] há outros modos de intervenção no real que hoje nos são valiosos e para os quais a ciência moderna em nada contribuiu. É o caso, por exemplo, da preservação da biodiversidade possibilitada por formas de conhecimento camponesas e indígenas, que se encontram ameaçadas justamente pela crescente intervenção da ciência moderna. E não deveria nos impressionar a riqueza dos conhecimentos que lograram preservar modos de vida, universos simbólicos e informações vitais para a sobrevivência em ambientes hostis com base exclusivamente na tradição oral?"

SANTOS, Boaventura de Sousa. *Para além do pensamento abissal*: das linhas globais a uma ecologia de saberes. São Paulo: Novos estudos Cebrap, 2007. Disponível em <http://mod.lk/chmlr>. Acesso em 20 abr. 2018.

ORGANIZAR O CONHECIMENTO

1. Associe cada palavra ao seu significado.
   a) Laico.
   b) Razão.
   c) Equidade.
   d) Progresso.
   e) Tecnologia.
   ( ) Avanço contínuo para a frente.
   ( ) Não ligado à religião.
   ( ) Capacidade de conhecer o mundo por meio do intelecto.
   ( ) Conhecimento que permite fabricar objetos e modificar a natureza.
   ( ) Que garante a igualdade de direitos para todos.

2. Escreva **V** (verdadeiro) ou **F** (falso) em cada frase a seguir.
   a) Por ser um Estado laico, o Brasil proíbe a livre manifestação da fé e estimula a intolerância religiosa.
   b) O pensamento racional e científico do iluminismo provocou o chamado "desencantamento do mundo ocidental", desprezando as crenças nas forças ocultas, mistérios e magias de determinados fenômenos.
   c) O ensino público e universal não promoveu a equalização de oportunidades, como pregavam os iluministas.

Jovem procura materiais recicláveis em um lixão no município de Duque de Caxias (RJ) para vendê-los. Foto de 2012. O império da razão e da ciência não promoveu a igualdade de oportunidades, o fim dos privilégios sociais e a conquista da liberdade e da felicidade.

ATIVIDADES

APLICAR

1. Explique o significado do termo "iluminismo" e as principais críticas que os pensadores iluministas faziam à sociedade do Antigo Regime.

2. Embora os iluministas defendessem a igualdade entre os seres humanos, muitos deles apoiavam a escravização de africanos e acreditavam na superioridade da cultura europeia em relação aos povos indígenas da América. Como você explica essa contradição?

3. Leia o texto para responder às questões.

    "O olhar que foi, por longo tempo, elaborado sobre a Idade Média, por meio da reprodução insistente do preconceito moderno e iluminista que marcou o medievo com a marca do obscurantismo, legou ao senso comum da nossa sociedade e aos compêndios didáticos a noção de que os homens medievais eram incultos e que pouco sabiam e produziam de ciência e de arte. A consequência disso foi a disseminação da crença de que a Idade Média era uma sociedade na qual todos eram analfabetos e iletrados. [...]

    Entretanto, precisamos levar em conta que, ao olhar para a civilização medieval, não devemos assimilar cultura à alfabetização [...]. Os medievais aprendiam mais pela palavra do que pela leitura, os livros eram importantes, mas o verbo era o mediador principal das relações entre os homens. Por exemplo, uma tese 'não era uma obra impressa, mas uma discussão', um longo debate que implicava a disputa de ideias."

    PEREIRA, Nilton Mullet. O ensino na Idade Média.
    Revista do Instituto Humanitas Unisinos, ed. 198, 2 out. 2006.
    Disponível em <http://mod.lk/sakbd>. Acesso em 9 abr. 2018.

    a) Qual crítica o historiador Nilton Pereira faz aos pensadores iluministas?

    b) Que argumento ele apresenta para contestar a visão dos iluministas?

    c) Nas sociedades atuais, muitas pessoas e povos não têm o conhecimento da escrita e do ensino formal, mas demonstram ter seu próprio saber. Dê exemplos de saberes que não fazem parte da cultura letrada e de que modo eles são transmitidos.

4. A relação que muitos pensadores iluministas estabeleciam entre ciência, tecnologia, progresso e felicidade se concretizou no século XXI? Justifique sua resposta.

5. Em novembro de 2015, o rompimento de uma barragem de rejeitos de mineração no município de Mariana, em Minas Gerais, causou a morte de dezenove pessoas e o maior impacto ambiental da história brasileira. A respeito desse desastre socioambiental, desenvolva a atividade a seguir.

Mancha de lama atinge o mar no norte do Espírito Santo. Foto de 2015. Com o rompimento da barragem, a lama e os resíduos da mineração destruíram distritos inteiros e se espalharam pela bacia do Rio Doce, com graves danos às dezenas de espécies de peixes desse hábitat.

a) Pesquise na internet e anote os seguintes dados sobre esse desastre.
- Data e local exato da ocorrência.
- Nome da mineradora que controla a barragem e das empresas às quais ela pertence.
- Causas do rompimento da barragem.
- Danos causados à população local e aos ecossistemas fluviais e marinhos.
- Punições aplicadas aos responsáveis pela tragédia.

b) Com bases nos dados coletados, elabore um texto dissertativo relacionando a tragédia de Mariana à ideia de progresso defendida pelos iluministas.

RETOMAR

6. Responda às questões-chave da abertura dos temas 1 e 2.

    a) Quais eram as principais ideias iluministas?

    b) Quais são as principais marcas das ideias iluministas e liberais no mundo contemporâneo?

TEMA 3

AS REVOLUÇÕES INGLESAS DO SÉCULO XVII

É possível identificar algumas ideias iluministas nas Revoluções Inglesas do século XVII? Quais?

NEUE GALERIE, KASSE/ALAMY/FOTOARENA

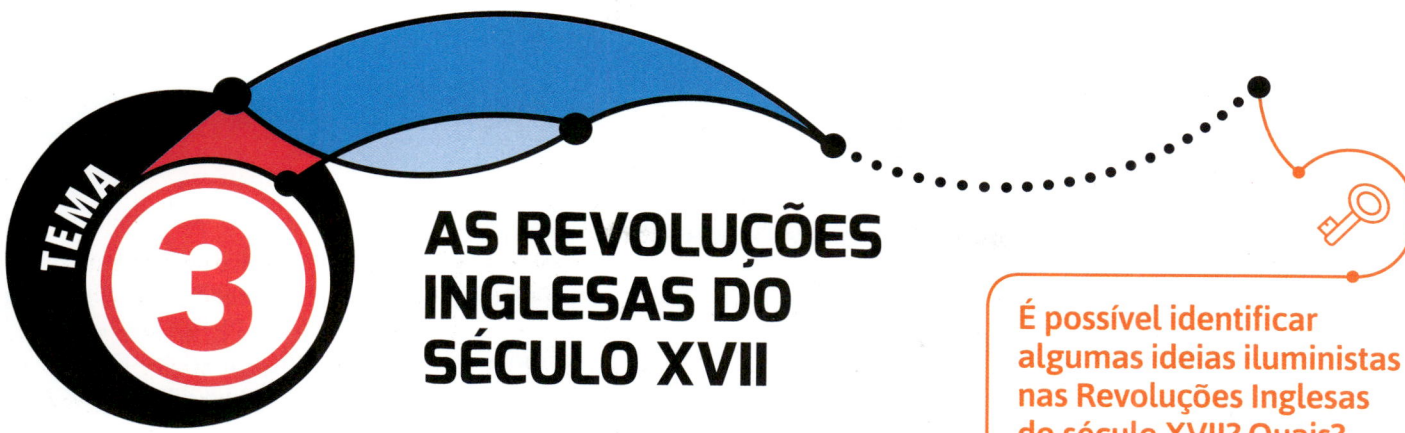

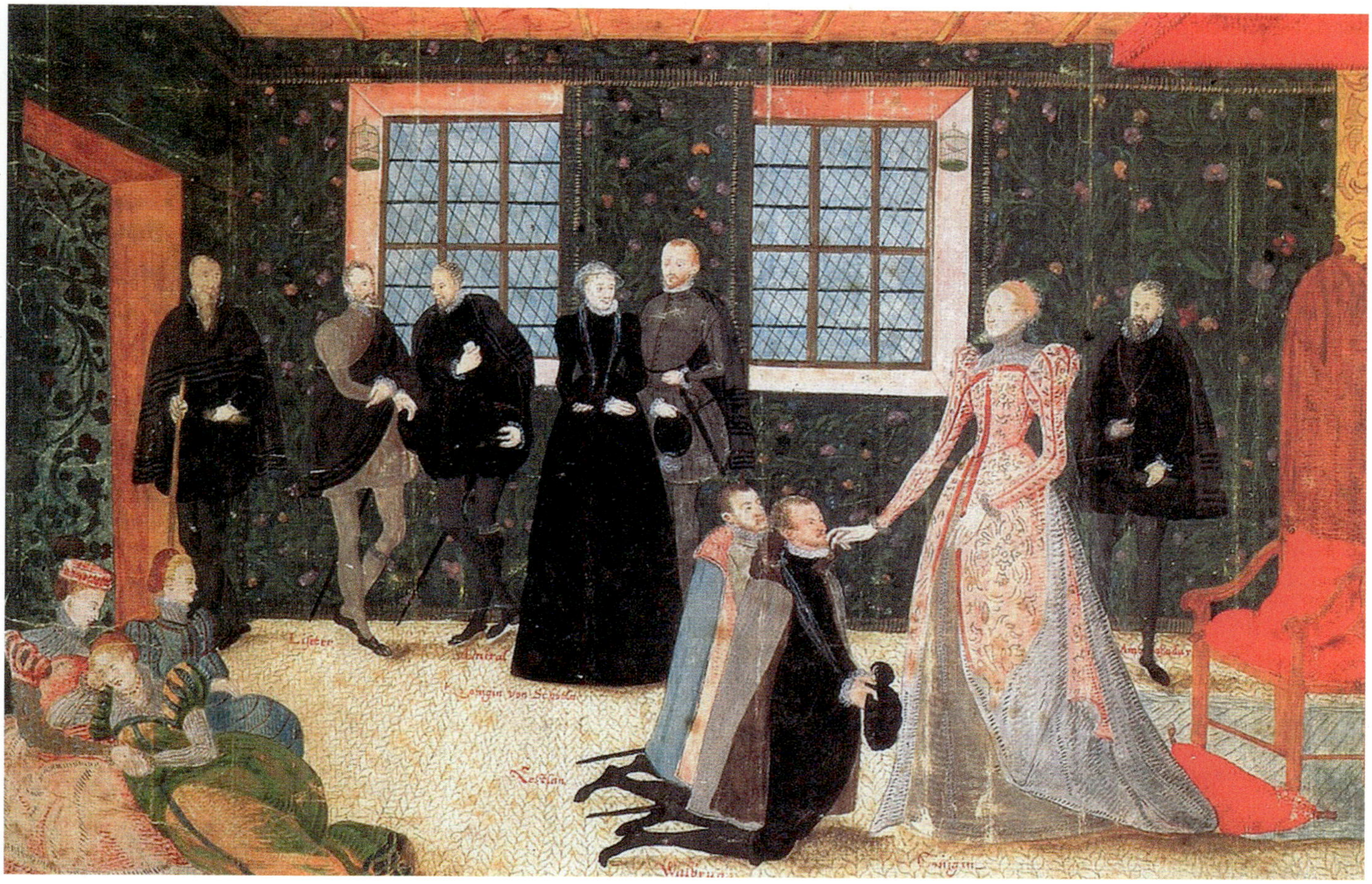

Rainha Elizabeth I da Inglaterra recebendo embaixadores holandeses, pintura de artista desconhecido, 1570-1575.

A ERA DA DINASTIA TUDOR

A dinastia Tudor governou a Inglaterra do final do século XV até o início do século XVII. Nesse período, a Inglaterra passou por grande desenvolvimento econômico e transformações políticas. Mesmo com um Parlamento atuante, os reis dessa dinastia conseguiram fazer alianças e impor suas decisões a todas as camadas sociais e grupos religiosos do país. Com eles, a autoridade da Coroa ganhou força, e a Inglaterra tornou-se uma potência comercial e marítima.

Os principais governantes da dinastia Tudor foram Henrique VIII (1491-1547) e sua filha Elizabeth I (1533-1603). Henrique VIII assumiu o trono em 1509 e teve papel importante ao romper com a Igreja Católica. Em 1534, ele fez o Parlamento votar o **Ato de Supremacia**, que o proclamou chefe supremo da Igreja inglesa, conhecida como Igreja Anglicana. Os bens da Igreja Católica na Inglaterra foram confiscados pela Coroa e vendidos a nobres e burgueses do reino.

O GOVERNO DA RAINHA ELIZABETH I

Com a rainha Elizabeth I, o absolutismo inglês chegou ao auge. Seguindo os passos do pai, ela conseguiu fortalecer a autoridade real. Controlou a disputa política e religiosa entre católicos e protestantes, estabeleceu boas relações com o Parlamento e conseguiu fazer da Igreja Anglicana uma igreja nacional, o que reforçou a unidade do país.

Elizabeth I também procurou desenvolver o comércio e a indústria naval. Ao enfrentar e derrotar a Invencível Armada espanhola, em 1588, a soberana preparou a Inglaterra para se tornar a maior potência marítima do mundo. Assim, os ingleses conquistaram valiosas colônias ultramarinas na América e na África, das quais obtinham produtos como algodão e azeite. Essas regiões também eram as principais consumidoras dos produtos manufaturados ingleses, principalmente tecidos.

A expansão marítima inglesa favoreceu a grande burguesia, que acumulou fortunas com a exploração comercial e a pirataria. Os grandes burgueses também foram beneficiados pela concessão de monopólios, que lhes dava o direito exclusivo de fabricar ou comercializar determinados produtos.

A PROSPERIDADE DA ERA TUDOR

Os reis da dinastia Tudor conseguiram governar de forma absoluta graças à prosperidade econômica da Inglaterra. O desenvolvimento das manufaturas, a política mercantilista e a pirataria realizada sobre os navios estrangeiros enriqueceram mercadores, donos de manufaturas e prestadores de serviços. Esses burgueses ricos apoiavam a monarquia, que em troca os beneficiava com a concessão de monopólios comerciais geradores de altos lucros.

No período Tudor surgiu também uma camada de proprietários rurais conhecida como *gentry*. Oriundos da pequena nobreza, esses novos proprietários entraram em cena com a aquisição de terras confiscadas da Igreja Católica pelo rei Henrique VIII. Ao contrário da grande aristocracia de sangue, de origem feudal, a *gentry* tinha uma mentalidade capitalista, visando produzir para os mercados interno e externo. Com essa perspectiva, as terras dessa nova nobreza foram destinadas principalmente à criação de ovelhas, que forneceriam lã para as manufaturas de tecidos.

A grandeza econômica da era Tudor foi favorecida ainda pela habilidade com que seus reis negociaram com o Parlamento. A monarquia inglesa não só deixou de ser alvo de ataques como também recebeu relativo apoio dessa instituição, que representava diferentes setores da sociedade inglesa.

É BOM SABER

A prática dos cercamentos

Na Inglaterra do século XVI, além das propriedades particulares, havia as chamadas **terras comunais**. Embora pertencessem a um senhor, essas terras eram utilizadas de maneira coletiva por pessoas mais pobres, que lá pastoreavam animais, pescavam e obtinham lenha.

A partir do século XVI, as terras comunais passaram a ser cercadas por particulares, interessados principalmente em ampliar a criação de ovelhas, que fornecia a matéria-prima essencial para o próspero comércio de tecidos. Propriedades desse tipo espalharam-se pelo território inglês a partir do século XVIII, quando o governo acelerou a política de cercamentos.

Os cercamentos causaram um forte impacto social no país. A maior parte dos camponeses, expulsos das terras, passou a vagar sem rumo pelas estradas e florestas ou migrou para as cidades em busca de trabalho.

Política de cercamentos: medida criada pelo Parlamento britânico no início do século XVIII para regulamentar o cercamento das terras comunais.

Família camponesa deixa uma aldeia após o cercamento das terras onde viviam, gravura de Thomas Bewick e Robert Johnson, 1795. Mudanças na agricultura inglesa a partir do século XVI levaram à expropriação das terras camponesas.

A DINASTIA STUART

A morte da rainha Elizabeth I, em 1603, encerrou a dinastia Tudor. Sem herdeiros diretos, o trono inglês foi assumido por um primo da monarca, Jaime VI da Escócia. Membro da família Stuart, ele assumiu o trono da Inglaterra como Jaime I, iniciando assim uma nova dinastia.

Jaime I reinou de maneira absolutista, segundo a teoria francesa do direito divino dos reis, colocando-se como um representante de Deus. Durante seu governo, adotou medidas religiosas, econômicas e políticas que desagradaram boa parte da população e geraram diversas crises entre a Coroa e o Parlamento.

OS CONFLITOS DA ERA STUART

Os conflitos políticos e sociais que levariam à revolução na Inglaterra também tinham uma face religiosa. Em geral, os novos burgueses e os membros da *gentry* eram puritanos ou presbiterianos, que não tinham os benefícios dos monopólios reais concedidos aos anglicanos. Descontentes com os privilégios dados às companhias de comércio protegidas da Coroa, os novos burgueses passaram a defender um governo menos autoritário e que interferisse menos na economia.

O primeiro conflito importante enfrentado pelo rei Jaime I foi a chamada **Conspiração da Pólvora**, em 1605. Planejado por um grupo de católicos também descontentes com a distribuição de privilégios, o movimento tinha como objetivo provocar a morte do rei explodindo barris de pólvora escondidos embaixo do Parlamento. A conspiração foi descoberta e todos os envolvidos foram mortos.

Jaime I também enfrentou agitações e revoltas de camponeses que haviam perdido suas terras com os cercamentos e estavam sem trabalho e famintos. Além disso, o monarca criou atritos com o Parlamento ao tentar aumentar o valor dos impostos e criar novas taxas.

Puritano: protestante rigorista, ou seja, que defende um cristianismo mais puro e rígido nos costumes. Era mais forte na Inglaterra do século XVII.

Presbiteriano: protestante que defende uma Igreja organizada por um conselho de presbíteros ou anciãos. No século XVII, era mais comum na Escócia.

Vista da ponte de Londres sobre o Rio Tâmisa, obra de Claes J. Visscher, 1616.

A REVOLUÇÃO PURITANA

Em 1625, Carlos I assumiu o trono da Inglaterra. Ele restabeleceu a cobrança de impostos navais sobre as cidades costeiras e impôs aos presbiterianos da Escócia as regras da Igreja Anglicana. O autoritarismo do novo governante agravou os conflitos entre a Coroa e o Parlamento.

Em 1642, o rei mandou invadir o Parlamento, provocando uma guerra civil no país. Do lado do rei estava a alta nobreza, católica e anglicana. Ao lado do Parlamento, se colocaram os pequenos proprietários de terra, a pequena nobreza rural (*gentry*), a nova burguesia mercantil e os donos de manufaturas, a maior parte presbiterianos. Eles eram apoiados ainda pelos grupos mais radicais, formados pelos setores excluídos da sociedade, que lutavam por democracia política, pela organização dos pobres em comunidades coletivas, pelo direito dos camponeses à terra e pela liberdade religiosa.

Após sete anos de conflito, o exército do Parlamento, comandado pelo puritano Oliver Cromwell, prendeu, julgou e executou Carlos I. A vitória de Cromwell inaugurou a **República Puritana**. Ele eliminou taxações excessivas, sufocou revoltas internas e aprovou, em 1651, os **Atos de Navegação**, determinando que as mercadorias negociadas com a Inglaterra só poderiam ser transportadas em navios ingleses ou de países produtores.

Inicialmente aclamado, Cromwell logo se tornou um ditador e passou a receber críticas até mesmo entre seus apoiadores puritanos. Após sua morte, em 1658, o caminho foi aberto para a restauração monárquica.

Representação da execução do rei Carlos I da Inglaterra por uma testemunha ocular em 1649, detalhe da pintura de John Weesop, 1653.

A REVOLUÇÃO GLORIOSA

Em 1660, com Carlos II, a dinastia Stuart voltou ao poder. Simpático à Igreja de Roma, o rei acabou com as leis que restringiam a atuação dos católicos.

Jaime II, seu irmão e sucessor, tentou restaurar o poder do catolicismo na Inglaterra. As reações dos anglicanos e dos puritanos foram intensas. Em 1688, o Parlamento, apoiado por comerciantes, financistas e proprietários rurais, depôs Jaime II e colocou no trono Guilherme de Orange, um holandês protestante. Esse episódio ficou conhecido como **Revolução Gloriosa**.

As Revoluções Inglesas, em síntese, resultaram de uma aliança entre a burguesia urbana e a nobreza capitalista rural, a *gentry*, unidas em torno do Parlamento. Ao assumir o controle do Estado inglês, elas eliminaram as restrições mercantilistas e as barreiras ao avanço dos cercamentos e criaram as condições para o desenvolvimento acelerado do capitalismo na Inglaterra, tanto no campo quanto nas cidades.

ORGANIZAR O CONHECIMENTO

1. Elimine do quadro o termo que não faz parte do grupo e justifique.

   > Elizabeth I   Henrique VIII
   > Ato de Supremacia   dinastia Tudor
   > derrota da armada espanhola
   > Atos de Navegação

2. Assinale as afirmativas corretas sobre os efeitos dos cercamentos na Inglaterra.

   a) Incremento da indústria têxtil.

   b) Privatização de terras que antes eram de uso comum das famílias camponesas.

   c) Distribuição igualitária das terras comunais entre camponeses e a pequena nobreza rural.

   d) Migração de milhares de camponeses do campo para as cidades.

   e) Favorecimento dos camponeses, que, como recompensa, se aliaram ao rei na guerra civil inglesa.

3. Escreva um parágrafo identificando os motivos que desencadearam a Revolução Puritana e explicando o desfecho desse movimento.

ATITUDES PARA A VIDA

A ideia de revolução

A palavra "revolução" adquiriu vários significados ao longo dos últimos séculos. Foi usada por Nicolau Copérnico, na época do Renascimento, para nomear o movimento da Terra e de outros planetas em torno do Sol, seguindo uma órbita que se repete incessantemente. Na astronomia, "revolução" corresponde, portanto, a um movimento cíclico dos corpos celestes, que sempre retornam ao ponto de partida.

Aos poucos, a palavra "revolução" passou a ser empregada para nomear as experiências humanas. O filósofo Thomas Hobbes, por exemplo, descreveu as mudanças políticas na Inglaterra, entre 1640 e 1660, como "revolução". Ele considerou que a restauração da monarquia dos Stuart, após a guerra civil e a república de Cromwell, significava um retorno ao ponto de partida, semelhante ao movimento dos astros.

Com os iluministas, "revolução" adquiriu outro sentido, associado às duras críticas ao Antigo Regime. Os pensadores ilustrados acreditavam que suas ideias representavam uma ruptura com as tradições da época: os privilégios de nascimento, o absolutismo monárquico, a mentalidade religiosa e o poder da Igreja. E passaram a empregar a palavra "revolução" para nomear as mudanças que pretendiam realizar na sociedade.

Com esse significado, o conceito de "revolução" passou a identificar momentos em que ocorrem mudanças radicais nas estruturas sociais, políticas, econômicas, culturais, científicas e tecnológicas de uma sociedade. Assim entendida, corresponde a uma verdadeira "convulsão social", que ocorre num intervalo de tempo relativamente curto, provocando uma ruptura com a situação anterior, e não um retorno. Uma revolução aponta para o futuro, e não para o passado.

E você, reconhece alguma "mudança revolucionária" na atualidade?

As lutas das mulheres por liberdade, respeito, participação política e direitos iguais têm revolucionado costumes em diversas sociedades da atualidade.

QUESTÕES

1. O texto ao lado termina com uma pergunta. Qual seria sua resposta para ela? Justifique.

2. Aponte as diferenças entre o conceito de "revolução" empregado na astronomia e nas ciências humanas.

3. Retome suas respostas às questões da abertura da unidade. Compare seus registros sobre a ideia de "revolução" com o que você aprendeu no estudo dos temas 1 e 3 e desta unidade. Houve alguma mudança? Em caso afirmativo, qual?

4. **Aplicar conhecimentos prévios a novas situações, pensar com flexibilidade, persistir.** Entre as atitudes priorizadas nesta unidade, quais delas estiveram presentes durante a realização das atividades desta seção? Cite exemplos em sua resposta.

TEMA 4

A INGLATERRA NA LIDERANÇA DA ECONOMIA EUROPEIA

Que razões explicam a supremacia inglesa na Europa a partir de meados do século XVII?

O PODERIO DA INGLATERRA

Como você estudou no 7º ano, as viagens marítimas europeias tiveram como resultado a conquista e a colonização do continente americano e a formação de uma rede de comércio que integrou diferentes regiões do planeta em um mercado mundial. A Inglaterra foi um dos reinos europeus que mais se beneficiaram da expansão comercial ocorrida com as viagens atlânticas.

No reinado de Elizabeth I, vimos que os ingleses conquistaram possessões na América e na África, que foram essenciais para a obtenção de matérias-primas e a expansão de seu mercado consumidor. As embarcações inglesas também atuavam no **tráfico atlântico de escravos**, que ligava o continente africano à América, gerando lucros significativos para os comerciantes britânicos.

A economia inglesa também foi impulsionada pelos **Atos de Navegação**, aprovados no governo republicano de Oliver Cromwell, lei que fortaleceu a marinha mercante do país e ajudou a fazer da Inglaterra a maior potência naval do mundo. Além disso, a burguesia consolidou seu poder na política inglesa após as Revoluções do século XVII, transformando seus interesses nos principais objetivos do governo inglês: a busca do lucro e o estímulo ao desenvolvimento econômico.

Trabalhadores no corte de cana-de-açúcar na Jamaica, em foto de 1891. A escravidão foi abolida na colônia inglesa da Jamaica em 1838. Mesmo depois disso, muitos ex-escravos continuaram trabalhando na ilha caribenha em condições análogas à da escravidão.

Pintura de John Crome que representa um jovem pastoreando ovelhas próximo de Norwich, na Inglaterra, século XIX.

INOVAÇÕES AGRÍCOLAS

As transformações nas áreas rurais também impulsionaram o crescimento econômico da Inglaterra. A política dos cercamentos, que você estudou no tema anterior, promoveu a expulsão dos camponeses das antigas terras comunais e a migração de grande parte deles para as cidades. Com isso, surgiu nos centros urbanos um grande contingente de mão de obra disponível e barata, que seria, futuramente, usada nas nascentes fábricas inglesas.

Além disso, os novos proprietários das terras cercadas, visando produzir para um grande mercado, promoveram a modernização da agricultura inglesa. A difusão do **sistema trienal de cultivos** (ver esquema ao lado), por exemplo, permitiu disponibilizar mais alimentos para as ovelhas. Elas forneciam o adubo natural para manter a fertilidade do solo. Outras inovações foram o confinamento do gado, que resultou no aumento de peso do animal, e a aração profunda, que deixava o solo mais bem preparado para o cultivo.

Essas mudanças também possibilitaram o aumento da produção agrícola, necessário para alimentar uma população em constante crescimento, sobretudo nas cidades. Elas também contribuíram para que a Inglaterra conquistasse o comércio mundial, impulsionasse sua primitiva indústria de algodão e promovesse a mecanização da produção têxtil.

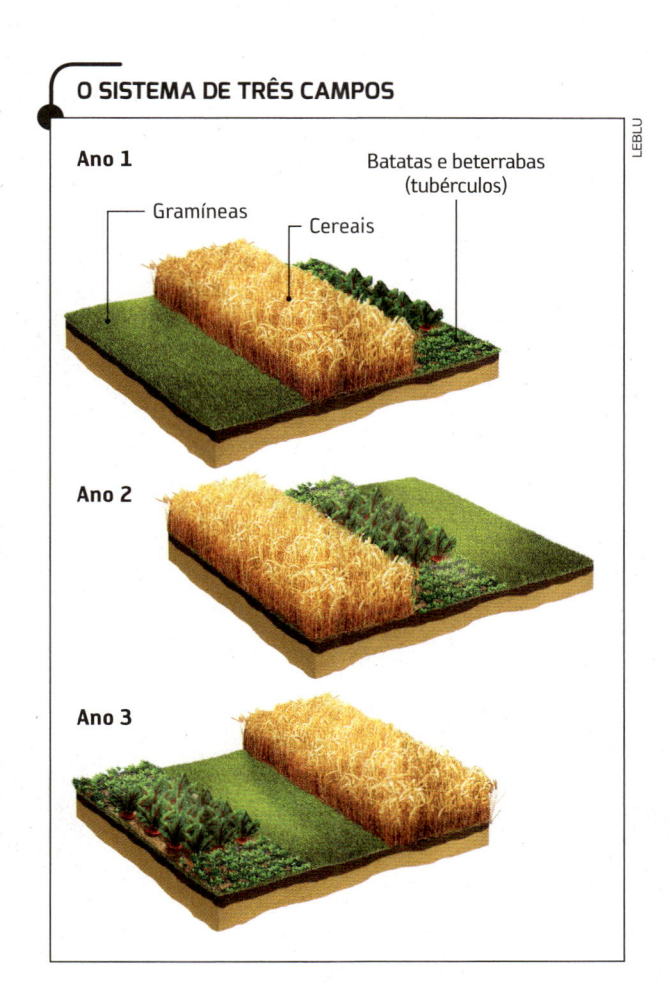

O SISTEMA DE TRÊS CAMPOS

Ano 1 — Gramíneas / Cereais / Batatas e beterrabas (tubérculos)

Ano 2

Ano 3

35

INGLESES NO COMÉRCIO NEGREIRO

A Inglaterra teve uma ampla participação no tráfico negreiro transatlântico, tanto de forma direta, transportando africanos escravizados em embarcações britânicas, quanto indiretamente, utilizando trabalhadores escravos em suas colônias americanas, abastecendo traficantes de outros países com produtos utilizados para adquirir escravos na África ou financiando expedições escravistas.

Até 1807, quando o Parlamento britânico proibiu o tráfico negreiro, os ingleses atuaram no tráfico atlântico de escravos por meio do **sistema triangular**. Nesse esquema, comerciantes britânicos trocavam na África Ocidental produtos manufaturados, principalmente tecidos de algodão, por escravos. Depois, transportavam esses escravos para as colônias britânicas na América, sobretudo a Jamaica e o sul das treze colônias, onde eram comercializados.

Depois de 1807, a participação dos ingleses no tráfico negreiro continuou de forma indireta, mas não menos lucrativa. Eles se transformaram nos principais fornecedores de artigos industrializados para o escambo de escravos na África. Armas de fogo e tecidos de algodão eram os artigos mais cobiçados. Casas comerciais britânicas estavam espalhadas pelos principais pontos de desembarque de escravos na América para facilitar as transações comerciais entre britânicos e traficantes europeus, estadunidenses e brasileiros.

ESCRAVOS TRANSPORTADOS EM NAVIOS INGLESES DE ACORDO COM O PORTO DE ORIGEM (1698-1759)		
Londres	525.436	41%
Liverpool	384.701	30%
Bristol	320.137	25%
Outros	44.387	4%
Total	1.274.661	100%

Fonte: RICHARDSON, David. *The Eighteenth Century British Slave Trade*. In: LOPES, Gustavo Acioli. *Negócio da Costa da Mina e comércio atlântico*. Tese de doutorado apresentada ao Programa de Pós-graduação em História pela Universidade de São Paulo, 2008.

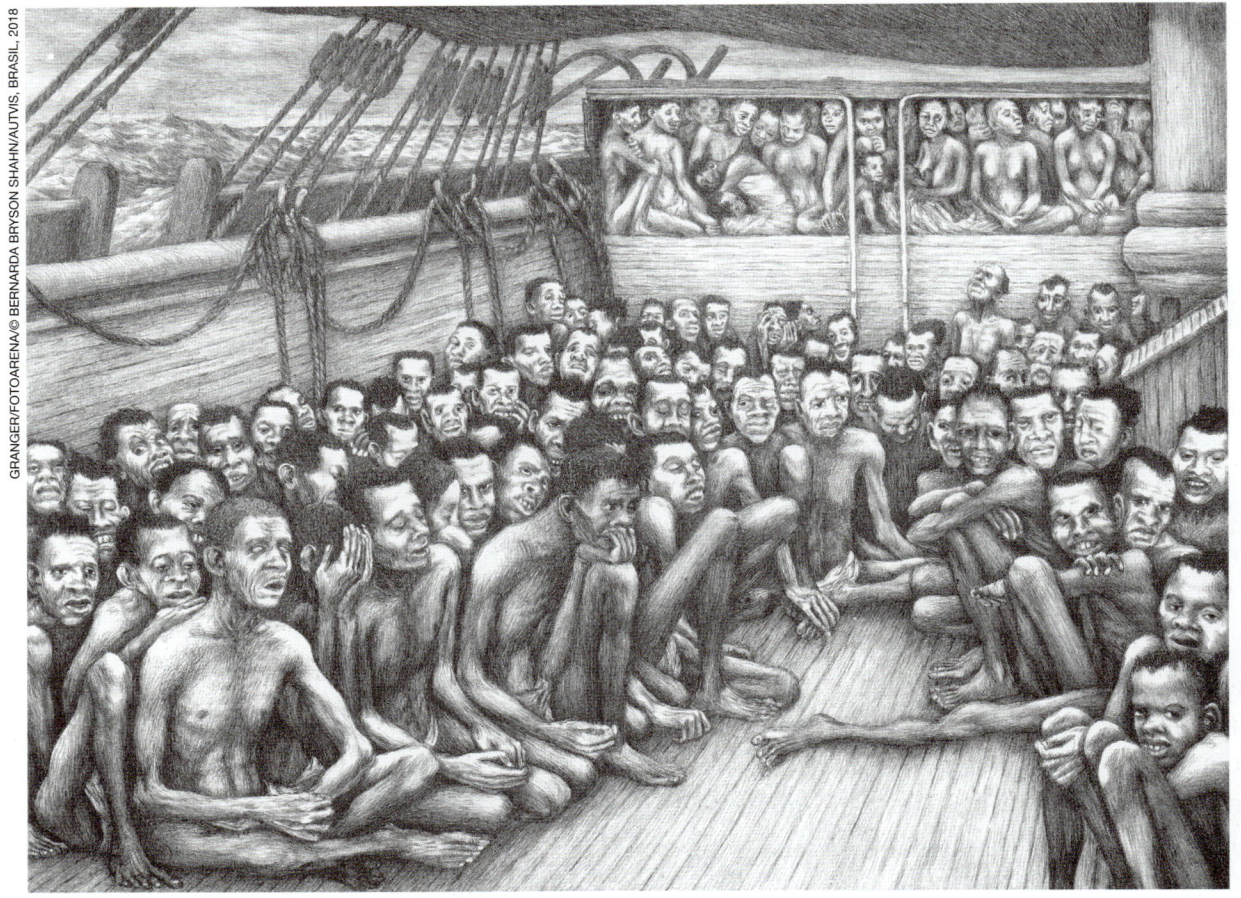

Gravura de 1935 representando escravos em um navio negreiro. A participação direta de comerciantes ingleses no transporte de africanos escravizados foi apenas uma das formas de envolvimento do capital britânico no comércio de seres humanos.

Súditos britânicos também financiavam viagens de navios negreiros de outros países; ricos empresários tinham ações em companhias de mineração em Cuba e no Brasil que empregavam trabalhadores escravizados; companhias inglesas forneciam algemas, armas de fogo e pólvora utilizadas pelos traficantes nas arriscadas viagens escravistas pelo Atlântico. Documentos da época, por exemplo, fazem referência às boas relações dos comerciantes britânicos com traficantes de escravos do Rio de Janeiro e da Bahia.

O amplo envolvimento do capital britânico no tráfico transatlântico era frequentemente denunciado por sociedades antiescravistas inglesas, que cobravam da Coroa e do Parlamento medidas efetivas para punir os envolvidos. Autoridades e traficantes dos Estados Unidos e do Brasil também se queixavam do governo britânico, que perseguia e capturava embarcações escravistas de outros países, mas tolerava a participação dos seus súditos no comércio de africanos escravizados. Os interesses econômicos ingleses pareciam ter primazia sobre as questões humanitárias.

PARA NAVEGAR

• **Banco de Dados do Tráfico Transatlântico de Escravos**
Disponível em <www.slavevoyages.org>. Acesso em 9 abr. 2018.

O *site* apresenta dados, mapas, imagens e textos sobre o comércio de africanos escravizados trazidos à força para a América. Essas informações mostram a participação de diferentes nações no comércio de escravos, negócio que era liderado por Portugal, Brasil e Inglaterra.

ORGANIZAR O CONHECIMENTO

1. Relacione cada palavra do quadro a uma frase.

   > capital britânico   escambo   Atos de Navegação
   > cercamentos   burguesia

   a) Manufaturados ingleses eram trocados por pessoas escravizadas na África.
   b) Grupo social que se fortaleceu após as Revoluções Inglesas do século XVII.
   c) Estava presente, de diferentes formas, no comércio transatlântico de escravos.
   d) Essa medida deu um grande impulso à participação dos britânicos no comércio mundial.
   e) Cumpriu papel importante na criação de uma mão de obra numerosa e barata para as fábricas inglesas.

2. Cite os principais fatores que garantiram a prosperidade britânica a partir do século XVII.

ATIVIDADES

APLICAR

1. No livro *O mundo de ponta-cabeça*, o historiador britânico Christopher Hill analisa que houve duas revoluções na Inglaterra dos anos 1640: a que venceu e estabeleceu a supremacia do direito de propriedade no país e uma outra, que nunca chegou a se concretizar, mas que expressava o sonho de uma ampla democracia social e política na Inglaterra. Explique essa ideia.

2. Observe o mapa para responder às questões.

PAÍSES E REGIÕES DE ORIGEM DOS NAVIOS NEGREIROS (1501-1866)

[Mapa mostrando percentuais: Grã-Bretanha 34,2%; França 14,8%; Países Baixos 5,8%; Portugal 4,2%; Espanha 1,9%; Outros (Europa) 0,3%; América do Norte Continental 2,9%; Caribe 5,5%; Pernambuco 4,4%; Bahia 13,7%; Sudeste do Brasil 11,5%; Rio da Prata 0,1%; Outros (América do Sul) 0,3%; África 0,3%]

Número de escravos: 2.800.000; 1.200.000; 500.000; 100.000; 25.000. Os percentuais representam o número de escravos em relação ao total de cativos.

Fonte: ELTIS, David; RICHARDSON, David. *Atlas of the Transatlantic Slave Trade*. New Haven: Yale University Press, 2010. Disponível em <http://mod.lk/5cyvv>. Acesso em 7 jun. 2018.

a) Identifique e anote, em ordem decrescente, os países europeus que mais exploraram o comércio de africanos escravizados.

b) Anote o nome de regiões da América que atuavam no tráfico transatlântico.

3. Com base no mapa da questão anterior, é possível afirmar que:

a) os agentes do tráfico negreiro eram todos originados da Europa e da América.

b) o tráfico negreiro só trouxe lucros para traficantes e empresários europeus.

c) o mapa mostra que o tráfico negreiro conectou a África, a América e a Europa em uma rede de comércio atlântica.

d) a África Oriental era a principal fonte fornecedora de pessoas escravizadas.

e) na Europa, foi dos países ibéricos que partiu a maioria dos navios negreiros.

4. Leia o texto para responder às questões.

"Os dados coletados não deixam dúvidas, portanto, que a escravidão esteve na base da Revolução Industrial. Com os benefícios econômicos decorrentes da exploração do modelo colonial, os ingleses puderam injetar recursos em setores estratégicos como a siderurgia, a extração de carvão mineral e a formação dos bancos. Concomitantemente, a mão de obra escrava propiciou o aumento de produção de gêneros como açúcar e algodão, atendendo à demanda do mercado interno europeu.

Essa conjunção de fatores contribuiu para o desenvolvimento da indústria têxtil e das bases da infraestrutura produtiva (estradas, canais, etc.) na Inglaterra, nação soberana no comércio de escravos durante o século XVIII. Era o jogo de 'ganha-ganha-ganha', em que os ingleses lucravam com a venda de escravos, com o comércio dos produtos por eles cultivados e ainda investiam em indústrias próprias e na estrutura necessária para garantir ainda mais acúmulo de riqueza no futuro."

HASHIZUME, Maurício. Museu mostra como europeus se aproveitaram da escravidão. *Repórter Brasil*, 17 set. 2008. Disponível em <http://mod.lk/tqcvg>. Acesso em 9 abr. 2018.

a) Qual relação o texto estabelece entre a escravidão atlântica e a prosperidade inglesa?

b) A ideia central apresentada nesse texto confirma ou contraria o que você estudou no tema 4? Explique.

c) Identifique e grife no texto a expressão empregada para representar as maneiras pelas quais os ingleses lucravam com o tráfico negreiro.

d) Como você viu, em 1807 o Parlamento britânico proibiu a participação de súditos ingleses no tráfico atlântico de escravos. Por que, mesmo depois dessa medida, o tráfico negreiro continuou sendo praticado por quase cinquenta anos?

5. Observe os detalhes do retrato da rainha britânica Elizabeth I e responda às questões a seguir.

Elizabeth I, pintura conhecida como *Retrato da Armada*, de George Gower, c. 1588.

a) Quais elementos representados na pintura reforçam a autoridade da rainha?

b) Explique o significado dos seguintes elementos: os dois cenários no fundo da tela e o globo tocado pela rainha.

c) Como a rainha Elizabeth I fortaleceu o absolutismo na Inglaterra?

RETOMAR

6. Responda às questões-chave da abertura dos temas 3 e 4.

a) É possível identificar algumas ideias iluministas nas Revoluções Inglesas do século XVII? Quais?

b) Que razões explicam a supremacia inglesa na Europa a partir de meados do século XVII?

Mais questões no livro digital

AUTOAVALIAÇÃO

CONTEÚDOS

1. Ao final dos estudos propostos nesta unidade, como você avalia seu aprendizado? A partir do 8º ano, vamos realizar essa tarefa de outra maneira. Procure relembrar todas as atividades feitas em classe e em casa. Folheie as páginas do livro correspondentes a esta unidade. Consulte suas anotações pessoais e depois registre como avalia a compreensão dos quatro temas estudados, respondendo às seguintes questões:

a) Quais conteúdos e/ou atividades considerei mais difíceis? Por quê?

b) Quais conteúdos e/ou atividades considerei mais fáceis? Por quê?

c) O que posso fazer para melhorar meu aprendizado?

ATITUDES

2. Retome a descrição das atitudes, nas páginas 4 e 5, e escolha aquela que, em sua opinião, poderá contribuir para superar as dificuldades que você detectou ao responder à questão 1.

3. Nesta unidade, priorizamos o trabalho com as seguintes atitudes: **aplicar conhecimentos prévios a novas situações**, **pensar com flexibilidade** e **persistir**. Elas estiveram presentes durante o estudo dos temas? Dê exemplos.

4. Na sua opinião, em qual das atitudes citadas acima você tem mais desenvoltura? E qual delas precisaria desenvolver mais? Justifique sua resposta.

COMPREENDER UM TEXTO

Durante as agitações políticas na Inglaterra dos anos 1640, surgiram movimentos que ansiavam por uma verdadeira revolução social. O texto a seguir descreve a ação dos *diggers*, movimento religioso popular que defendia a propriedade comunal das terras sob controle dos camponeses.

Pastinaca: raiz da família das cenouras.

Arrendatário: aquele que recebe de terceiros, temporariamente, o direito a explorar uma propriedade, mediante pagamento acordado com o arrendador.

Diggers, os escavadores de terras comunais

"O movimento dos *diggers* surgiu no auge do pânico, quando ainda não era de modo algum evidente que a ameaça radical havia sido superada. No domingo 1º de abril [de 1649], um grupo de homens pobres reuniu-se na colina de St. George [...] e pôs-se a cavar a terra baldia, plantando milho, pastinaca, cenoura e feijões. Este era um ato simbólico pelo qual aquelas pessoas reivindicavam a propriedade daquela terra. O número de *diggers* logo chegou a vinte ou trinta. [...]

Os proprietários locais acionaram o Conselho de Estado para que interviesse com força militar. [...] Em 20 de abril, dois *diggers* mais importantes, [William] Everard e [Gerrard] Winstanley, foram levados ao comandante. [...]

Disseram ao general que sua intenção era cultivar a terra baldia como um grupo comunal: apenas iriam 'se intrometer nas terras comuns e incultas'. [...] Esperavam que, em pouco tempo, pobres de todos os lugares seguiriam seu exemplo e proprietários entregariam suas terras voluntariamente, unindo-se todos em torno da produção comunal. [...]

[...] os proprietários locais não foram [...] tolerantes. A colônia de St. George foi invadida mais de uma vez, plantações e cabanas foram destruídas, pessoas foram espancadas, cavalos foram mortos. [...] Uma ação por intrusão foi movida contra os *diggers* na corte de Kingston. [...]"

Ilustração atual representando grupo de *diggers* na Inglaterra em 1649.

Em agosto de 1649 [...], os colonos abandonaram a colina de St. George e se deslocaram para Cobham Heath, que distavam cerca de 2 quilômetros. Mas nem ali eles foram deixados em paz. [...] Em novembro, as tropas foram novamente convocadas a intervir. [...] casas foram derrubadas, ferramentas e utensílios destruídos, o milho pisoteado, homens espancados e presos. [...] No inverno de 1649-50, a colheita de verão foi destruída e a colônia encontrou-se em uma dificuldade financeira terrível. [...]

Em abril de 1650, a colônia de Cobham Heath foi finalmente dispersada e suas cabanas e seus móveis foram queimados. Arrendatários receberam ordens para não admitir *diggers* como inquilinos, e homens foram contratados para vigiar Cobham Heath para prevenir a volta dos *diggers*. No início de abril de 1650, o Windsor Great Park [que incluía a colina de St. George e o pântano de Cobham] foi confiscado do rei [e] colocado à venda."

HILL, Christopher (Ed.). *Winstanley*: The Law of Freedom and Other Writings. Cambridge: Cambridge University Press, 2006. p. 26-31. (tradução nossa)

ATIVIDADES

EXPLORAR O TEXTO

1. O texto mostra que entre 1649 e 1650 houve na Inglaterra um embate entre:
   a) os *diggers* e os proprietários pelo controle de terras improdutivas.
   b) os *diggers* e o rei pela propriedade das terras comunais.
   c) os proprietários e o rei pelo controle das fazendas produtivas.
   d) os *diggers* e os militares pelo controle da colina de St. George.

2. Retome, no texto, a fala de Everard e de Winstanley e identifique uma proposta defendida pelos *diggers* e uma expectativa em relação ao futuro do movimento que lideravam.

3. O texto aponta algumas razões para o fim da experiência dos *diggers* na colina de St. George e em Cobham Heath. Identifique três destas razões.

RELACIONAR

4. O filósofo inglês John Locke defendia que todos os homens tinham direitos naturais, entre eles o direito de propriedade. A partir da leitura desse texto e do item "A razão como guia do ser humano", na página 18, compare o regime de propriedade praticado pelos *diggers* e a posição de Locke em relação à propriedade.

5. No Brasil atual, o direito à terra gera inúmeros conflitos sociais no campo e nas cidades. Esses conflitos ganharam visibilidade com a atuação do Movimento dos Trabalhadores Sem Teto (MTST) e do Movimento dos Trabalhadores Rurais Sem Terra (MST). Com um colega, respondam.
   a) Qual é a importância desses movimentos no Brasil atual?
   b) Esses movimentos se assemelham à atuação dos *diggers* na Inglaterra do século XVII? Expliquem.

REVISANDO

O iluminismo

1. Os **iluministas** criticavam a **rígida hierarquia social do Antigo Regime**, os privilégios da nobreza e do clero, a **tradição religiosa**, o **absolutismo** monárquico e a **política do mercantilismo**.
2. Entre as ideias iluministas estavam a valorização da **razão** e a defesa da **liberdade** e da **igualdade** de natureza dos indivíduos perante as leis.
3. O princípio central do **liberalismo econômico** é a crítica à intervenção do Estado na economia e a defesa da **livre iniciativa**.

Os valores iluministas no mundo contemporâneo

1. O **iluminismo** originou a organização de **Estados laicos** ou daqueles em que o **poder secular** predomina sobre o **poder religioso**.
2. A organização atual de muitos Estados em três poderes (**Executivo**, **Legislativo** e **Judiciário**) é um exemplo da influência iluminista no mundo contemporâneo.
3. As ideias iluministas sobre a **educação** formaram as bases de um ensino livre da interferência de crenças e dogmas religiosos e voltado para a **difusão de conhecimentos científicos**.
4. A ideia de que a **ciência** e a **tecnologia** podem **transformar positivamente** a vida das pessoas é outro exemplo de valor iluminista presente nos dias de hoje.

As revoluções inglesas do século XVII

1. O sucesso da **dinastia Tudor** se apoiava na **prosperidade econômica** da Inglaterra e nas boas relações estabelecidas com o **Parlamento** e a **burguesia**.
2. Os conflitos ocorridos durante a **dinastia Stuart** foram motivados pelas **medidas absolutistas** de seus reis, como a cobrança de **altos impostos**, a tentativa de reduzir o poder do **Parlamento** e a **concessão de monopólios** à burguesia comercial luterana.
3. A **Revolução Puritana** opôs em uma **guerra civil** nobres católicos e anglicanos de um lado e pequenos proprietários de terra, mercadores, donos de manufaturas e grupos populares, de outro.
4. A **Revolução Gloriosa** consolidou a **hegemonia burguesa** na Inglaterra e a autoridade do **Parlamento**.

A Inglaterra na liderança da economia europeia

1. Durante os séculos XVII e XVIII, a Inglaterra ampliou sua **frota naval** e sua presença no **comércio marítimo**, o que garantiu a obtenção de matérias-primas e o escoamento de sua produção.
2. Os **cercamentos** promoveram a **modernização** da **agricultura inglesa** e o aumento da criação de ovelhas, essencial para a expansão das **manufaturas de lã** na Inglaterra, em **prejuízo dos camponeses**, que foram expulsos de suas terras.
3. A exploração do **tráfico transatlântico de escravizados** foi uma atividade que envolveu, na Inglaterra, comerciantes, banqueiros e donos de manufaturas e proporcionou **grande acúmulo de capitais** no país.

Trilha de estudo

Vai estudar? Nosso assistente virtual no *app* pode ajudar! <http://mod.lk/trilhas>

PARA NAVEGAR

- *Wikipedia*
  Disponível em <www.wikipedia.org>.
  Acesso em 9 ago. 2018.

  Sinopse
  A *Wikipedia* é uma enciclopédia virtual colaborativa usada como fonte de pesquisa em diversas partes do mundo. Seus verbetes são criados e editados por qualquer pessoa que queira colaborar para a sua construção.

  O site e esta unidade
  - Acesse a *Wikipedia* e escolha um verbete que se relacione ao conteúdo estudado nesta unidade. Analise as informações apresentadas e compare com o que aprendeu. Depois pesquise sobre esse conteúdo em outras fontes confiáveis e utilize a aba "adicionar tópico" para incluir suas observações sobre o verbete e compartilhar seu ponto de vista com outros usuários da rede.

UNIDADE 2

A REVOLUÇÃO INDUSTRIAL NA INGLATERRA

A ORIGEM DA VIDA MODERNA

Você já se perguntou por que as pessoas trabalham tanto? De onde vem a necessidade, ou o desejo, de consumir tantos produtos?

Somos constantemente bombardeados por novidades tecnológicas que nos prometem uma vida de conforto e bem-estar: *smartphones* com múltiplas funções, televisores de alta definição, eletrodomésticos inteligentes, entre várias outras.

Consumir é, antes de tudo, uma exigência de uma economia que produz em escala industrial. Afinal, o que aconteceria se parássemos de comprar *smartphones*? Certamente seguiríamos vivendo, mas esse setor da indústria entraria em colapso.

Para compreender a vida contemporânea, vamos analisar agora as relações entre Revolução Industrial, renovação tecnológica, ritmo de trabalho e consumo.

O semeador (Zumbi), de Vik Muniz, 2008. Tendo como cenário o aterro de Gramacho, no município de Duque de Caxias (RJ), o artista estimula a reflexão a respeito da vida dos catadores de lixo e dos efeitos produzidos pela sociedade de consumo.

ATITUDES PARA A VIDA

- Aplicar conhecimentos prévios a novas situações.
- Questionar e levantar problemas.
- Imaginar, criar e inovar.

COMEÇANDO A UNIDADE

1. Na sua opinião, qual é o valor da tecnologia em nossa sociedade?
2. Qual é a ideia de progresso apresentada no texto?
3. Observe a imagem e leia a legenda. O que elas revelam a respeito da sociedade urbano-industrial em que vivemos?

TEMA 1 — DO ARTESANATO À MANUFATURA MODERNA

Por que a Inglaterra foi pioneira na Revolução Industrial?

Robôs usados na fabricação de automóveis, foto de 2014. As tecnologias aplicadas na produção de automóveis são cada vez mais inovadoras e consolidam esse produto como ícone da sociedade capitalista.

O PIONEIRISMO INGLÊS NA INDUSTRIALIZAÇÃO

Carros, motocicletas, trens, lâmpadas, sacos plásticos, computadores, celulares, cosméticos, televisão, geladeira, fogão, eletrodomésticos... Você consegue imaginar o mundo de hoje sem esses produtos? Saberia dizer o que todos eles têm em comum? Em geral, esses itens, que fazem parte do nosso cotidiano, estão disponíveis para venda e foram produzidos em indústrias.

O termo **indústria** é empregado para nomear todo esforço empreendido pelo ser humano para transformar matérias-primas em produtos, com o auxílio de ferramentas ou máquinas. A indústria moderna surgiu na Inglaterra, no século XVIII, quando máquinas foram inventadas para produzir uma grande quantidade de artigos padronizados, ou seja, de produtos que apresentam forma e composição similares.

Entre os séculos XVI e XVIII, a Inglaterra passou por transformações econômicas, sociais e políticas que lhe permitiram acumular capitais para investir no desenvolvimento industrial. Na unidade 1, já estudamos algumas dessas mudanças. Vamos, agora, retomá-las e analisá-las com mais profundidade.

Veja a seguir as principais mudanças que explicam o pioneirismo da Inglaterra na industrialização.

- **Crescimento do comércio marítimo.** O poderio marítimo inglês, que cresceu durante a dinastia Tudor, ganhou novo impulso com os Atos de Navegação (1651). Eles fortaleceram a marinha mercante inglesa ao estabelecer que o transporte de produtos entre a Inglaterra e suas colônias só poderia ser feito em navios britânicos ou dos próprios produtores.

- **Exploração de colônias e do tráfico negreiro.** Os lucros obtidos com a exploração de possessões ultramarinas, principalmente nas Antilhas, e com o comércio de africanos escravizados geraram capitais para impulsionar as manufaturas têxteis inglesas.

- **A modernização da agricultura.** Inovações técnicas na agricultura permitiram aumentar a produção de alimentos. Somada a isso, a aceleração dos cercamentos, a partir do século XVIII, resultou no crescimento da criação de ovelhas e na expulsão dos camponeses de suas terras. A maioria deles formou a mão de obra barata das nascentes fábricas inglesas.

- **A força política da burguesia.** Ao consolidar seu poder político após a Revolução Gloriosa (1688), a grande burguesia inglesa criou condições para o desenvolvimento do capitalismo no país: financiamento público da produção, construção e modernização de portos e navios, assinatura de acordos e declarações de guerra visando garantir mercados para os produtos ingleses e criação de leis para estimular a livre concorrência.

Além desses fatores, as grandes reservas de **carvão mineral** e **ferro** na Inglaterra também contribuíram para a industrialização do país.

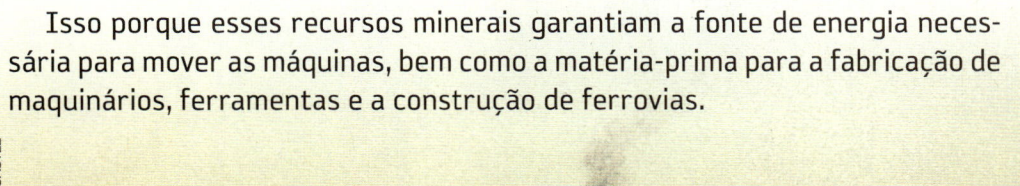

Isso porque esses recursos minerais garantiam a fonte de energia necessária para mover as máquinas, bem como a matéria-prima para a fabricação de maquinários, ferramentas e a construção de ferrovias.

Dialogando com Ciências

Pintura de Thomas Miles Richardson representando a mina de carvão de Murton, na Inglaterra, 1841.

A AUTONOMIA DO ARTESÃO

Antes do surgimento das fábricas na Inglaterra, o **artesanato** era a principal forma de produção de utensílios básicos do cotidiano. Os artesãos conheciam todas as fases de produção de uma mercadoria: compravam a matéria-prima, confeccionavam o produto e vendiam-no. Além disso, eram donos das próprias ferramentas e tinham autonomia para determinar o tempo e o ritmo de trabalho.

Outra característica do sistema de artesanato era a baixa produtividade, já que as mercadorias eram feitas por apenas um trabalhador. Algumas vezes, ele contava com o auxílio de um ou outro aprendiz, mas isso não garantia o aumento da produção. Por essa razão, os artesãos só conseguiam atender às necessidades do mercado local.

Produtividade: capacidade de produzir mais com menos recursos e em menos tempo.

Durante os séculos XV e XVI, buscando acelerar a produção, empresários se associaram aos artesãos, desenvolvendo, assim, o **sistema doméstico**. Nele, o artesão recebia a matéria-prima e se comprometia a entregar a mercadoria pronta num determinado prazo para o empresário, que assumia a tarefa da comercialização. Nesse sistema, o artesão ainda tinha o controle sobre todo o processo de produção, mas deixava de ser responsável pela aquisição da matéria-prima e perdia o contato direto com o mercado.

Explore

1. Que elementos dessa imagem revelam que os personagens representados são artesãos?
2. O artesanato ainda é uma forma de produção que existe no mundo todo, valorizando a cultura de diferentes comunidades. No município onde você vive, existe algum artesanato típico? Se sim, qual? Você sabe dizer como ele é produzido?
3. Em geral, os produtos artesanais são mais caros do que os produtos industrializados. Levante hipóteses para explicar por que isso acontece.

Gravura do século XVI que representa artesãos produzindo um papel semelhante ao pergaminho.

Litografia de William Hincks que representa mulheres trabalhando em manufatura de linho na Irlanda, 1791.

A PRODUÇÃO MANUFATUREIRA

Existentes na Europa desde o século XV, as **manufaturas** começaram a se expandir, sobretudo, a partir da segunda metade do século XVII. Nesse sistema, dezenas ou centenas de pessoas ficavam concentradas num só espaço e trabalhavam, todos os dias, por um número determinado de horas. Um novo personagem entrava em cena: o **patrão**, que mantinha funcionários encarregados de vigiar os trabalhadores.

Na manufatura, os trabalhadores não eram donos dos instrumentos de trabalho, nem tinham mais controle sobre o ritmo da produção. Gradualmente, eles também perderam o conhecimento sobre a totalidade do processo produtivo: agora, as tarefas eram divididas e cada pessoa executava apenas uma etapa da fabricação, em troca de um salário fixo.

Assim como nos ateliês, o trabalho no interior das manufaturas também era feito de modo artesanal, com o auxílio de ferramentas e máquinas simples, como as rodas de fiar e os teares manuais.

ORGANIZAR O CONHECIMENTO

1. Complete o organograma com a letra correspondente à frase correta. Atenção: um item ficará em branco.

    a) A Inglaterra lucrou com o tráfico negreiro tanto comercializando cativos quanto produzindo manufaturados para o escambo de escravos na África.

    b) Os cercamentos permitiram o aumento da produção de lã e a formação de mão de obra para o trabalho nas fábricas.

    c) Os Atos de Navegação proibiam embarcações estrangeiras de fazerem o transporte de produtos entre a Inglaterra e suas colônias.

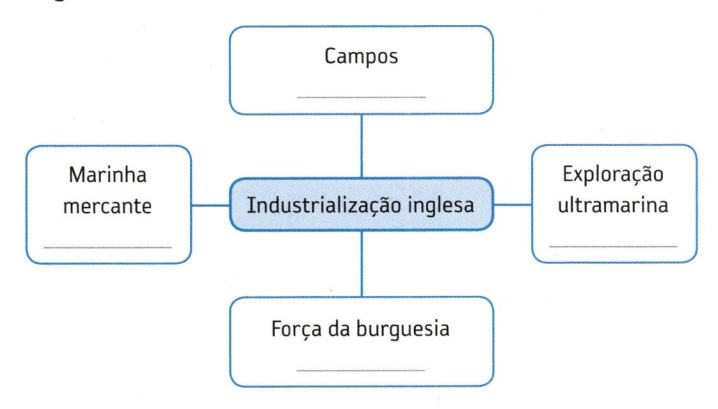

    ```
                    Campos
                    _____

    Marinha                           Exploração
    mercante    Industrialização      ultramarina
    _____      inglesa               _____

                    Força da burguesia
                    _____
    ```

2. Crie uma frase para completar o item que falta no organograma da questão 1.

3. Cite duas diferenças entre a produção artesanal e o sistema manufatureiro.

47

TEMA 2

A REVOLUÇÃO INDUSTRIAL

A MECANIZAÇÃO DA PRODUÇÃO

Na segunda metade do século XVIII, com a Revolução Industrial, a manufatura começou a ser substituída pela **maquinofatura**. Contínuos inventos no setor de fiação permitiram que as novas máquinas, operadas por poucos trabalhadores, aumentassem a velocidade e a precisão da produção. A tarefa do trabalhador era alimentar a máquina, controlar sua velocidade e zelar por sua manutenção.

O **setor têxtil** foi pioneiro na industrialização. O fato de a produção artesanal têxtil ser uma das mais antigas, remontando às primeiras civilizações do Oriente Próximo, possibilitou que várias inovações fossem feitas no setor ao longo dos anos, tanto no Oriente quanto no Ocidente. As viagens e transações comerciais muitas vezes permitiam que inovações técnicas dos dois lados fossem compartilhadas e difundidas.

Um exemplo desse intercâmbio de conhecimentos é o tear de fitas, trazido do Oriente e aperfeiçoado no Ocidente. Ele permitia tecer várias fitas ao mesmo tempo com o emprego de um único operário.

> O que diferenciava a maquinofatura da produção artesanal e da manufatura?

Gravura de 1834 representando máquinas de impressão de tecido acionadas por correias e eixos movidos por motor a vapor.

Inovações como essas elevaram a produtividade do setor e muitas vezes causaram revoltas entre os tecelões, que temiam ficar sem trabalho:

"Foi alguma coisa bem dramática o uso desse tear: temerosas do desemprego entre os tecelões, as autoridades de Dantzig [Gdansk, na Polônia], cidade do inventor, suprimiram o invento e estrangularam o autor. Isso aconteceu em 1579. E não foi o único caso. Muitos inventores ou inovadores foram perseguidos até com a morte para não afetarem a ordem estabelecida."

CANÊDO, Letícia Bicalho. *A Revolução Industrial*: tradição e ruptura – adaptação da economia e da sociedade rumo a um mundo industrializado. 2. ed. São Paulo: Atual; Campinas (SP): Editora da Unicamp, 1986. p. 16. (Coleção Discutindo a história)

Outra razão que explica o pioneirismo do setor têxtil na industrialização foi o interesse dos fabricantes em investir em inovações tecnológicas na produção, sem muitos custos. A Inglaterra já dominava o comércio mundial de tecidos manufaturados de algodão, que tinha dois fortes mercados: o tráfico de escravizados na África, principalmente, e as colônias europeias na América.

Antes de surgirem as primeiras fábricas, os tecidos de algodão comercializados pelos ingleses eram comprados principalmente na Índia, onde a **Companhia Britânica das Índias Orientais** exercia grande influência econômica, política e militar. Além de vender tecidos a baixo custo para os mercadores ingleses, a Índia forneceu o algodão, matéria-prima que abasteceu as manufaturas e as primeiras fábricas têxteis criadas na Inglaterra.

Resumindo, a conjunção de experiência no setor, matéria-prima, capitais, mão de obra barata vinda dos campos, vasto mercado e leis que estimulavam a livre iniciativa possibilitaram que a Inglaterra desse o grande salto na produção de tecidos. Assim, foi criado o **sistema fabril**, ou seja, a **indústria moderna**. Reunindo máquinas operadas por trabalhadores, a fábrica era capaz de multiplicar a quantidade de artigos produzidos a um custo muito baixo.

Índia: refere-se à Índia britânica (atuais Índia, Bangladesh, Paquistão e Mianmar), que se tornou área de influência do Império Britânico no século XVII e possessão colonial da Coroa inglesa em 1857.

Trabalhadores carregando um fardo de algodão, ilustração da obra *Paisagens e costumes de Bombaim*, 1810-1811. A introdução das manufaturas de algodão na Índia britânica levou a produção artesanal de tecidos local à ruína.

Litografia de 1836 que mostra o uso da *spinning jenny* em uma fábrica de algodão inglesa. Repare que há apenas quatro trabalhadores controlando diversos fusos.

OS INVENTOS DA REVOLUÇÃO INDUSTRIAL

A madeira era o material básico empregado na fabricação das primeiras máquinas têxteis, que eram colocadas em movimento principalmente pela **energia hidráulica**. A dependência em relação à força da água levava muitos proprietários a instalar suas indústrias à margem dos rios.

Por que então o aperfeiçoamento da **máquina a vapor** por James Watt, em 1769, foi adotado como marco da Revolução Industrial? A importância da máquina a vapor nesse momento foi fornecer a força necessária para bombear a água das minas de carvão e extrair um mineral de melhor qualidade. O carvão foi o combustível que permitiu desenvolver a metalurgia do ferro.

As contínuas inovações na máquina a vapor e na fundição do ferro promoveram a grande mudança tecnológica da Revolução Industrial: a obtenção de um ferro barato que pôde substituir a madeira e ser utilizado na fabricação de máquinas, pontes, navios e ferrovias.

Veja os principais inventos que permitiram a mecanização da produção têxtil, que foi a primeira indústria moderna.

- **Lançadeira volante (1735).** Inventada por John Kay, a máquina permitia fabricar tecidos largos em menos tempo e com reduzida mão de obra.
- ***Spinning jenny* (1764).** Invento de James Hargreaves que consistia em uma roda de fiar na qual o artesão controlava 8 fusos de uma vez, podendo chegar a 80 fusos.
- ***Water-frame* (1769).** Patenteado por Richard Arkwright, o invento usava a água como força motriz para produzir fios mais grossos, permitindo a fabricação de tecidos puros de algodão.
- ***Mule-jenny* (1779).** Inventada por Samuel Crompton, a máquina cruzava a tecnologia da *jenny* com a da *water-frame*, fabricando um fio fino e resistente, que podia ser utilizado na produção de tecidos de algodão, musselinas e de vários outros materiais.

Muitas técnicas aplicadas na criação dessas máquinas resultaram de estudos anteriores à Revolução Industrial. A grande contribuição desses inventores foi reunir conhecimentos já existentes e aperfeiçoá-los com uma finalidade prática: a fabricação de máquinas que aumentavam de maneira espetacular a velocidade da produção. A concentração dos trabalhadores na fábrica, submetidos à rígida disciplina, permitiu baratear ainda mais os custos de produção e elevar os lucros dos proprietários.

Musselina: tecido fino, delicado e transparente de fibra de algodão, muito usado na confecção de vestidos.

DE OLHO NO INFOGRÁFICO

AS MÁQUINAS NA REVOLUÇÃO INDUSTRIAL

Ao longo dos séculos XVIII e XIX, inúmeras máquinas foram inventadas para automatizar processos produtivos já existentes, como a fiação e a tecelagem. O grande salto para a produção em larga escala ocorreu quando essas máquinas passaram a ser movimentadas por alguma força motriz não humana, e isso ocorreu em espaços que passaram a ser chamados fábricas.

As primeiras fábricas

Construídas na década de 1770, na Inglaterra, as primeiras fábricas aproveitavam o movimento da água dos rios para mover máquinas têxteis, permitindo a produção de fios e tecidos em um ritmo mais veloz do que nas manufaturas.

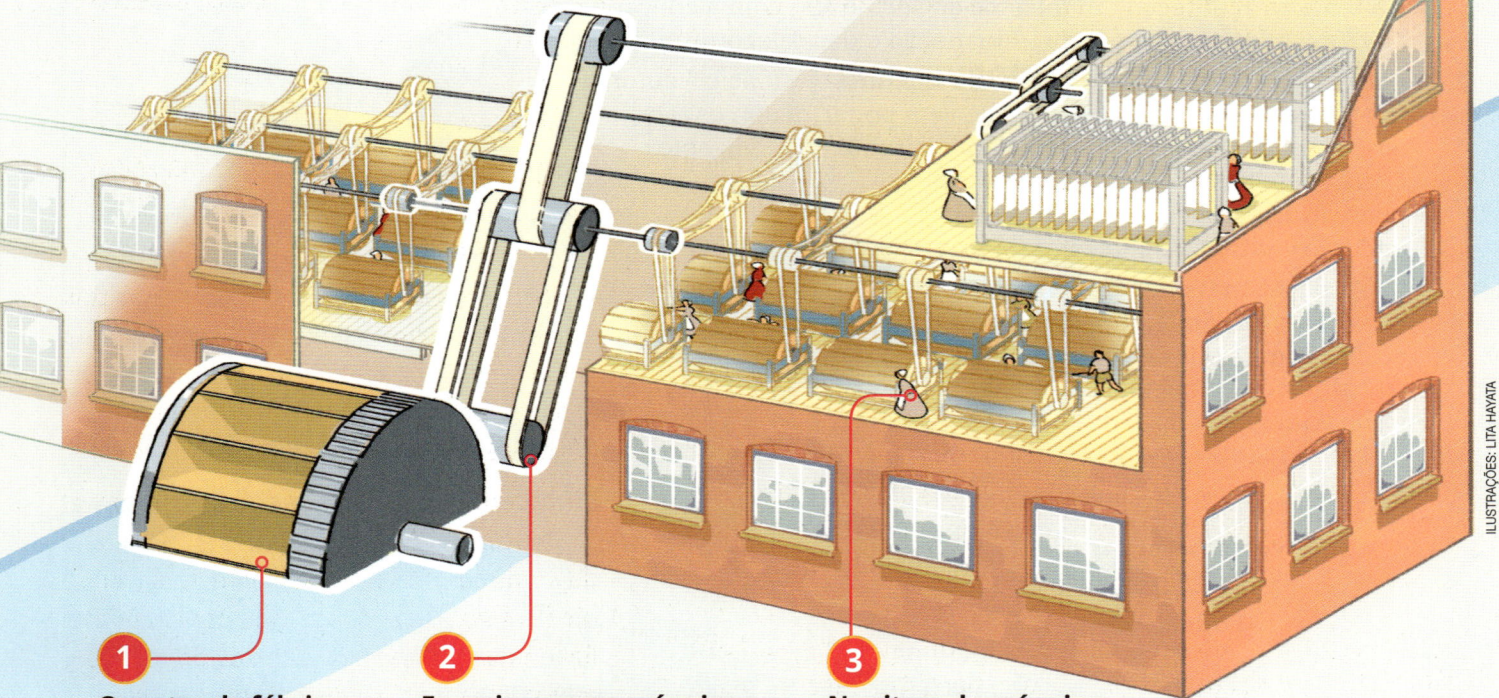

1 O motor da fábrica
O fluxo da água do rio empurrava as pás da roda-d'água, que girava.

2 Energia para as máquinas
Através de engrenagens, o movimento da roda era transmitido para as máquinas da fábrica.

3 No ritmo da máquina
O movimento das máquinas impunha aos trabalhadores um ritmo de trabalho acelerado.

ILUSTRAÇÕES: LITA HAYATA

A passagem para o vapor

Por séculos, inventores tentaram usar o vapor como fonte de energia. No século XVIII, uma sucessão de inovações técnicas permitiu aperfeiçoar os motores a vapor. A **máquina a vapor** inventada em 1769 pelo engenheiro escocês James Watt foi, por sua eficiência, revolucionária.

A **máquina de Watt**, aperfeiçoada mais tarde com outros inventos, foi empregada como força motriz nas minas de carvão, nas fábricas e nos transportes.

Fonte: BRIDGMAN, Roger. *1000 inventions & discoveries.* Londres: DK, 2002.

INFOGRAFIA: WILLIAM TACIRO, MAURO BROSSO E MARIO KANNO

51

É BOM SABER

Vivemos a Quarta Revolução Industrial?

Segundo alguns economistas, o mundo vive hoje a Quarta Revolução Industrial. Integrando tecnologias digitais, físicas e biológicas, ela afetará, na visão deles, a vida de todas as pessoas.

"Há três razões pelas quais as transformações atuais não representam uma extensão da Terceira Revolução Industrial, mas a chegada de uma diferente: a velocidade, o alcance e o impacto nos sistemas. [...]

Também chamada de 4.0, a revolução acontece após três processos históricos transformadores. A primeira marcou o ritmo da produção manual à mecanizada, entre 1760 e 1830. A segunda, por volta de 1850, trouxe a eletricidade e permitiu a manufatura em massa. E a terceira aconteceu em meados do século XX, com a chegada da eletrônica, da tecnologia da informação e das telecomunicações.

Agora, a quarta mudança traz consigo uma tendência à automatização total das fábricas [...]. O que vem por aí, dizem os teóricos, é uma 'fábrica inteligente'. Verdadeiramente inteligente. O princípio básico é que as empresas poderão criar redes inteligentes que poderão controlar a si mesmas. [...]

[A] parte mais controversa da quarta revolução [é que] ela pode acabar com 5 milhões de vagas de trabalho nos quinze países mais industrializados do mundo."

PERASSO, Valeria. O que é a 4ª Revolução Industrial e como ela deve afetar nossas vidas. *BBC Brasil*, 22 out. 2016. Disponível em <http://mod.lk/ym7jd>. Acesso em 21 jul. 2018.

Criança conversa com o robô Pepper, que será usado nos centros hospitalares de Liège, na Bélgica, para recepcionar e informar os pacientes. Foto de 2016. Dispositivos que executam tarefas humanas representam uma das novas tecnologias em desenvolvimento no mundo contemporâneo.

ORGANIZAR O CONHECIMENTO

1. Elimine do quadro a expressão que não faz parte do grupo e a substitua por outra que faça sentido.

   | máquina a vapor | sistema fabril | energia elétrica |
   | Inglaterra | produção têxtil | ferrovias |

2. Responda às questões.
   a) Por que o setor têxtil foi pioneiro na industrialização?
   b) Como a mecanização da produção impulsionou o surgimento do sistema fabril?

ATITUDES PARA A VIDA

Uma revolução nos transportes

Desde o século XVI, o transporte sobre trilhos era utilizado na mineração para levar o carvão e o ferro das profundezas das minas até a superfície. Os trilhos eram feitos de madeira e sobre ele deslizavam vagonetes, empurrados por trabalhadores braçais ou puxados por cavalos.

Ao longo do século XVIII cresceu na Inglaterra a procura por ferro e carvão. Para atender à demanda, os mineradores começaram a recobrir os trilhos com lâminas de metal, facilitando o deslizamento dos vagonetes. Pouco mais tarde, ferreiros ingleses passaram a fabricar trilhos inteiramente metálicos, mais resistentes. Dessa maneira, os cavalos podiam puxar vários vagões de uma só vez.

No início do século XIX, o inventor inglês Richard Trevithick aproveitou a energia da máquina a vapor de James Watt para impulsionar um veículo que deslizava sobre trilhos de ferro, criando a locomotiva a vapor. Os trilhos foram levados para fora das minas e passaram a transportar carvão e ferro até os portos, de onde seguiam, em navios, para outros países.

Logo outros inventores aperfeiçoaram a locomotiva a vapor. A primeira estrada de ferro, inaugurada em 1830, ligava duas cidades inglesas: Liverpool e Manchester. Seu sucesso incentivou outros empresários a investir nas ferrovias, que se multiplicaram pela Europa durante o século XIX.

QUESTÕES

1. Escreva **V** (verdadeiro) ou **F** (falso).
   a) O desenvolvimento das ferrovias foi possível graças à engenhosidade de pessoas que introduziram inovações tecnológicas no transporte sobre trilhos.
   b) As ferrovias contribuíram para ampliar a capacidade produtiva da indústria inglesa e incrementar o comércio internacional.
   c) O grande investimento necessário para a construção de ferrovias afastou os empresários, retardando a expansão do novo meio de transporte.

2. Na sua opinião, o aproveitamento da energia a vapor nos transportes pode ser considerado revolucionário no século XIX? Justifique sua resposta.

3. Nesta unidade priorizamos as seguintes atitudes: **aplicar conhecimentos prévios a novas situações**; **questionar e levantar problemas**; **imaginar, criar e inovar**. Você reconhece essas atitudes na história do desenvolvimento das ferrovias na Europa? Explique sua resposta.

Ilustração de 1871 representando trabalhadores nas minas de carvão de Durham, na Inglaterra. Um deles empurra um vagonete cheio de carvão sobre um trilho de madeira.

53

ATIVIDADES

APLICAR

1. Atividade em grupo. Releiam o texto do boxe "Vivemos a Quarta Revolução Industrial?", na página 52, e analisem a tirinha abaixo.

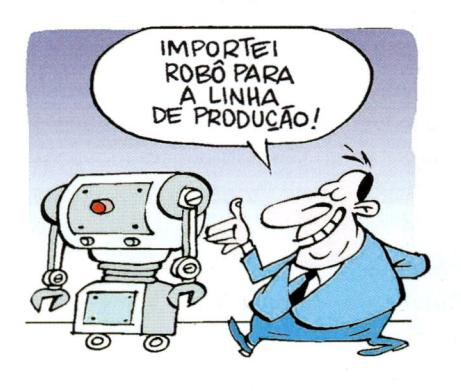

Robô para linha de produção, tirinha de Gilmar, 2010.

a) Qual relação existe entre a tirinha e as revoluções industriais?

b) Qual é a crítica feita nessa tira?

c) O texto do boxe aponta uma grave questão social que deverá ser gerada pela nova revolução tecnológica. Qual seria? Expliquem.

d) As pesquisas que estão permitindo a 4ª Revolução Industrial devem ser incentivadas ou orientadas para outras áreas? Avaliem os prós e os contras dessa nova revolução para a sociedade como um todo.

2. Leia o texto a seguir e responda às questões.

"Em 1600, [...] os ingleses criaram sua própria Companhia das Índias Orientais, com licença da rainha Elizabeth I, para desenvolver o comércio com a Índia. Tornou-se conhecida como a 'Casa da Índia', [...] organizando seu próprio exército e transformando-se em uma espécie de Estado dentro do Estado. [...]

Em fins do século XVIII, [...] os grandes proprietários de terra dirigiram uma petição ao Conselho do país [...]:

'Comerciam... com todo tipo de grão, de tecidos e com todas as mercadorias que o país pode fornecer. Para obter tais artigos, forçam os camponeses a aceitar sua moeda, e havendo assim comprado pela violência essas mercadorias, pelas quais não pagam quase nada, obrigam os habitantes e os varejistas a comprar-lhes, por um preço bastante elevado, superior ao dos mercados... Quase mais nada resta ao país'."

CAMPOS, Bruno de. *Índia*: de colônia britânica ao desenvolvimento econômico nacional. Disponível em <http://mod.lk/k93gm>. Acesso em 21 jul. 2018.

a) Qual era o principal meio pelo qual os mercadores ingleses lucravam com a exploração da Índia?

b) Relacione o conteúdo desse texto ao que você estudou sobre a Revolução Industrial na Inglaterra.

3. Reveja o infográfico "As máquinas na Revolução Industrial", na página 51, e assinale a afirmativa correta.

a) Desde o princípio, as fábricas de tecido inglesas utilizaram energia elétrica na sua produção.

b) O uso de máquinas a vapor nas indústrias inglesas diminuiu o ritmo de trabalho dos operários.

c) A principal força motriz usada pelas primeiras fábricas inglesas em suas máquinas foi o vento.

d) O desenvolvimento industrial inglês foi possível graças a inventos que usavam o movimento da água e o carvão mineral como fontes de energia para mover as máquinas.

RETOMAR

4. Responda às questões-chave da abertura dos temas 1 e 2.

a) Por que a Inglaterra foi pioneira na Revolução Industrial?

b) O que diferenciava a maquinofatura da produção artesanal e da manufatura?

TEMA 3

OS TRABALHADORES NA SOCIEDADE INDUSTRIAL

Como eram as condições de trabalho nas fábricas no início da industrialização?

O TRABALHO NO SISTEMA FABRIL

A concentração dos trabalhadores num mesmo espaço, a divisão de tarefas, o fim da autonomia do artesão e o surgimento do patrão foram as mudanças fundamentais que marcaram o surgimento das fábricas.

Com a mecanização, o trabalhador passou de produtor a operador de máquinas, pois dominava apenas uma etapa do sistema de produção e não todo o processo.

As máquinas contribuíram decisivamente para criar um novo conjunto de valores e uma nova mentalidade, sobretudo nas cidades, onde as fábricas se concentravam. O mercado se tornou mais impessoal, pois os trabalhadores não conheciam mais os consumidores dos produtos que eles fabricavam.

Com o avanço tecnológico, cada vez mais o ritmo da vida e do trabalho deixou de ser determinado pelo ritmo da natureza e do corpo e passou a acompanhar o tempo da máquina. Na sociedade urbano-industrial, as pessoas passaram a depender da tecnologia, e a eficiência passou a ser medida pelo menor tempo gasto na produção. Em outras palavras, o tempo passou a valer dinheiro. Nesse contexto, o relógio ganhou grande importância nas fábricas e na vida das pessoas.

Explore

1. Por que podemos dizer que essa tirinha dialoga com as mudanças ocorridas no trabalho do artesão com o advento da Revolução Industrial?
2. De que forma a tirinha denuncia a desumanização provocada por essas mudanças?

Frank & Ernest, tirinha de Tom Thaves, 1996.

Vista da Rua Fleet, em Londres, pintura de Samuel Scott, século XVIII. Repare no grande relógio da Igreja de St. Dunstan. Com as novas relações geradas pela Revolução Industrial, o relógio tornou-se um importante instrumento de controle do tempo.

A DITADURA DO RELÓGIO

Uma das mudanças de hábito mais significativas que a fábrica trouxe foi o **controle do tempo**. Diferentemente das áreas rurais, onde a medição do tempo estava relacionada aos ciclos da natureza e às tarefas diárias no campo, nas cidades havia a disciplina do relógio.

Os relógios já existiam antes da Revolução Industrial, mas foi a necessidade de sincronizar o trabalho das fábricas que ampliou seu uso e fabricação. Com o relógio, foi possível disciplinar o horário de entrada e saída dos trabalhadores, o horário de almoço e o tempo gasto para realizar as tarefas da produção.

Dentro da fábrica, os vigilantes e supervisores garantiam que os trabalhadores respeitassem os horários. Os patrões também instituíam prêmios para os operários mais disciplinados e multas para os descumpridores de horários e de outras normas.

"'[...] na realidade não havia horas regulares: os mestres e os gerentes faziam conosco o que desejavam. Os relógios nas fábricas eram frequentemente adiantados de manhã e atrasados à noite; em vez de serem instrumentos para medir o tempo, eram usados como disfarces para encobrir o engano e a opressão [...].'"

Capítulos na vida de um garoto da fábrica de Dundee, na Escócia [1887].
In: THOMPSON, E. P. *Costumes em comum*: estudos sobre a cultura popular tradicional.
São Paulo: Companhia das Letras, 2008. p. 294.

Fora da fábrica também se desenvolveu a valorização do tempo dedicado ao trabalho e à produção. O **"tempo útil"**, o tempo que rende dinheiro, ajudava a constituir uma nova moral e justificava a perseguição policial aos desocupados.

O TRABALHO FEMININO E INFANTIL

A exploração do trabalho dos operários tornou-se fonte de enormes lucros para os empresários. Em geral, a jornada diária era de quinze horas, e os salários eram baixíssimos. Além disso, acidentes de trabalho e doenças decorrentes das condições insalubres das fábricas ocorriam com frequência.

As mulheres entraram nas fábricas visando complementar a renda familiar. Mas, como legalmente elas viviam sob a tutela de seus pais ou maridos, seu salário não era visto como essencial para a família. Logo, os industriais usavam essa situação para pagar salários inferiores às mulheres, ainda que elas executassem as mesmas tarefas que os homens.

A baixa remuneração e a imagem que se tinha das mulheres como pessoas dóceis e submissas levaram os empresários a contratar cada vez mais a mão de obra feminina.

Os donos das fábricas e das minas também empregavam muitas crianças, que começavam a trabalhar por volta dos 7 anos de idade. O trabalho era monótono e o cansativo, e o salário correspondia, em média, à quinta parte do que era pago aos adultos.

Explore
- De que modo o trabalho pode prejudicar o desenvolvimento das crianças?

O trabalho infantil na Revolução Industrial
Conheça a história de dois irmãos que eram obrigados a trabalhar em condições desumanas em uma fábrica. Disponível em <http://mod.lk/imxqp>.

AS MORADIAS DOS TRABALHADORES

A maior parte das casas operárias se localizava próximo às fábricas e era construída por ordens dos próprios empregadores, que as alugavam aos trabalhadores.

As casas, geralmente de dois andares e geminadas, abrigavam um grande número de pessoas. Os banheiros eram fossas que ficavam fora da casa, pois não existia rede de esgoto.

A água, por sua vez, era fornecida em bicas, poços e fontes públicas espalhadas pela cidade. Nessas péssimas condições, diversas doenças, como a cólera e a tuberculose, atingiam com frequência os trabalhadores e suas famílias.

A situação de miséria em que viviam os operários das fábricas inglesas do século XIX foram descritas pelo filósofo alemão Friedrich Engels (1820-1895):

"Quanto às grandes massas da classe operária, o estado de miséria e incerteza em que vivem agora é tão duro quanto antes — ou mesmo pior. O *East End* de Londres é um pântano cada vez mais extenso de miséria e desespero irremediável, de fome nos períodos de desemprego e de desagregação física e moral, nas épocas de trabalho."

ENGELS, Friedrich [1885]. In: MARX, Karl; ENGELS, Friedrich. *Obras escolhidas*. São Paulo: Alfa-Omega, s/d. v. 3. p. 220.

Vista da vila operária de Saltaire, na Inglaterra, em 1893. Essa vila foi construída em 1851 pelo industrial têxtil Titus Salt e tornou-se modelo de núcleo fabril na Inglaterra do século XIX.

UMA NOVA DIVISÃO SOCIAL

O sucesso econômico do sistema de fábricas não apenas elevou a produtividade e disponibilizou para o consumo artigos novos e mais baratos; ele transformou a vida humana. Talvez uma das mudanças mais importantes produzidas pela grande indústria tenha sido a configuração de uma nova sociedade, com a consolidação de duas classes sociais antagônicas.

- **Burguesia.** Classe social constituída dos proprietários das fábricas, das máquinas, dos bancos, do comércio, das redes de transportes e das empresas agrícolas. A origem do termo é o burgo, aglomerado urbano da Idade Média onde os habitantes se dedicavam ao comércio e ao artesanato. A partir do século XVIII, a burguesia impôs cada vez mais seu domínio sobre a sociedade.

- **Proletariado.** Classe social composta pelo operariado, que vive do salário que recebe. Como não tem meios para sobreviver por conta própria, ele vende sua força de trabalho para o capitalista em troca de um salário. O salário, porém, paga apenas uma parte do tempo de trabalho do operário nas fábricas. O restante é apropriado pelo capitalista.

Com baixíssimos salários, jornadas de trabalho extenuantes e ausência de direitos trabalhistas, o operariado inglês, ao longo do século XIX, construiu formas de organização e mobilização coletivas visando melhorar suas condições de trabalho e de vida. Assim, da mesma forma que a Inglaterra foi pioneira na Revolução Industrial, ela também foi o cenário das primeiras lutas do movimento operário.

Litografia de Arthur Fitzwilliam Tait que mostra vista de uma cidade operária inglesa, 1845.

A ORGANIZAÇÃO DA CLASSE OPERÁRIA

Uma das primeiras formas de resistência ao sistema fabril foi a ação dos **quebradores de máquinas**. Alguns desses grupos se tornaram bastante conhecidos, como os da região de Lancashire, que atuaram entre 1778 e 1780, e os **ludistas**, que surgiram no princípio da década de 1810.

Os quebradores lutavam contra as longas jornadas e as péssimas condições de trabalho, bem como defendiam a criação de leis trabalhistas e o fim das dispensas arbitrárias. Eles invadiam as fábricas, em geral à noite, e destruíam as máquinas. Esses trabalhadores foram reprimidos com violência, e alguns dos líderes acabaram presos, julgados e executados.

Alguns historiadores consideram que os ludistas eram corajosos, mas ingênuos, pois atribuíam a origem de seus problemas às máquinas, e não aos proprietários delas. Para esses autores, os quebradores de máquinas não conseguiam perceber a mudança profunda na produção capitalista industrial e nas novas estratégias de dominação de classe.

Pesquisas mais recentes, no entanto, tendem a associar os ludistas a uma reação radical e consciente contra o sistema fabril. Segundo essa nova perspectiva, a principal intenção dos ludistas era mostrar que a fábrica não era a única, nem a melhor forma de organização do trabalho e da vida.

A FUNDAÇÃO DOS PRIMEIROS SINDICATOS

Com o fracasso do ludismo, o movimento operário britânico passou a discutir a necessidade de criar associações de operários, como já faziam os patrões, capazes de organizar a luta pela conquista de direitos de forma mais eficiente. As primeiras associações operárias britânicas foram criadas no final do século XVIII, como a de sapateiros de Londres e a de tecelões de Glasgow, na Escócia. Elas funcionavam na clandestinidade, pois os operários temiam a repressão policial e as demissões no trabalho. Em 1799, as associações foram formalmente proibidas, e seus dirigentes, presos.

Em 1824, após muita pressão dos trabalhadores, o Parlamento britânico aprovou uma lei permitindo o direito de associação da classe operária. Formaram-se então as ***trade unions***, ou sindicatos, como essas associações passaram a ser conhecidas. Elas organizavam o operários para lutar por redução da jornada de trabalho, aumento salarial, limitação do trabalho infantil, entre outras reivindicações. Com a nova lei, houve uma explosão de associações operárias em toda a Inglaterra, concentradas principalmente na indústria têxtil e na atividade siderúrgica.

Explore
- O que o texto do boxe e a imagem têm em comum? Explique.

É BOM SABER

O neoludismo

No final do século XX, surgiu um movimento filosófico denominado neoludismo. Inspirado nos ludistas da Inglaterra do início da industrialização, eles defendem a resistência pacífica contra os avanços tecnológicos e o consumismo, pregando o retorno à vida primitiva, simples e integrada à natureza. Segundo os neoludistas, as contínuas inovações tecnológicas estimulam as guerras, desumanizam a nossa espécie e destroem o meio ambiente.

Charge de Mark Lynch que critica os avanços tecnológicos, 2016.

Mosaico memorial em homenagem à marcha do movimento cartista em Newport, no País de Gales. Foto de 2012.

O MOVIMENTO CARTISTA

O cartismo nasceu em Londres, em 1838, e logo adquiriu caráter nacional. O movimento começou quando uma associação de trabalhadores enviou ao Parlamento inglês a **Carta do Povo**, um documento reivindicando o voto secreto, o sufrágio universal masculino, o direito dos operários a candidatar-se às cadeiras do Parlamento, entre outras reivindicações.

A petição recebeu mais de 1 milhão de assinaturas de trabalhadores. A recusa do Parlamento em aprovar a carta, porém, desencadeou uma onda de greves, manifestações e prisões. Em novembro de 1839, uma marcha de mineiros e ferreiros em Newport, no País de Gales, em apoio ao movimento cartista, foi recebida a tiros pela polícia, causando a morte de 22 trabalhadores.

Por volta de 1840, o movimento apresentou outra petição, bem mais radical que a primeira. Além das reivindicações iniciais, o documento exigia aumento de salário e redução da jornada de trabalho. A nova petição recebeu cerca de 3,3 milhões de assinaturas, mais da metade da população masculina inglesa da época.

Aos poucos, as lutas operárias surtiram efeito. As leis trabalhistas do século XIX e início do século XX melhoraram as condições de trabalho nas fábricas e minas inglesas, além de fortalecer as lutas dos trabalhadores de outros países.

ORGANIZAR O CONHECIMENTO

1. Escreva um pequeno texto utilizando as palavras do quadro.

tempo	máquinas	relógio
cidades	fábricas	lucro	trabalhadores

2. Escreva **V** (verdadeiro) ou **F** (falso) nas frases a seguir.
   a) (   ) Todo trabalhador, ao longo da história, foi parte do proletariado.
   b) (   ) A burguesia está para o capitalismo assim como o servo estava para a sociedade feudal.
   c) (   ) O movimento cartista inovou a luta operária ao defender, além de melhores condições de trabalho, direitos políticos aos trabalhadores.
   d) (   ) Os ludistas direcionavam sua luta contra o maior símbolo do sistema fabril: as máquinas.

TEMA 4

DESDOBRAMENTOS CULTURAIS, ECONÔMICOS E AMBIENTAIS DA INDUSTRIALIZAÇÃO

Que efeitos a sociedade urbano-industrial trouxe para a cultura, a natureza e o comércio mundial?

A MULTIDÃO DAS CIDADES

O avanço da industrialização alterou significativamente o cotidiano das pessoas. Nas ruas, assistia-se ao surgimento de um novo fenômeno: a **multidão**. A impessoalidade passou a caracterizar as relações entre os moradores. Diferentemente da vida no campo ou em pequenos agrupamentos urbanos, as pessoas que se cruzavam nas ruas não se conheciam.

Em meio à multidão, eram inevitáveis os empurrões e os encontrões, a mistura de ruídos e odores, as rápidas trocas de olhares. O olfato passava a conviver com o cheiro do lixo que se acumulava nas ruas. Os ruídos das máquinas e dos transeuntes tornavam o silêncio quase impossível. As pessoas em movimento eram um espetáculo novo para o olhar.

A criminalidade crescia com a dificuldade de controlar as multidões. Na cidade de Londres, que ultrapassou 1 milhão de habitantes no final do século XVIII, os relatos de crimes escandalizavam e atemorizavam os moradores.

Em 1829, foi criada a **Scotland Yard**. A princípio formada por policiais à paisana que vigiavam as ruas e prendiam criminosos em flagrante, em 1878 uma divisão especial de investigação passou a atuar na solução de grandes roubos e assassinatos.

O antagonismo entre policiais e criminosos estimulou a imaginação de escritores. Em 1887, Arthur Conan Doyle lançou **Sherlock Holmes**, narrativa policial em que a competência da Scotland Yard era colocada em xeque pelo famoso personagem, capaz de resolver crimes que ficaram insolúveis na vida real.

Cena do filme *Sherlock Holmes: o jogo das sombras*, dirigido por Guy Ritchie, 2011. Na trama, o investigador Sherlock Holmes (à direita) conta com a ajuda do companheiro Watson.

A LITERATURA DAS MULTIDÕES

Vários autores procuraram compreender as cidades em suas narrativas. Era por meio do texto, também, que escritores e leitores aprendiam a lidar com o fascínio e o medo que as metrópoles provocavam.

O inglês Charles Dickens (1812-1870), por exemplo, elegeu a vida nas cidades inglesas como o tema preferencial da sua literatura. Parte importante de suas obras trata de ambientes de trabalho degradados, das más condições de vida dos operários e de relações humanas desgastadas em decorrência das dificuldades cotidianas.

O poeta francês Charles Baudelaire (1821-1867) foi um observador sagaz das metrópoles e captou com precisão a melancolia, os temores e as angústias de seus moradores.

Edgar Allan Poe (1809-1849), escritor estadunidense, no conto *O homem da multidão*, de 1841, constatou a solidão do cidadão urbano, apesar de viver cercado de gente.

> "Há não muito tempo, ao fim de uma tarde de outono, eu estava sentado ante a grande janela do Café D... em Londres [...].
>
> Muitos dos passantes tinham um aspecto prazerosamente comercial e pareciam pensar apenas em abrir caminho através da turba. Traziam as sobrancelhas vincadas, e seus olhos moviam-se rapidamente; quando davam algum encontrão em outro passante, não mostravam sinais de impaciência; recompunham-se e continuavam, apressados, seu caminho. Outros, formando numerosa classe, eram irrequietos nos movimentos; tinham o rosto enrubescido e resmungavam e gesticulavam consigo mesmos, como se se sentissem solitários em razão da própria densidade da multidão que os rodeava."

POE, Edgar Allan. *O homem da multidão*. In: *Contos*. São Paulo: Cultrix, 1986. p. 133.

Turba: grande número de pessoas; multidão.

Dialogando com Língua Portuguesa

"*Trote! Meu querido, Trote!*", gritou minha tia, em um sussurro aterrorizado e apertando meu braço. "*Eu não sei o que devo fazer*". Ilustração e trecho da obra *David Copperfield*, de Charles Dickens, 1871-1880.

PARA LER

Oliver Twist
Autor: Charles Dickens
São Paulo: Melhoramentos, 2012

A obra conta a história do pequeno órfão Oliver Twist, que vaga sozinho pelas ruas de Londres do século XIX. Para sobreviver, o garoto trabalha em fábricas, presta diversos serviços e, com outras crianças pobres, pratica furtos pelas ruas da cidade. Ao focar sua narrativa na situação desses meninos de rua, Charles Dickens critica os impactos sociais da Revolução Industrial. O sucesso da indústria moderna significou, para os trabalhadores, a exploração e a miséria.

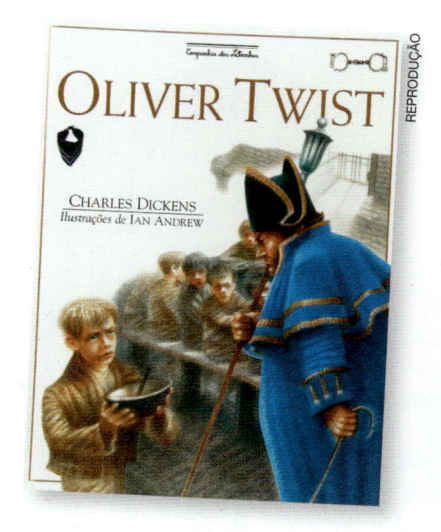

OS IMPACTOS AMBIENTAIS DA INDUSTRIALIZAÇÃO

Muitas mudanças que ocorreram com a Revolução Industrial baseavam-se na crença de que os recursos naturais eram infinitos e estavam a serviço do ser humano. Não havia a ideia de que o consumo desenfreado de matérias-primas e o uso de combustíveis fósseis pudessem causar danos ambientais, em muitos casos irreversíveis, e alterações climáticas que afetariam a vida humana.

A atividade industrial de larga escala impulsionou o crescimento urbano e acarretou grandes impactos ambientais na Inglaterra. A instalação de fábricas levou à **poluição** das águas e do ar e à alteração do hábitat de muitas espécies.

Um exemplo dessa mudança é o das mariposas *Biston betularia* da cidade de Manchester. A maioria dessas mariposas tinha coloração branca, o que possibilitava sua camuflagem nos troncos das árvores. Com o surgimento das fábricas e o aumento da poluição do ar, os troncos das árvores tornaram-se escuros. As mariposas brancas, assim, praticamente deixaram de existir, pois, como não podiam mais se camuflar nas árvores, eram facilmente identificadas pelos predadores.

Além disso, a construção de ferrovias e de novas fábricas acarretou o **desmatamento** de grandes áreas de vegetação. A população dos grandes centros industriais cresceu desordenadamente, causando muitos problemas urbanos, como o **acúmulo de lixo e dejetos**.

Atualmente, o modelo de produção implantado com a Revolução Industrial sofre inúmeras críticas. Campanhas de estímulo ao consumo consciente dos recursos naturais e ao reúso e à reciclagem de materiais procuram diminuir o uso de matérias-primas no dia a dia. Dessa forma, procura-se garantir a qualidade de vida das populações atuais e o usufruto desses recursos pelas gerações futuras.

Dialogando com Ciências

Acima, mariposas da espécie *Biston betularia*. Abaixo, gravura representando a cidade de Stockport, Inglaterra, c. 1845. Note a poluição da água e do ar provocada pelas fábricas.

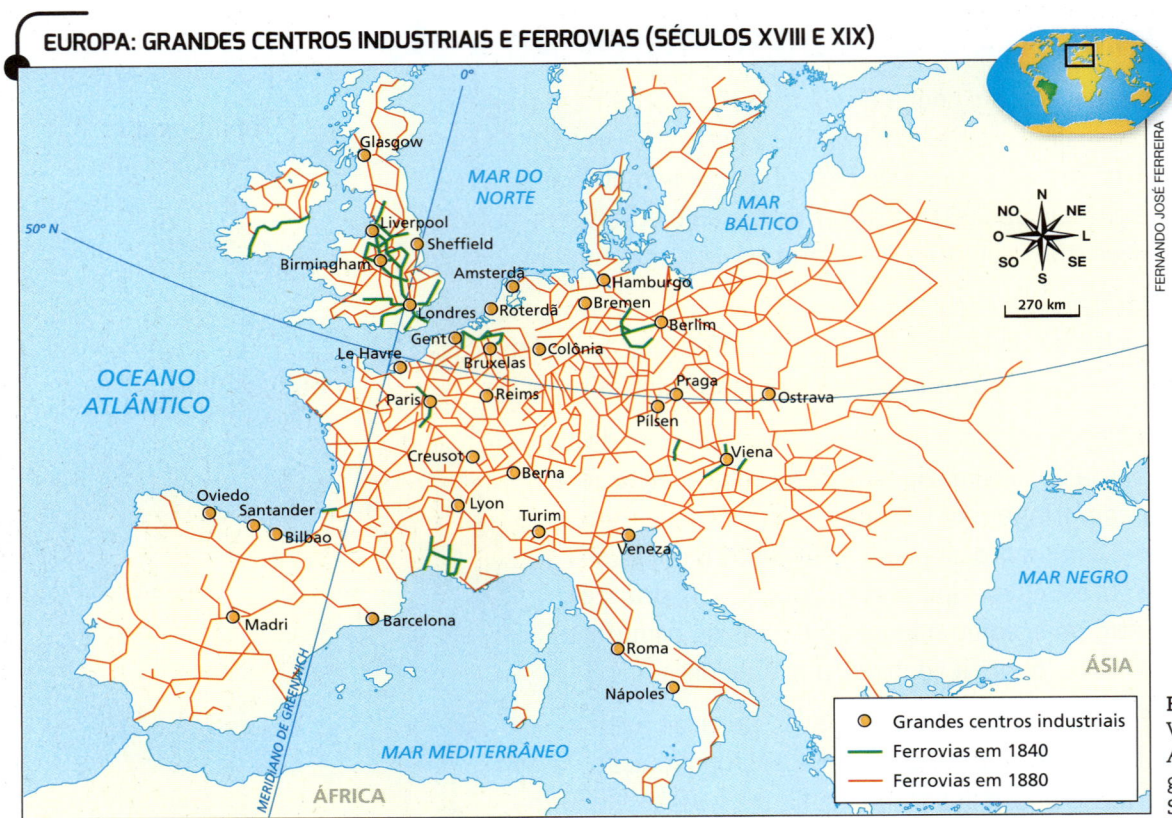

EUROPA: GRANDES CENTROS INDUSTRIAIS E FERROVIAS (SÉCULOS XVIII E XIX)

- Grandes centros industriais
- Ferrovias em 1840
- Ferrovias em 1880

Fonte: VICENTINO, Cláudio. *Atlas histórico*: geral e Brasil. São Paulo: Scipione, 2011. p. 122.

A SUPREMACIA BRITÂNICA NO COMÉRCIO MUNDIAL

As inovações tecnológicas inicialmente aplicadas ao setor têxtil se estenderam para a mineração, a metalurgia, os transportes e a agricultura. A Inglaterra ampliou sua participação no mercado mundial, impulsionada pelo forte apoio do governo nacional.

Na África e na Ásia, os governos acabaram cedendo às pressões diplomáticas da Inglaterra e abriram seus mercados aos produtos britânicos. Os novos países independentes da América Latina, procurando afastar a influência das antigas metrópoles, aproximaram-se dos ingleses, contraindo dívidas e assinando acordos políticos e comerciais com a Inglaterra.

A partir da Revolução Industrial, a Inglaterra passou a dificultar a entrada de tecidos, especiarias e outros produtos indianos no mercado britânico, ao mesmo tempo que inundava a Índia com os produtos ingleses. A produção artesanal indiana de tecidos foi levada à ruína.

O crescimento da economia industrial inglesa foi impulsionado pela expansão das **ferrovias**. A primeira linha férrea comercial foi inaugurada na Inglaterra em 1830. Na França, na Prússia e na Bélgica, para onde a industrialização se estendeu, as ferrovias entraram em funcionamento ao longo daquela década. Vencendo distâncias, abrindo países ao mercado mundial e integrando povos e culturas, elas exibiam o poder e a velocidade que marcavam a nova era.

A prosperidade britânica e a expansão da industrialização para outros países e regiões europeias em meados do século XIX fortaleceram os defensores do **liberalismo econômico**. A Inglaterra tornou-se modelo para os economistas que combatiam a política mercantilista do Antigo Regime, com suas medidas para regulamentar a economia.

ORGANIZAR O CONHECIMENTO

1. Aponte três efeitos da Revolução Industrial para cada uma das seguintes áreas: cultura, meio ambiente e economia.
2. Explique por que a industrialização inglesa fortaleceu os defensores do liberalismo econômico.

DE OLHO NO INFOGRÁFICO

A LOCOMOTIVA A VAPOR

Por milhares de anos, o transporte de cargas e pessoas por terra dependeu de animais e do próprio esforço humano. Isso mudou com a locomotiva a vapor, que se tornou o símbolo da Revolução Industrial, pelo fascínio causado na época e pelo impacto na vida das pessoas.

Como funcionava a Rocket

A primeira locomotiva a vapor capaz de percorrer grandes distâncias foi a Rocket, vencedora de um concurso em 1829. Projetada pelo inglês Robert Stephenson, ela atingiu, durante a competição, a velocidade máxima de 46 km/h.

1 A queima do carvão aquece uma tubulação que liga a fornalha à caldeira.

2 A água ferve e produz vapor, que é conduzido até o cilindro do pistão.

3 A pressão do vapor empurra o pistão, que move a roda através de uma haste.

Fluxo do vapor — **Pistão**

Válvula

A cada meio ciclo da roda, uma válvula dentro do cilindro alterna o sentido do vapor, mantendo assim o pistão em contínuo movimento.

Suprimento de água e carvão

1 Fornalha
2 Caldeira
3 (Pistão)
Chaminé

A locomotiva a vapor foi utilizada inicialmente para transportar carvão no interior das minas inglesas. No entanto, ao longo do século XIX, o invento se transformou no principal meio de transporte de cargas e pessoas nos países industrializados.

Expansão da malha ferroviária mundial

Dos primeiros protótipos, na década de 1800, até a Rocket, o claro potencial da nova tecnologia para o transporte de cargas e pessoas e para o comércio atraiu vários investidores. Rapidamente, **as ferrovias se expandiram pelos países da Europa e pela América do Norte**.

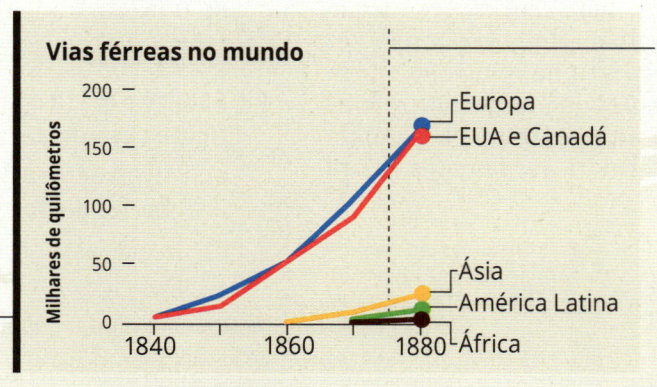

Vias férreas no mundo (Milhares de quilômetros)

- Europa
- EUA e Canadá
- Ásia
- América Latina
- África

(1840 – 1860 – 1880)

Em 1875, havia no mundo 62 mil locomotivas conduzindo 112 mil vagões de passageiros e quase 500 mil vagões de carga.

Fontes: WARREN, Rebecca. *Smithsonian Knowledge Encyclopedia*. Nova York: DK, 2013; HOBSBAWM, Eric. *A era do capital*: 1848-1875. 10. ed. São Paulo: Paz e Terra, 2004. p. 86-87.

65

ATIVIDADES

APLICAR

1. Analise os dados da tabela para responder às questões.

EXPORTAÇÕES DE TECIDOS DE ALGODÃO BRITÂNICOS		
	Europa	África, América Latina e Ásia
1820	128 milhões de jardas	80 milhões de jardas
1840	200 milhões de jardas	529 milhões de jardas

Fonte: HOBSBAWM, Eric. *A era das revoluções*: Europa 1789-1848. Rio de Janeiro: Paz e Terra, 1977. p. 59.

 # Dialogando com Matemática

Jardas: unidade de medida inglesa equivalente a 91,44 cm.

a) Compare as exportações inglesas entre 1820 e 1840 e calcule, em porcentagem, o crescimento das vendas para a Europa e o crescimento das vendas para a Ásia, a África e a América Latina. Como você explica essa desproporção?

b) Por que o crescimento das exportações para a Europa foi bem menor que o das vendas para os demais continentes?

2. Os textos a seguir mostram duas relações diferentes do trabalho com o tempo na Inglaterra. O primeiro relata as tarefas de um tecelão agricultor em 1782; o segundo, de 1820, é o testemunho de um operário de uma fábrica têxtil.

1 "Em outubro de 1782, ele ainda estava trabalhando na colheita e na debulha, além de fazer seu trabalho de tecelão. Num dia chuvoso, ele podia tecer 8,5 ou nove jardas; no dia 14 de outubro, ele entregou a peça de tecido pronta, e por isso teceu apenas 4,75 jardas; no dia 23, ele 'trabalhou fora de casa' até as três horas, teceu duas horas antes do anoitecer, 'remendou o casaco à noite'. No dia 24 de dezembro, 'teci duas jardas antes das onze horas. Empilhei o carvão, limpei o telhado e as paredes da cozinha, e adubei a terra até as dez horas da noite'."

2 "Ali trabalhávamos enquanto ainda podíamos enxergar no verão, e não saberia dizer a que hora parávamos de trabalhar. Ninguém a não ser o mestre e o filho do mestre tinha relógio, e nunca sabíamos que horas eram. Havia um homem que tinha relógio [...]. Foi-lhe tirado e entregue à custódia do mestre, porque ele informara aos homens a hora do dia [...]."

In: THOMPSON, E. P. *Costumes em comum*: estudos sobre a cultura popular tradicional. São Paulo: Companhia das Letras, 1998. p. 281 e 294.

a) O tempo de trabalho do artesão era organizado da mesma forma que o do operário? Explique.

b) Que relação podemos estabelecer entre os dois relatos e a industrialização na Inglaterra?

c) No Brasil atual, a relação das pessoas com o tempo tem mais semelhança com a do tecelão ou a do operário? Com qual situação você mais se identifica? Justifique as duas respostas.

Retome o infográfico "A locomotiva a vapor", da página 65, e responda às questões 3 e 4.

3. Numere, na ordem correta, as etapas do funcionamento de uma locomotiva a vapor.

a) A roda da locomotiva é movida.
b) A água fervida produz vapor.
c) Uma válvula no cilindro alterna o sentido do vapor.
d) O carvão é queimado em uma fornalha.
e) O vapor é liberado para o cilindro do pistão.

4. Analise o gráfico "Vias férreas no mundo", no infográfico, e responda.

a) Entre 1840 e 1880, o que aconteceu na Europa e na América do Norte?
b) Quando esse acontecimento também ocorreu na Ásia, na África e na América Latina?
c) Que mudanças esse acontecimento provocou?

Dialogando com Arte

5. O pintor inglês William Powell Frith (1819-1909) procurou retratar em suas obras algumas mazelas sociais surgidas com a industrialização. A pintura ao lado, por exemplo, representa um varredor, ofício informal que se tornou comum na cidade de Londres do século XIX.

a) Descreva os elementos da pintura.

b) Quem são os personagens principais dessa obra? Qual seria a condição econômica de cada um?

c) Como os contrastes sociais do período foram apresentados na tela? Quais atitudes dos personagens realçam esses elementos?

RETOMAR

6. Responda às questões-chave da abertura dos temas 3 e 4.

a) Como eram as condições de trabalho nas fábricas no início da industrialização?

b) Que efeitos a sociedade urbano-industrial trouxe para a cultura, a natureza e o comércio mundial?

Mais questões no livro digital

O varredor, pintura de William Powel Frith, 1858.

AUTOAVALIAÇÃO

CONTEÚDOS

1. Ao final dos estudos propostos nesta unidade, como você avalia seu aprendizado? Consulte o livro e suas anotações pessoais sobre os quatro temas estudados para responder às seguintes questões.

a) Quais conteúdos e/ou atividades considerei mais difíceis? Por quê?

b) Quais conteúdos e/ou atividades considerei mais fáceis? Por quê?

c) Como posso melhorar meu aprendizado?

ATITUDES

2. Marque com um **X** as frases que apresentam situações que você experimentou durante o estudo desta unidade.

a) ( ) Os conteúdos da unidade 1 ajudaram a compreender os temas da unidade 2.

b) ( ) Compreendi que as inovações tecnológicas da Revolução Industrial foram motivadas pelo interesse em encontrar soluções para conseguir produzir mais em menos tempo.

c) ( ) Refleti sobre como seriam nossas vidas atualmente sem as máquinas inventadas durante e depois da Revolução Industrial.

3. Associe as frases acima às atitudes a seguir.

a) ( ) Imaginar, criar e inovar.

b) ( ) Aplicar conhecimentos prévios a novas situações.

c) ( ) Questionar e levantar problemas.

EM FOCO

MULHERES E CRIANÇAS NO MUNDO DO TRABALHO

Homens e mulheres no mercado de trabalho

A presença das mulheres no ofício da tecelagem tem uma história muito antiga, que remonta no mínimo às comunidades neolíticas. Mas a tradição, sozinha, não explica por que, nas primeiras fábricas têxteis inglesas, muitos proprietários preferiam contratar mulheres para o trabalho. A outra explicação, talvez a principal, eram os baixos salários que eram pagos a elas, inferiores aos dos homens, mesmo desempenhando ambos a mesma função.

No Brasil atual, 250 anos após a invenção da máquina a vapor, as mulheres ainda convivem com a desigualdade salarial em relação aos homens. Segundo a Pesquisa Nacional por Amostra de Domicílios Contínua (Pnad Contínua), feita pelo IBGE, a diferença entre o rendimento médio de homens e mulheres não se modificou entre 2012 e 2017. No entanto, essa realidade não é exclusiva do Brasil. No conjunto dos países europeus, por exemplo, as mulheres ganham menos que os homens em todas as profissões.

Além disso, a inserção da mulher no mercado de trabalho é diferenciada pelo sexo. No Brasil, segundo dados do IBGE publicados em 2014, apesar de a porcentagem de mulheres com curso superior completo ser maior que a dos homens, muitas ainda são contratadas para trabalhos que exigem menor qualificação. O que explica essa situação contraditória? Analisar apenas o contexto atual não é suficiente para esclarecer essa situação.

Fonte 1

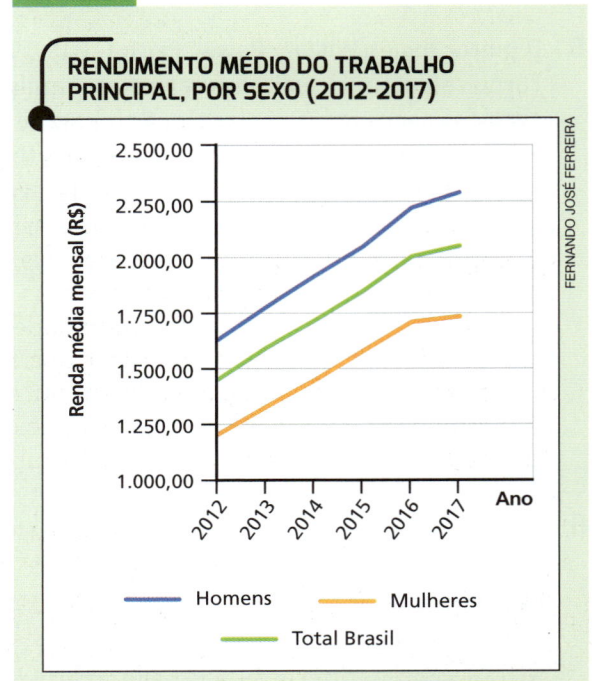

RENDIMENTO MÉDIO DO TRABALHO PRINCIPAL, POR SEXO (2012-2017)

Fonte: IBGE. *Pesquisa Nacional por Amostra de Domicílios Contínua trimestral.* Disponível em <http://mod.lk/4v35o>. Acesso em 24 jul. 2018.

Atrizes e cineastas protestam no 71º Festival de Cannes contra a ausência de mulheres cineastas homenageadas em toda a história do festival. Cannes, França, 2018.

Fonte 2

A divisão sexual do trabalho na era industrial

"Um delegado francês à Exposição de 1867 descreveu claramente as distinções de acordo com o sexo, os materiais e as técnicas: 'ao homem, a madeira e os metais; à mulher, a família e os tecidos'. Ainda que as opiniões variassem sobre o que era ou não trabalho apropriado para as mulheres, e apesar de elas terem sido levadas à prática de modo diferente em diferentes épocas e contextos, o sexo era normalmente tido em conta em matéria de emprego. O trabalho para que eram contratadas mulheres era definido como 'trabalho de mulher', adequado de algum modo às suas capacidades físicas e aos seus níveis inatos de produtividade. Este discurso produziu uma divisão sexual no mercado de trabalho, concentrando as mulheres em alguns empregos e não em outros, colocando-as sempre na base de qualquer hierarquia ocupacional e estabelecendo os seus salários abaixo do nível básico de subsistência."

SCOTT, Joan W. A mulher trabalhadora. In: DUBY, Georges; PERROT, Michelle (Orgs.). *História das mulheres no Ocidente*: o século XIX. Porto: Edições Afrontamento, 1995. v. 4. p. 454.

Ilustração de 1850 que mostra mulheres trabalhando em uma indústria de tecidos de algodão.

• A mulher trabalhadora na era industrial

Antes da Revolução Industrial, as mulheres trabalhadoras do meio urbano geralmente combinavam, no espaço doméstico, as tarefas de casa com o trabalho de fiação, tecelagem, bordado, ou seja, atividades relacionadas ao artesanato têxtil, consideradas tipicamente femininas. A partir do século XIX, especialmente na Inglaterra, as mulheres operárias passaram a trabalhar fora de casa, nas fábricas, onde permaneciam por longos períodos. Alegando que elas não tinham conhecimento técnico para supervisionar o serviço, os patrões delegavam às mulheres apenas tarefas relacionadas diretamente à produção, que tinham baixa remuneração.

O ingresso das mulheres nas fábricas dividiu opiniões e criou problemas para elas. O político francês Jules Simon, por exemplo, em 1860 afirmou: "uma mulher que se torna trabalhadora deixa de ser mulher". Declarações como essa mostram as dificuldades enfrentadas pelas mulheres operárias: no ambiente de trabalho, elas sofriam com as longas jornadas, as condições insalubres, a violência dos supervisores e os baixos salários; fora dele, tinham a obrigação de assumir as tarefas domésticas e o cuidado com os filhos, papel que a sociedade da época reservava às mulheres.

EM FOCO

O trabalho infantil

Com o objetivo de aumentar seus lucros, os empresários do século XIX empregavam uma grande quantidade de crianças, que eram remuneradas com salários muito mais baixos do que aqueles pagos aos adultos. A princípio, apenas as crianças que viviam nos orfanatos ingleses eram recrutadas para trabalhar como aprendizes nas fábricas ou nas minas. Com o passar do tempo, aquelas que viviam com a família seguiram o mesmo caminho, buscando empregos nas fábricas para complementar a renda familiar.

• Castigo nas fábricas

O longo e extenuante trabalho nas tecelagens inglesas deixava as crianças muito cansadas e sonolentas. Quando diminuíam a velocidade de suas tarefas, elas recebiam socos e outros tipos de castigo para se manterem acordadas.

Em algumas fábricas, por exemplo, os supervisores as mergulhavam em cisternas, de cabeça para baixo, para que não adormecessem. Também havia castigos para as crianças que chegassem atrasadas ou que conversassem durante as atividades. Aquelas que fugissem eram presas e fichadas na polícia.

As denúncias sobre os maus-tratos sofridos pelas crianças nas fábricas e minas da Inglaterra obrigaram o Parlamento britânico a criar uma comissão para investigar a exploração do trabalho infantil no país. A ação foi o primeiro passo para a progressiva regulamentação do trabalho infantil pelas autoridades inglesas.

Crianças mineradoras nos Estados Unidos, em foto de 1899. A exploração do trabalho infantil nas fábricas se repetiu nos países que se industrializaram ao longo do século XIX, como Bélgica e Estados Unidos, e no início do século XX, como o Brasil.

• O trabalho infantil no mundo atual

Passados mais de duzentos anos do início da Revolução Industrial, a exploração do trabalho infantil ainda é muito praticada em diferentes países do mundo. Nas médias e grandes cidades brasileiras, por exemplo, ela é visível nos semáforos, nas feiras, no comércio ambulante, no serviço doméstico e no aliciamento para o tráfico de drogas ou para a exploração sexual. Nas áreas rurais, as crianças exercem atividades na pesca, na agropecuária, na mineração ou em carvoarias.

Atualmente, diversas organizações governamentais e não governamentais dedicam-se a combater a exploração do trabalho infantil. Segundo dados da Organização Internacional do Trabalho (OIT), esse problema vem diminuindo, no Brasil e no mundo, desde o ano 2000. Apesar disso, segundo a OIT, mais de 151 milhões de crianças trabalhavam no mundo em 2016, a maior parte delas nos países da América Latina, da África e do Sudeste Asiático.

Aliciamento: ato de corromper, atrair.

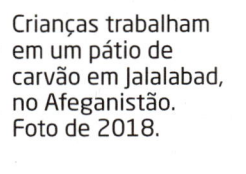

Fonte 3

O TRABALHO INFANTIL NO BRASIL E NO MUNDO (2000-2016)		
Ano	Brasil (em milhões)	Mundo (em milhões)
2000	5.285.000	245.500.000
2004	5.371.000	222.294.000
2008	4.452.000	215.209.000
2012	3.500.000	167.956.000
2016	2.671.893	151.622.000

Fontes: IBGE-Pnad, 2000-2016; Alliance 8.7/International Labour Office. *Global Estimates of Child Labour. Results and Trends*, 2012-2016. Disponível em <http://mod.lk/xtp8q>. Acesso em 24 jul. 2018.

No Brasil, apesar da redução do trabalho infantil, cerca de 2,7 milhões de crianças e adolescentes trabalhavam em 2016, situação que privava esses brasileiros do direito à saúde e à educação. Outro dado preocupante é o aumento, desde 2013, de crianças entre 5 e 9 anos que trabalham, concentradas principalmente nas áreas rurais do Nordeste.

Crianças trabalham em um pátio de carvão em Jalalabad, no Afeganistão. Foto de 2018.

EM FOCO

ATIVIDADES

ORGANIZAR O CONHECIMENTO

1. Aponte as principais consequências da Revolução Industrial para a vida de mulheres e crianças da classe trabalhadora.

2. A historiadora francesa Michelle Perrot afirmou que as "mulheres permaneceram à sombra da história por muito tempo". Explique essa afirmativa com base no que você estudou nesta seção.

ANALISAR AS FONTES

3. **Fontes 1 e 2** Responda às questões sobre o gráfico e o texto.
   a) Identifique os substantivos que o delegado francês, na Exposição de 1867, associou respectivamente aos homens e às mulheres.
   b) Como a divisão de trabalho segundo o sexo definiu o lugar da mulher no mercado de trabalho?
   c) Os dados do gráfico expressam uma permanência ou uma ruptura em relação ao que foi exposto no texto? Justifique.

4. **Fonte 3** Compare os dados da tabela sobre o trabalho infantil no Brasil e no mundo e responda.
   a) O que os dados apresentados têm em comum?
   b) É possível afirmar que a tendência mostrada na tabela sobre o trabalho infantil será mantida? Por quê?

POR UMA CONDUTA CIDADÃ

5. Em grupo, pesquisem em *sites* informações sobre o trabalho infantil na atualidade. Sigam o roteiro abaixo.
   a) Pesquisem quais são os principais documentos internacionais sobre os direitos das crianças e dos adolescentes; as razões que levam esses grupos a trabalhar; os países que lideram o *ranking* de exploração do trabalho infantil; os tipos de trabalho executados pelas crianças e pelos adolescentes, bem como os impactos do trabalho precoce para sua saúde e desenvolvimento. Não se esqueçam de pesquisar também algumas imagens.
   b) Anotem, no caderno, todas as informações encontradas e as fontes utilizadas e imprimam as imagens. Em seguida, sistematizem os dados em pequenos textos.
   c) Montem um cartaz com os dados da pesquisa e as imagens e apresentem-no aos colegas. Depois, com o auxílio do professor, organizem uma exposição na escola com todos os trabalhos.
   d) Para finalizar, façam uma roda com todos os colegas, **coloquem-se** no lugar de uma criança que trabalha e **discutam** quais são os riscos e os prejuízos do ingresso precoce no mercado de trabalho, **avaliando** os possíveis impactos dessa experiência para a vida adulta.

REVISANDO

Do artesanato à manufatura moderna

1. **Capitais** acumulados com a **exploração colonial** e o **tráfico negreiro**, um Estado comprometido com o **desenvolvimento do capitalismo** no país e a abundância de mão de obra são as principais razões do **pioneirismo inglês** na Revolução Industrial.

2. O trabalho artesanal se caracterizava pela **autonomia dos trabalhadores**, que **conheciam e dominavam** todo o processo de produção.

3. O **sistema manufatureiro** promoveu a concentração dos trabalhadores em **galpões**, introduziu a figura do **patrão** e estabeleceu certa **divisão do trabalho**.

A Revolução Industrial

1. O **setor têxtil** foi pioneiro no processo de **mecanização** da produção, com inventos que substituíram a força humana pela **força da água** e do **vapor**.

2. Os **baixos custos** dos novos inventos na indústria têxtil e a existência de um mercado seguro para os tecidos ingleses, nas **colônias** e no **escambo de escravos na África**, explicam o **pioneirismo do setor têxtil** na mecanização.

3. O objetivo principal da mecanização da produção foi **produzir mais em menos tempo**.

Os trabalhadores na sociedade industrial

1. A grande indústria gerou uma **nova divisão na sociedade**, com a constituição de duas classes sociais antagônicas: a **burguesia** e o **proletariado**.

2. Com a criação do sistema fabril, o **trabalhador** perdeu o conhecimento do processo de produção e se transformou em um **operador de máquinas**.

3. Na produção industrial, o **tempo passou a valer dinheiro**. Por isso, a rotina do trabalho do operário passou a ser controlada pelo **relógio**.

4. As **precárias condições de trabalho** nas fábricas levaram os trabalhadores a criar os primeiros **sindicatos**, conhecidos como *trade unions*.

5. A ação dos **quebradores de máquinas** e o **movimento cartista** marcaram as primeiras mobilizações da **classe operária** inglesa.

Desdobramentos culturais, econômicos e ambientais da industrialização

1. A organização das **cidades** reproduzia as **diferenças sociais** entre a **burguesia** e o **proletariado**.

2. As **mazelas sociais** e as **multidões** serviram de inspiração para importantes **escritores** do período.

3. O **desmatamento**, a **poluição** do ar e dos rios e a redução de **espécies animais** que ficaram mais expostas aos predadores são alguns dos **impactos ambientais** da industrialização.

4. A **supremacia inglesa** no comércio mundial, a revolução nos transportes e nas comunicações com a construção das **ferrovias** e o avanço da **industrialização** para outros países europeus fortaleceram os defensores do **liberalismo econômico**.

Trilha de estudo

Vai estudar? Nosso assistente virtual no *app* pode ajudar! <http://mod.lk/trilhas>

PARA ASSISTIR

- **As sufragistas**
  Direção: Sarah Gavron
  País: Reino Unido
  Ano: 2015
  Duração: 107 min

Sinopse

O filme retrata as condições de vida e trabalho das mulheres inglesas do início do século XX e sua luta por direitos iguais aos dos homens, como o direito ao voto.

O filme e esta unidade

1. De que forma o filme retrata as condições de trabalho das mulheres do início do século XX? Suas condições diferem das do trabalho feminino na sociedade inglesa do século XIX, estudado nesta unidade? Como?

2. No filme, como as mulheres lutaram para chamar atenção para sua causa e diminuir a desigualdade em relação aos homens na Inglaterra?

UNIDADE 3

A REVOLUÇÃO FRANCESA E SEUS IMPACTOS NA EUROPA E NA AMÉRICA

LUTANDO POR DIREITOS

As pessoas que você conhece têm os mesmos direitos? Todas são tratadas da mesma forma?

Durante a Revolução Francesa, iniciada no final do século XVIII, milhares de pessoas se rebelaram contra a opressão do Antigo Regime e lutaram por direitos políticos e sociais. Os revolucionários pretendiam mudar a realidade de sua época e criar uma sociedade baseada nos princípios de igualdade, liberdade e direito à propriedade. Suas ideias se espalharam pela Europa e pela América, fazendo-se presentes até os dias de hoje.

Outro marco da Revolução Francesa foi a participação popular. Os grupos não privilegiados da sociedade protagonizaram acontecimentos que resultaram na derrubada das principais estruturas do Antigo Regime, como você estudará nesta unidade.

Manifestantes protestam contra as reformas econômica e trabalhista do presidente Emmanuel Macron, em Paris, França, em 22 de março de 2018.

ATITUDES PARA A VIDA

- Questionar e levantar problemas.
- Aplicar conhecimentos prévios a novas situações.
- Pensar de maneira interdependente.

COMEÇANDO A UNIDADE

1. O que você sabe sobre a Revolução Francesa? Reconhece algum dos ideais revolucionários mencionados no texto de abertura? Saberia explicá-lo(s)?

2. Que cena é mostrada na imagem? Que relação é possível estabelecer entre a imagem e o texto?

3. O que você pensa sobre os protestos populares da atualidade? Conhece os objetivos de alguns deles? Concorda com essa forma de manifestação? Considera que existem outras maneiras eficazes de lutar por melhorias na vida das pessoas e do país? Se sim, quais são?

TEMA 1

A FRANÇA DO ANTIGO REGIME

De que maneira a estrutura social francesa favoreceu a eclosão da revolução?

DESIGUALDADES SOCIAIS NA FRANÇA

No final do século XVIII, a França era o segundo país mais populoso da Europa, com aproximadamente 25 milhões de habitantes. A população dividia-se em três ordens: o **primeiro estado**, composto pelo clero, o **segundo estado**, formado pela nobreza, e o **terceiro estado**, que reunia todas as pessoas que não pertenciam aos dois primeiros estados.

O primeiro e o segundo estados, juntos, representavam apenas 3% da população. Eles pagavam poucos impostos e tinham acesso aos principais cargos da administração pública, ou seja, exerciam efetivamente o comando do país.

O terceiro estado incluía a grande burguesia (que vivia franca expansão comercial), a pequena burguesia (formada por comerciantes locais, profissionais liberais e artesãos) e os demais trabalhadores urbanos, além dos camponeses.

As desigualdades sociais na França eram profundas. Mesmo no interior de cada estado, havia diferenças claras. No primeiro estado, o baixo clero não desfrutava das mesmas condições de vida do alto clero. No terceiro estado, a grande burguesia (economicamente ascendente, mas com pequena influência política) habitava mansões e mantinha hábitos que a aproximavam da nobreza; enquanto a pequena burguesia levava uma vida simples, em contato estreito com as camadas populares. Já os milhões de trabalhadores urbanos e rurais, que eram a maioria da população, viviam à beira da miséria.

CONDIÇÕES DE VIDA DOS TRABALHADORES URBANOS

No final do século XVIII, Paris era a terceira maior cidade do mundo, com cerca de 700 mil habitantes. A maior parte da população era formada de trabalhadores, que viviam em condições precárias. Havia também um número crescente de desempregados e mendigos, muitos deles vindos de áreas rurais, onde a penúria assolava os camponeses.

Na cidade, a situação era agravada pelo aumento do custo de vida, que não era acompanhado pelo aumento dos salários. A maioria dos trabalhadores sofria com moradia e alimentação inadequadas. Os trabalhadores moravam, no geral, em habitações alugadas. No entanto, a elevação crescente no preço dos aluguéis levava muitos deles a se mudarem constantemente. Era comum que famílias inteiras morassem em um único cômodo, quase sem nenhuma mobília.

Palácio de Versalhes, construído no século XVII, nos subúrbios de Paris, para sediar o governo do rei Luís XIV. Foto de 2017. O edifício se transformou em símbolo do absolutismo e do luxo da corte francesa.

É BOM SABER

Domicílios da miséria

Leia, a seguir, um relato sobre as moradias dos trabalhadores de Paris no final do século XVIII.

"Uma família inteira ocupa um único cômodo, onde se veem as quatro paredes, onde os catres não têm cortinas, onde os utensílios de cozinha se misturam com os penicos. Os móveis em sua totalidade não valem vinte escudos; e de três em três meses os moradores mudam de toca, expulsos que são pela falta de pagamento do aluguel. E assim eles erram daqui para acolá, arrastando sua mobília miserável de asilo em asilo. Não se veem sapatos nessas casas; não se ouve ao longo das escadas senão o rumor dos tamancos. As crianças andam desnudas e dormem todas juntas [...]."

MERCIER, Sébastien. Le tableau de Paris, 1781-1788. In: ROCHE, Daniel. O povo de Paris: ensaio sobre a cultura popular no século XVIII. São Paulo: Edusp, 2004. p. 143.

Catre: leito rústico e pobre.

Explore

- Quais características das moradias dos trabalhadores parisienses são apresentadas no texto?

CRISE ECONÔMICA

A França conheceu um período de grande prosperidade econômica nos séculos XVI e XVII, que enriqueceu a burguesia comercial e financeira do país. A situação começou a se inverter em meados do século XVIII, quando uma sequência de safras agrícolas ruins trouxe três efeitos principais: a alta geral dos preços, principalmente dos cereais; a fome, que atingiu a população pobre do campo e da cidade; e a queda na arrecadação dos impostos.

Para agravar as dificuldades, a França havia auxiliado as treze colônias da América do Norte na guerra pela independência em relação à Inglaterra, sua tradicional inimiga. A participação no conflito gerou ainda mais despesas para o tesouro francês. As dívidas cada vez maiores do Estado minaram a força da monarquia.

Diante da crise, o rei Luís XVI tentou reagir aumentando os impostos. Os novos tributos pioraram a vida dos setores populares e enfureceram a burguesia, que acusava o Estado de gastar demais. De fato, a dívida pública crescia rapidamente, e os recursos empregados para sustentar a nobreza contribuíam para a piora das contas.

A saída para a crise era implantar uma reforma fiscal, que significaria o fim de muitos privilégios da nobreza e do clero e obrigaria todos a pagarem impostos. A medida, porém, foi rejeitada pela Assembleia dos Notáveis e pelo Parlamento, que eram controlados pelo primeiro e pelo segundo estados.

Assembleia dos Notáveis: composta de representantes dos três estados, escolhidos diretamente pelo rei. A Assembleia dos Notáveis tinha a função de auxiliar o monarca no exercício do poder político.

Explore

- Qual crítica é feita nessa charge? Por qual grupo social da França ela teria sido feita?

Dízimos, impostos e corrupção, charge revolucionária publicada em Paris, em 1789.

Sessão de abertura da assembleia dos Estados Gerais, 5 de maio de 1789, pintura de Louis-Charles-Auguste Couder, 1839.

A CONVOCAÇÃO DOS ESTADOS GERAIS

Diante da recusa do Parlamento em aprovar a reforma fiscal, Luís XVI convocou os Estados Gerais, uma grande assembleia com representantes dos três estados que formavam a sociedade francesa. Sua última reunião ocorrera havia mais de 170 anos.

Na assembleia, reunida a partir de 5 de maio de 1789, o monarca, o clero e a nobreza defenderam a ideia de que as votações se realizassem com um voto para cada estado, e não individualmente. Como o terceiro estado era mais numeroso, na votação individual o clero e a nobreza seriam derrotados. Já na votação por estado, o terceiro sempre perderia, pois o primeiro e o segundo votavam juntos.

O terceiro estado, representado por membros da burguesia, não aceitou o sistema de votação defendido pelo clero e pela nobreza, que assegurava a manutenção dos privilégios de origem feudal. Assim, em junho de 1789, os membros do terceiro estado retiraram-se da reunião, proclamaram-se em Assembleia Nacional e passaram a defender a elaboração de uma Constituição para o país.

O rei, com medo da reação popular, ordenou ao clero e à nobreza que se reunissem à Assembleia Nacional, transformada, em julho, em **Assembleia Nacional Constituinte**. Luís XVI apresentou um programa de governo em que aceitava a monarquia constitucional e abolia privilégios fiscais. O projeto, no entanto, mantinha a cobrança do dízimo pela Igreja Católica e os privilégios aristocráticos do clero e da nobreza.

ORGANIZAR O CONHECIMENTO

1. Às vésperas da revolução, a sociedade francesa estava dividida em três estados. Que grupos sociais compunham cada um desses estados?

2. Redija um texto utilizando as palavras do quadro.

> Assembleia Nacional Constituinte
> Luís XVI   crise econômica
> Estados Gerais   reforma fiscal
> privilégios   votação

TEMA 2

DEZ ANOS DE REVOLUÇÃO: DA QUEDA DA BASTILHA AO 18 BRUMÁRIO

Quais projetos sociais disputaram o poder durante a Revolução Francesa? Como eles se diferenciavam?

A TOMADA DA BASTILHA

Enquanto os debates seguiam na Assembleia Constituinte, diversos boatos circulavam pela França anunciando que a aristocracia, aliada ao rei, pretendia dar um golpe e fechar a assembleia. Alarmados, os setores pobres passaram a protestar de forma mais constante e violenta. A crise política, agravada pela escassez de alimentos, fez multiplicar nas cidades os saques aos comboios de grãos e armazéns e os ataques às alfândegas municipais.

Entre os dias 13 e 14 de julho de 1789, Paris foi palco de uma série de manifestações e revoltas, que foram chamadas de "jornadas populares". O ápice das revoltas ocorreu no dia 14 de julho, quando os parisienses tomaram a Bastilha, prisão e arsenal militar e maior símbolo do absolutismo francês. A revolução começava e não tinha uma liderança definida.

A tomada da Bastilha pela rebelião popular, em 14 de julho de 1789, representada em pintura de autoria anônima, c. 1789-1799.

A MONARQUIA CONSTITUCIONAL

Em agosto de 1789, a Assembleia Nacional Constituinte aboliu o dízimo eclesiástico e todas as obrigações feudais que pesavam sobre os camponeses. Em seguida, aprovou a **Declaração dos Direitos do Homem e do Cidadão**, que estabeleceu a igualdade de todos os homens perante a lei e o direito à liberdade, à crença religiosa, à propriedade, à segurança e a resistir contra todo tipo de opressão.

Em setembro de 1791, os deputados aprovaram uma **Constituição** para a França, que estabeleceu: a subordinação do monarca à Constituição; a divisão do Estado em três poderes independentes (Executivo, Legislativo e Judiciário); o voto censitário e masculino; a manutenção da escravidão nas colônias; e o fim das restrições mercantilistas e dos encargos feudais, favorecendo o livre-comércio. As medidas aprovadas demonstraram o domínio da grande burguesia nessa primeira fase da revolução.

A PROCLAMAÇÃO DA REPÚBLICA

Atemorizada com a situação política instável, grande parte dos clérigos e nobres se refugiou em países vizinhos. Em junho de 1791, o próprio rei e a família real tentaram fugir da França, mas foram capturados e levados para o Palácio das Tulherias.

Em abril de 1792, a França entrou em guerra com a Áustria e a Prússia, que temiam a propagação da revolução. O rei e os contrarrevolucionários incentivaram a guerra acreditando que a França seria derrotada e que eles poderiam restaurar o Antigo Regime. Diante disso, em 10 de agosto de 1792, o Palácio das Tulherias foi invadido, e o rei foi destituído e preso com sua família, acusados de traição.

A Assembleia Legislativa foi dissolvida e novas eleições foram realizadas, com base no sufrágio universal masculino. Formou-se uma nova assembleia, a **Convenção Nacional**, que era composta de diferentes grupos.

- **Jacobinos**. Representavam a pequena burguesia e a classe média de Paris. Influenciados por Rousseau, defendiam os ideais iluministas de uma sociedade igualitária.

- **Girondinos**. Eram os republicanos moderados, que representavam os interesses da grande burguesia comercial e de nobres liberais.

- **Planície** ou **pântano**. Grupo que tendia às posições políticas de centro e opunha-se ao setor mais radical.

- *Cordeliers*. Ligados aos *sans-culottes*, eram republicanos e defendiam mudanças mais profundas na sociedade, como a reforma agrária e o fim da propriedade privada. Seus principais líderes eram Danton e Marat.

Nesse mesmo tempo, o povo, chamado a defender a revolução, formou um exército popular e derrotou os invasores e os partidários internos do Antigo Regime. Nesse clima de vitória, a república foi proclamada.

> **É BOM SABER**
>
> **Os *sans-culottes***
>
> Os *sans-culottes* representavam os grupos urbanos radicais, principalmente de Paris, constituídos em sua maior parte de artesãos, operários e lojistas. O nome é uma referência aos trajes que usavam: calça comprida de tecido grosso e listrado, e não as calças curtas (*culottes*) presas na altura do joelho, que eram moda entre nobres e burgueses.
>
> *Sans-culotte* parisiense durante a Revolução Francesa, representado em gravura de c. 1789.

A RADICALIZAÇÃO DA REVOLUÇÃO

Por pressão dos jacobinos e da população de Paris, em janeiro de 1793 o rei Luís XVI foi julgado, acusado de traição e executado na guilhotina. Em outubro, a rainha, Maria Antonieta, também foi guilhotinada. A medida provocou a reação dos países defensores do Antigo Regime, que formaram uma coligação para derrotar a França.

No interior da Convenção, jacobinos e girondinos divergiam quanto aos rumos da revolução e às decisões que deviam tomar. Aos poucos, a influência dos jacobinos cresceu e as principais lideranças girondinas foram presas.

Em abril de 1793, a Convenção criou o **Comitê de Salvação Pública**, órgão responsável pela segurança interna da França. O comitê reorganizou o exército e derrotou a coligação estrangeira. Internamente, líderes jacobinos, como Robespierre, combateram todos os seus opositores, prendendo-os e executando-os. Esse período da revolução ficou conhecido como **Terror**.

O TERROR JACOBINO

Estima-se que, entre setembro de 1793 e julho de 1794, mais de 300 mil pessoas foram presas e cerca de 17 mil foram executadas na guilhotina. As decisões do **Tribunal Revolucionário**, órgão responsável por julgar os condenados de traição, atingiam tanto monarquistas, girondinos e moderados quanto os mais próximos aos jacobinos. Com as perseguições, os jacobinos perderam o apoio de vários grupos, inclusive dos *sans-culottes*.

Por outro lado, os jacobinos tomaram medidas bastante democráticas, concretizando o ideal iluminista de liberdade e igualdade perante a lei. A república jacobina aprovou o sufrágio universal masculino, confiscou terras da nobreza emigrada e as distribuiu entre os camponeses pobres, bem como aboliu a escravidão nas colônias francesas.

Além disso, procurando garantir a igualdade de oportunidades para o conjunto da população francesa, os jacobinos estabeleceram o ensino primário público, obrigatório e laico para todos.

Execução da rainha Maria Antonieta em 16 de outubro de 1793, representada em pintura popular do período revolucionário.

Adam@Home, tirinha de Brian Basset, 2012.

A CAMINHO DO FIM

A radicalização do processo revolucionário assustou a burguesia. Os setores burgueses mais ricos desejavam acabar com as execuções, o congelamento dos preços e a mobilização popular para poder administrar seus negócios com tranquilidade.

Em 27 de julho de 1794 — 9 de Termidor no calendário da revolução —, os girondinos articularam um golpe que expulsou os jacobinos da Convenção. A ala moderada da burguesia reassumiu o poder e a participação popular na condução do Estado francês chegou ao fim.

Como tinham feito os jacobinos, o novo governo perseguiu, prendeu e executou os opositores (inclusive o líder Robespierre).

Os girondinos também dissolveram os clubes políticos, liberaram os preços e anularam as leis sociais, como a que estabelecia o ensino público, gratuito e obrigatório para todos.

Em 1795 foi eleito o **Diretório**, governo formado por cinco deputados, e uma nova Constituição foi elaborada. Por meio dela, restabeleceu-se o voto censitário e consagrou-se a liberdade econômica.

O governo do Diretório, no entanto, foi incapaz de garantir a estabilidade desejada pela burguesia. A moeda francesa estava desvalorizada, a desorganização na cobrança de impostos esvaziou os cofres públicos e a inflação não parava de subir.

Diante da catástrofe econômica, revoltas das camadas populares, de antigos monarquistas e de partidários dos jacobinos tornaram-se constantes.

Acreditando que só um governo forte restabeleceria a ordem, a grande burguesia apoiou um golpe para que o jovem general Napoleão Bonaparte assumisse o poder. Assim, em 10 de novembro de 1799 — **18 de Brumário** no calendário da revolução —, o Diretório foi extinto e iniciou-se o **Consulado**. Começava, assim, uma nova fase na história política da França.

A Revolução Francesa havia chegado ao fim. Para muitas pessoas que, de fora, acompanharam os acontecimentos na França, ela significou a semente de uma enorme esperança. Para outras, a revolução deixou um gosto amargo de desilusão.

Em apenas três anos, os principais dirigentes da revolução (Robespierre, Danton, Marat, Saint-Just, Hébert e vários outros) tinham sido executados na guilhotina ou assassinados. Mais tarde, em sua peça *A morte de Danton*, o dramaturgo alemão Georg Büchner escreveu as palavras que resumiram o seu desencanto com a experiência francesa: "A revolução é como Saturno: ela devora seus próprios filhos".

Girondino ou jacobino?

Neste jogo, você deve relacionar cada frase às posições defendidas pelos jacobinos ou pelos girondinos. Disponível em <http://mod.lk/dfn6w>.

Calendário da revolução: aprovado em 1792 pela Convenção. O ano era dividido em 12 meses de 30 dias que tinham nomes relacionados às estações do ano e às atividades agrícolas. O Termidor (que significa "calor") se estendia de 19 de julho até 17 de agosto, auge do verão europeu.

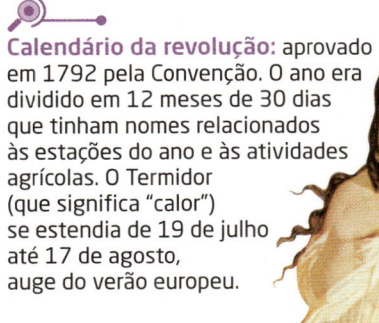

Imagem representando o mês Termidor do calendário republicano francês.

É BOM SABER

A tomada da Bastilha na memória popular

O dia 14 de julho, data da queda da Bastilha, passou a ser comemorado na França em 1880, quando o governo da III República, interessado em construir uma memória coletiva para a nação, encomendou a escolha de uma data simbólica para isso. A proposta inicial foi o 14 de julho de 1789, dia da tomada da Bastilha pelos revolucionários franceses. Como o acontecimento celebrado foi considerado violento pelos parlamentares, decidiu-se, então, pelo dia 14 de julho de 1790, ocasião em que se comemorou, em Paris, a união nacional, convocada pelo rei Luís XVI. Porém, se oficialmente o 14 de julho celebra a união nacional, na memória coletiva ele está associado à queda da Bastilha, data-símbolo do fim do absolutismo no país. É essa memória que faz do 14 de julho o dia mais importante do calendário cívico da França.

Comemorações do dia 14 de julho em Paris, 2018.

ORGANIZAR O CONHECIMENTO

1. Elabore perguntas que tenham como resposta os seguintes itens.
   a) Girondinos.
   b) Jacobinos.
   c) *Sans-culottes*.
   d) Termidor.

2. A Revolução Francesa teve diversas fases, marcadas pelo domínio de diferentes grupos políticos. Considerando essa informação, identifique a seguir as afirmativas incorretas e corrija-as.
   a) Durante o período da Convenção, jacobinos e girondinos discordaram quanto aos rumos da revolução.
   b) O período do Terror foi marcado pela perseguição violenta dos jacobinos a seus adversários e pela adoção de medidas que beneficiavam a grande burguesia.
   c) Temendo a radicalização da revolução, os girondinos articularam um golpe que expulsou os jacobinos da Convenção e instituiu o Diretório.
   d) Insatisfeitos com o Diretório, os jacobinos apoiaram um novo golpe que ampliou a participação popular no governo francês.

ATIVIDADES

APLICAR

1. Observe a charge e responda às questões.

Cada um suporta o pesado fardo dos impostos e da dívida nacional. As três ordens reunidas suportam o peso da sociedade francesa, charge de c. 1789.

a) Que personagens foram representados na charge? Como você chegou a essa conclusão?

b) O que a charge representa no contexto da Revolução Francesa? Qual seria o significado da pedra carregada pelos personagens?

2. Leia dois artigos da Declaração dos Direitos do Homem e do Cidadão para responder às questões.

"Art. 2º A finalidade de toda associação política é a conservação dos direitos naturais e imprescritíveis do homem. Esses direitos são a liberdade, a propriedade, a segurança e a resistência à opressão.

Art. 6º A lei é a expressão da vontade geral. [...] Todos os cidadãos são iguais a seus olhos e igualmente admissíveis a todas as dignidades, lugares e empregos públicos, segundo a sua capacidade e sem outra distinção que não seja a das suas virtudes e dos seus talentos."

Declaração dos Direitos do Homem e do Cidadão (1789). Disponível em <http://mod.lk/f8h7n>. Acesso em 4 maio 2018.

a) Quais direitos naturais foram destacados nesses dois artigos do documento?

b) O artigo 6º, especialmente, representou a derrota da sociedade do Antigo Regime e a vitória dos princípios burgueses do iluminismo. Explique.

c) A desigualdade social que marcou a França no período anterior à revolução ainda é um problema nos dias de hoje? Converse com seus colegas sobre o assunto.

3. Observe novamente a tirinha da página 83 para responder às questões.

a) Que líder da Revolução Francesa é citado na tirinha? A qual grupo político ele pertencia?

b) Qual foi sua importância no processo revolucionário?

c) Por que ele foi executado?

d) Explique o efeito de humor da fala da mãe no último quadrinho.

RETOMAR

4. Responda, agora, às questões-chave da abertura dos temas 1 e 2.

a) De que maneira a estrutura social francesa favoreceu a eclosão da revolução?

b) Quais projetos sociais disputaram o poder durante a Revolução Francesa? Como eles se diferenciavam?

85

TEMA 3 — A FRANÇA TRANSFORMADA PELA REVOLUÇÃO

As transformações decorrentes da revolução de 1789 ficaram restritas à França?

Clube patriótico de mulheres, pintura dos irmãos Lesueur, século XVIII. Durante a revolução, muitas mulheres se reuniam para discutir política e organizar ações beneficentes.

UM NOVO VOCABULÁRIO

A revolução não promoveu apenas mudanças políticas e econômicas na França; ela também contribuiu para transformar os costumes. Algumas palavras foram difundidas pelos jornais e incorporadas ao cotidiano: ao dirigir-se a um desconhecido, por exemplo, não se dizia "senhor", mas "cidadão". Os advogados passaram a ser "homens das leis", e os impostos foram chamados de "contribuições".

Além disso, ruas e praças que tinham nomes relacionados com o Antigo Regime foram rebatizadas: a Praça Luís XV, por exemplo, passou a se chamar Praça da Revolução e, mais tarde, Concórdia.

AS MULHERES NA REVOLUÇÃO

Durante a revolução, muitas mulheres reivindicaram igualdade de direitos civis e de cidadania política, participando de sublevações, protestos e reuniões da Assembleia Nacional. Além disso, criaram associações femininas, nas quais discutiam questões sociais e políticas da época.

A legislação estabelecida durante a Revolução Francesa garantiu alguns direitos às mulheres, como o divórcio; porém, negou a inclusão delas na vida pública, impedindo-as de participar da Guarda Nacional e exercer cargos públicos, além de votar e de disputar vagas no Parlamento.

ATITUDES PARA A VIDA

Redes de comunicação na França revolucionária

Às vésperas da revolução, apenas metade da população masculina francesa era alfabetizada; por isso a comunicação oral cumpria um papel muito importante. Em vários lugares de Paris, pessoas se reuniam para ouvir as novidades do dia, como discussões ocorridas nos palácios, escândalos envolvendo membros da nobreza ou notícias sobre guerras com outros países.

Circulando de boca em boca, as informações chegavam às tabernas, aos cafés e ao interior do país, formando uma vasta e diversificada rede de comunicação. As notícias recebiam versões narradas em versos, escritas, copiadas a mão ou impressas em uma página simples, os chamados panfletos.

No período revolucionário, o número de materiais impressos de todo o tipo se multiplicou. Na década de 1780, havia menos de 20 jornais circulando na França; entre 1789 e 1792, apareceram cerca de 500. Além disso, os materiais impressos passaram a incluir notícias políticas, como os debates e as decisões da Assembleia Nacional. A política, assim, tomava as praças e as ruas: transformava-se em tema público.

Liberdade de imprensa na França durante a revolução, gravura c. 1789-1793.

QUESTÕES

1. Identifique as afirmativas verdadeiras.
   a) Durante o Antigo Regime era grande o número de publicações impressas.
   b) Na França pré-revolucionária existia uma extensa rede de transmissão oral de informações.
   c) O aumento da circulação de materiais impressos após a queda da Bastilha revela o interesse de boa parte da população pelas mudanças em curso no país.
   d) A população francesa ficou indiferente aos acontecimentos do período revolucionário.

2. Reúna-se com um colega para responder às questões.
   a) Quais meios de comunicação vocês utilizam para obter notícias do Brasil e do mundo?
   b) Quais são as vantagens e as desvantagens dos diferentes veículos de comunicação da atualidade?

3. Nesta unidade selecionamos as atitudes **aplicar conhecimentos prévios a novas situações; pensar de maneira interdependente; questionar e levantar problemas**. Quais dessas atitudes você colocou em prática para refletir sobre as questões anteriores?

O triunfo de Marat, pintura de Louis-Léopold Boilly, 1794. Observe que, nesta pintura, além do líder Marat, o povo ganhou um grande protagonismo.

O NOVO PANORAMA NAS ARTES

Os artistas não ficaram indiferentes à revolução e aos novos tempos. Muitos deles se dedicaram a representar em suas obras episódios e os principais líderes da Revolução Francesa, como Robespierre, Marat e Danton.

As artes francesas também captaram as tensões e contradições do processo revolucionário. A luta das luzes contra as trevas, da esperança contra o medo, do presente diante do passado tornou-se tema constante.

A principal transformação artística trazida pela revolução, no entanto, foi a incorporação de um novo personagem: o povo, o coletivo. Rostos anônimos e grandes movimentos sociais passaram a ser representados lutando heroicamente ou festejando no espaço público.

SÍMBOLOS DA REVOLUÇÃO

A Revolução Francesa gerou inúmeros símbolos da força e do vigor da luta social. A tomada da Bastilha, o barrete frígio (espécie de gorro vermelho, símbolo da liberdade), a bandeira tricolor e a Marselhesa (que se tornou o hino nacional da França) foram as principais alegorias criadas pelos franceses em sua luta contra o Antigo Regime.

A revolução ainda produziu outros emblemas que expressavam a importância do pensamento racional para os revolucionários, como o metro e o quilograma, unidades de medida que compõem o **Sistema Internacional de Unidades (SI)**, adotado hoje na maioria dos países.

Dialogando com Arte

PARA LER

● **A Revolução Francesa passo a passo**
Autor: Gérard Dhotel
São Paulo: Claro Enigma, 2015

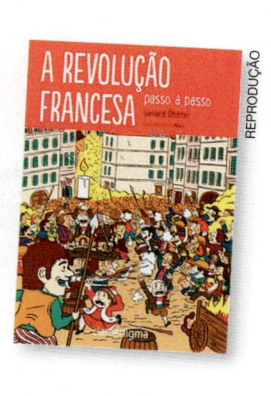

A obra narra, por meio dos principais filósofos iluministas, os acontecimentos que marcaram os dez anos de revolução na França. Destinado a jovens leitores, o livro permite compreender as disputas entre os grupos políticos, o papel da burguesia, a resistência da nobreza e as aspirações radicais dos *sans-culottes*.

88

DE OLHO NA IMAGEM

A ARTE DA REVOLUÇÃO

O pintor francês Jacques Réattu (1760-1833) buscou construir uma memória visual nacional a respeito da Revolução Francesa. Suas obras mesclavam mensagens políticas com símbolos da revolução e alegorias, revelando que o sonho e os ideiais revolucionários faziam parte do seu processo criativo, como você pode observar na pintura a seguir.

QUESTÕES

1. Quais símbolos da Revolução Francesa foram representados na pintura?
2. Que elementos da cena remetem à mitologia greco-romana?
3. Repare nos dois grupos de representantes do povo. Como cada um deles foi retratado?
4. Qual seria a função do gênio alado na cena? Relacione-o à ideia de liberdade defendida na Revolução Francesa.
5. A pintura busca construir uma imagem positiva ou negativa da Revolução Francesa? Por quê?

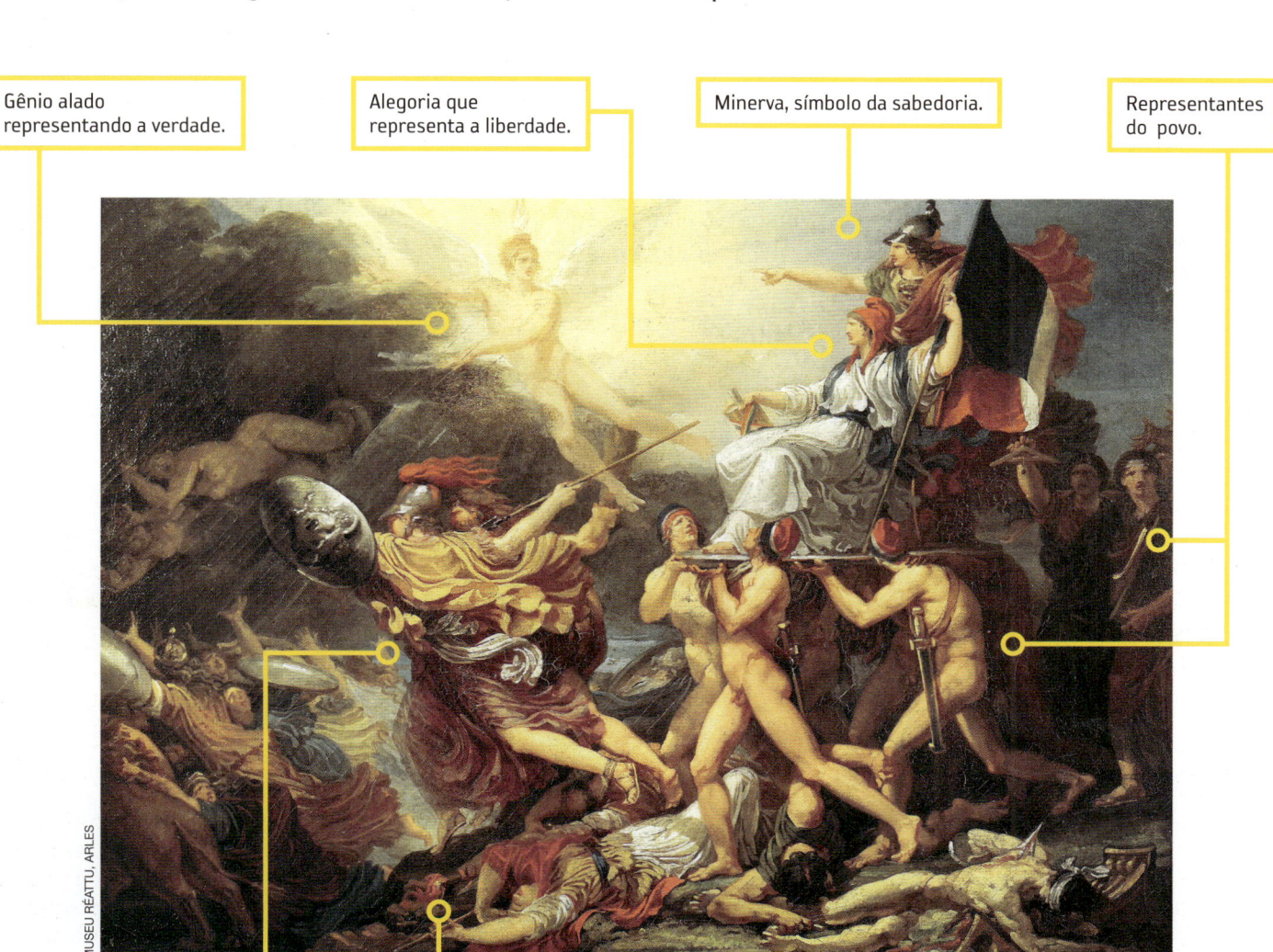

- Gênio alado representando a verdade.
- Alegoria que representa a liberdade.
- Minerva, símbolo da sabedoria.
- Representantes do povo.
- Marte e Hércules simbolizando a força do movimento revolucionário.
- Corpos representando a derrota da monarquia, do ateísmo e do fanatismo.

O triunfo da liberdade, pintura de Jacques Réattu, 1794.

A MAIOR HERANÇA

A bandeira, o hino e os ideais de liberdade, igualdade e fraternidade da Revolução Francesa converteram-se em princípios universais de muitos movimentos sociais da atualidade. Você sabe citar algum deles? Quais?

Na Europa Ocidental de hoje, por exemplo, ciganos, imigrantes do Leste Europeu, da África, dos países árabes e da América Latina enfrentam formas de discriminação e se organizam na luta por igualdade jurídica, liberdade, trabalho, alimentação e moradia dignas nos países onde escolheram viver.

Nos Estados Unidos e nos países da América Latina, afrodescendentes e indígenas reagem a séculos de dominação e marginalidade e levantam bandeiras semelhantes às que os franceses ergueram em 1789.

No mundo inteiro, mulheres, homossexuais, crianças, adolescentes e idosos enfrentam condições adversas, reagem diante dos privilégios de outros grupos e buscam seu espaço e seus direitos.

A Revolução Francesa não criou a luta por direitos. Mas a revolução, por sua intensidade, serviu de inspiração para outras lutas futuras.

ORGANIZAR O CONHECIMENTO

1. Ordene as frases formando um texto coerente.
   a) Após muita luta, elas conquistaram alguns direitos, como o divórcio.
   b) Entre suas reivindicações estavam a igualdade de direitos em relação aos homens.
   c) No entanto, continuaram impedidas de exercer cargos públicos e de participar das eleições.
   d) Durante a Revolução Francesa, as mulheres participaram ativamente dos debates e lutas políticas.

2. Cite dois impactos da Revolução Francesa:
   a) no vocabulário.
   b) nas artes.

Manifestantes protestam pelos direitos dos imigrantes. Roma, Itália, 16 de dezembro de 2017.

TEMA 4

A ERA NAPOLEÔNICA E A INDEPENDÊNCIA DO HAITI

Qual é a relação entre o governo de Napoleão e a independência do Haiti?

DESEJO DE ESTABILIDADE

O golpe de **18 de Brumário** iniciou o governo de Napoleão Bonaparte. Nesse período, o princípio iluminista de limitação dos poderes do governante foi abandonado. Napoleão censurou a imprensa e suprimiu as liberdades individuais e políticas dos franceses. Com um general no poder, a França não voltou a ser uma monarquia absolutista, mas os intensos debates políticos do período revolucionário ficaram para trás.

Em busca da conciliação nacional, Napoleão afirmava estar acima dos interesses particulares e prometia fazer da França a maior potência do mundo. As vitórias militares na África e o avanço das posições francesas na guerra europeia aumentavam o prestígio do novo líder e a confiança dos franceses em suas ações. Além disso, Napoleão prometia resgatar a segurança e a estabilidade política, social e financeira que haviam desaparecido nos anos da Revolução Francesa.

Na política econômica, as ideias liberais prevaleceram. Napoleão manteve boa parte das conquistas de 1789. Ele incentivou a prosperidade da burguesia, ao mesmo tempo que deu continuidade à reforma agrária iniciada pelos jacobinos.

As finanças do país foram recuperadas. Colaboraram para isso a fundação do Banco da França, a reorganização dos impostos, a construção de estradas e pontes e a melhoria dos serviços de correios e telégrafos.

O principal símbolo da nova ordem, porém, foi o **Código Civil Napoleônico**, criado em 1804. O código organizou e unificou as leis na França, regulamentou o direito à propriedade, garantiu, entre outros aspectos, a igualdade dos franceses perante a lei e confirmou o confisco das terras da nobreza de origem feudal.

Napoleão Bonaparte, primeiro cônsul, pintura de Baron Antoine Jean Gros, 1802.

A coroação do imperador Napoleão e a coroação da imperatriz Josefina, pintura de Jacques-Louis David, 1806-1807. O pintor David representou o imperador no centro da tela, no exato momento em que ele se prepara para se autocoroar.

O IMPÉRIO NAPOLEÔNICO

Napoleão enfrentava a oposição dos monarquistas ligados à família de Luís XVI que tentavam retornar ao trono. Para assegurar seu poder, ele convocou um plebiscito em agosto de 1802 e tornou-se **cônsul vitalício**. Dois anos depois, em nova votação, foi aclamado **imperador** dos franceses, sendo coroado no dia 2 de dezembro daquele ano.

Nas relações externas, o Império Napoleônico foi marcado por intensos conflitos. A reestruturação política e militar e a recuperação financeira da França preocupavam alguns países europeus. Em 1803, Inglaterra, Áustria, Prússia e Rússia uniram-se em coligação e declararam guerra à França.

Além de temer o expansionismo territorial francês, a maior parte desses países receava que os ideais iluministas da Revolução Francesa se espalhassem por toda a Europa. Esse temor tinha fundamento, uma vez que a luta contra o absolutismo mobilizava intelectuais e setores de classe média de quase todas as regiões da Europa, que viam na França um poderoso aliado.

A reação inglesa à França tinha outros motivos. Para a Inglaterra, a guerra era uma oportunidade de enfraquecer economicamente seu principal rival na disputa pelos mercados europeus e ultramarinos. Mais do que conquistas territoriais, os ingleses desejavam expandir seus mercados.

É BOM SABER

Reformas na educação

Napoleão reorganizou o ensino para promover a unidade nacional da França e disciplinar a população para os interesses do Estado. Entre outras iniciativas, ele criou liceus e escolas de artes e ofícios, instituiu a Universidade Imperial e incentivou o ensino humanístico e técnico-profissional.

O ensino primário ficou a cargo de religiosos, enquanto os cursos secundário e superior eram administrados pelo Estado.

ESTRATÉGIA CONTRA OS INGLESES

Durante as batalhas no continente europeu, o exército francês parecia imbatível. A maior dificuldade de Napoleão, porém, era atingir a Inglaterra, isolada pelo mar e protegida pela mais poderosa frota marítima do mundo.

Os navios franceses foram destruídos pelos ingleses na Batalha de Trafalgar. Napoleão voltou-se então para a Europa Central: atacou e derrotou a Prússia, ampliou seu domínio sobre a Península Itálica e isolou a Áustria.

Após derrotar as tropas russas e austríacas na Batalha de Austerlitz, em 1805, Napoleão reuniu dezesseis estados do antigo Sacro Império Romano Germânico na **Confederação do Reno**.

Em 1806, convencido de que a única forma de derrotar a Inglaterra era arruinando sua economia, Napoleão decretou o **Bloqueio Continental**. Os países da Europa ficaram proibidos de comercializar com os ingleses.

A TRAGÉDIA NA RÚSSIA

As guerras desgastaram o exército francês. Além disso, vários países da Europa dependiam do comércio com a Inglaterra e, por isso, rejeitaram o Bloqueio Continental. Portugal, por exemplo, tradicional aliado da Inglaterra, desrespeitou o decreto e foi invadido pela França em novembro de 1807.

No final de 1811, a Rússia também rompeu o bloqueio e, no verão de 1812, teve seu território invadido por Napoleão. Os franceses, a princípio, avançaram sem resistência. Porém, no caminho, encontraram pastos, casas e plantações destruídos, o que dificultou o abastecimento das tropas. Em setembro, os franceses conseguiram chegar a Moscou, mas encontraram a cidade incendiada.

O desastre foi total. Sem suprimentos, castigadas pelo frio e com o exército russo na retaguarda, as forças francesas foram aniquiladas.

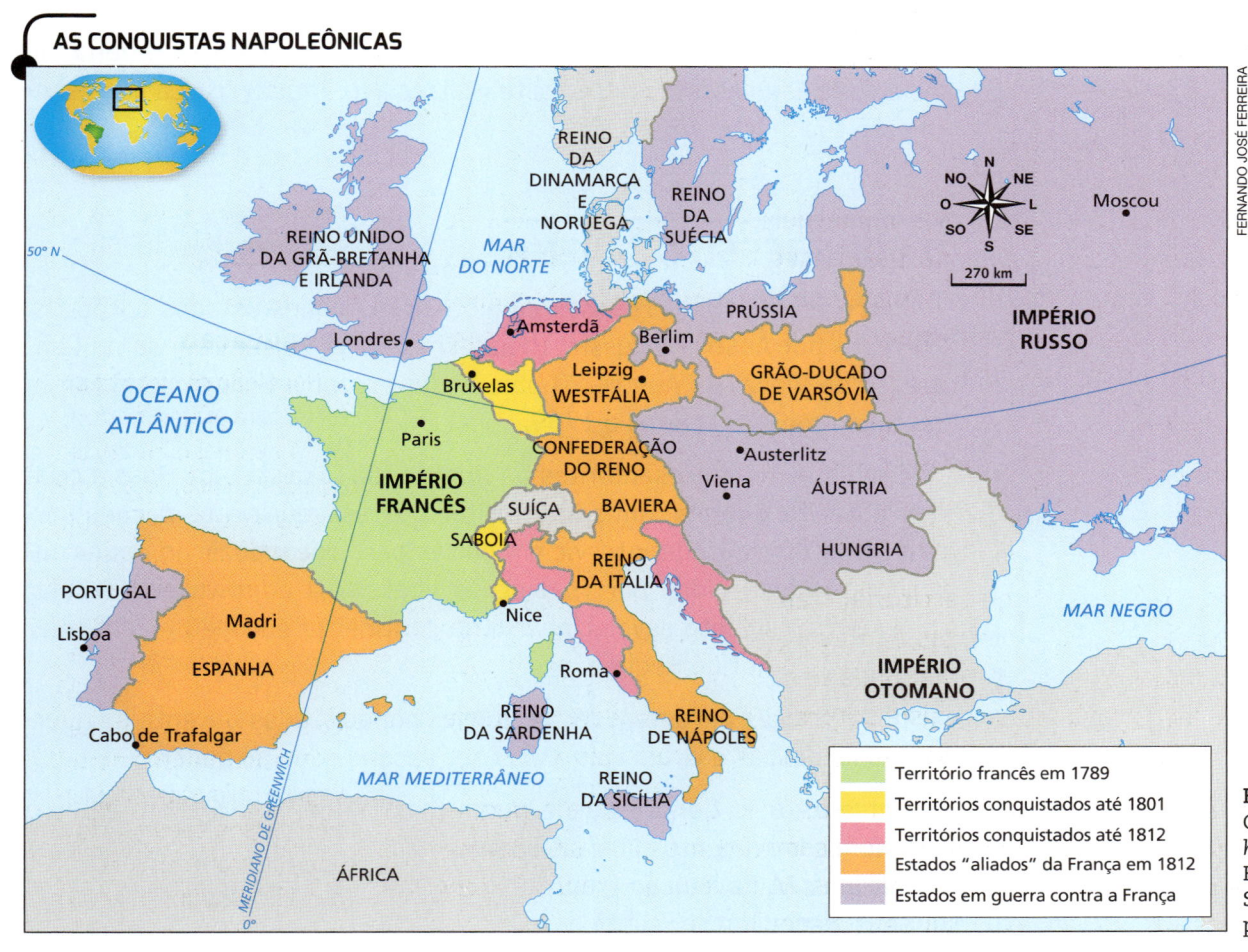

AS CONQUISTAS NAPOLEÔNICAS

- Território francês em 1789
- Territórios conquistados até 1801
- Territórios conquistados até 1812
- Estados "aliados" da França em 1812
- Estados em guerra contra a França

Fonte: VICENTINO, Cláudio. *Atlas histórico: geral e Brasil*. São Paulo: Scipione, 2011. p. 124.

O que ele era/O que ele é, charge do século XIX que ironiza o exílio de Napoleão na Ilha de Santa Helena.

Explore

1. A charge representa dois momentos diferentes na vida de Napoleão Bonaparte. Procure identificá-los.
2. Quais elementos da imagem representam cada um desses momentos?

O GOVERNO DOS CEM DIAS

Após o fracasso da campanha na Rússia, Napoleão perdeu apoio político dentro da França. Para agravar a situação, em março de 1814, Paris foi invadida por uma coligação formada por Áustria, Prússia e Rússia. Diante dessa situação, o imperador abdicou do trono e exilou-se na **Ilha de Elba**, no Mar Mediterrâneo.

Com Napoleão no exílio, o governo francês foi assumido por Luís XVIII, da dinastia Bourbon e irmão de Luís XVI. A maioria da população considerou o ato uma imposição dos países vencedores e um retrocesso em relação às conquistas obtidas durante a revolução.

Na Ilha de Elba, Napoleão recebia notícias da insatisfação dos franceses. Em 1815, ele fugiu do exílio e retornou a Paris, onde foi aclamado pela população e pelas tropas e retomou o poder. Porém, seu governo durou apenas cem dias. Em junho de 1815, Rússia, Áustria, Prússia e Inglaterra uniram-se novamente e derrotaram Napoleão Bonaparte na **Batalha de Waterloo**, na Bélgica.

Napoleão foi detido e encaminhado para a **Ilha de Santa Helena**, no meio do Oceano Atlântico, sob forte vigilância da Inglaterra. Lá permaneceu até sua morte, em 1821.

O CONGRESSO DE VIENA

Entre setembro de 1814 e junho de 1815, alguns Estados europeus, liderados por Áustria, Prússia, Inglaterra e Rússia, reuniram-se no Congresso de Viena, na Áustria. O objetivo era fazer a Europa retornar às configurações anteriores a 1789.

Em Viena, os representantes da Áustria, da Prússia e da Rússia criaram a **Santa Aliança**, um pacto militar que assegurava às nações participantes o direito de intervir em países para reconduzir ao poder governantes destituídos por revoluções liberais. O objetivo era debelar qualquer movimento revolucionário no continente europeu e reafirmar os valores do Antigo Regime.

Os franceses perderam os territórios conquistados durante as guerras napoleônicas e viram Luís XVIII ser reconduzido ao poder.

Entretanto, o Congresso de Viena mostrou-se incapaz de evitar a eclosão de movimentos liberais e nacionalistas na Europa e nas colônias americanas. A Revolução Francesa e a era napoleônica liberaram forças que já não podiam ser contidas.

HAITI: REBELIÃO ESCRAVA E INDEPENDÊNCIA

Você já deve ter ouvido falar do Haiti, não é mesmo? País mais pobre da América, em 2010 o Haiti foi atingido por um violento terremoto que causou a morte de cerca de 200 mil pessoas e deixou 1,5 milhão de desabrigados. Ali, dois séculos antes dessa tragédia, ocorreu a única rebelião organizada por africanos escravizados na América que resultou no fim da escravidão e no primeiro país fundado por ex-escravos fora da África. Vamos acompanhar como isso aconteceu?

Os espanhóis chegaram à **Ilha Hispaniola**, onde hoje estão Haiti e República Dominicana, em 1492. A Espanha, mais interessada em explorar a parte continental da América, em pouco tempo abandonou algumas regiões da ilha.

A posição geográfica de Hispaniola favorecia a navegação e o comércio entre a América e a Europa. Assim, a ilha tornou-se alvo da cobiça de outras nações europeias, como a França, que se apossou da parte ocidental de Hispaniola. Em 1697, a Espanha reconheceu a soberania francesa sobre aquela parte da ilha, onde foi fundada a colônia de **São Domingos**.

Instalados na colônia, os franceses desenvolveram o cultivo de café, anil, cacau, algodão e, sobretudo, cana para a produção de **açúcar**. Os africanos escravizados eram a principal mão de obra utilizada nas plantações.

Os povos indígenas da Ilha Hispaniola foram dizimados pelos colonizadores europeus, tanto por doenças quanto pela violência. Por essa razão, a população de São Domingos era basicamente composta de homens brancos (cerca de 30 mil) e, majoritariamente, de negros escravizados vindos da África (mais de 450 mil), além de alguns milhares de mulatos livres.

Dança dos nativos de São Domingos, gravura de Agostino Brunias, século XVIII.

Revolta de escravos na colônia francesa de São Domingos, representada em gravura do século XIX.

O LEVANTE DOS JACOBINOS NEGROS

Em 1791, durante o processo revolucionário na França, a Assembleia Constituinte do país aprovou a igualdade de direitos para toda a população de São Domingos, mas manteve a escravidão. No mesmo ano, diante das péssimas condições de vida a que estavam submetidos, os africanos escravizados do norte da colônia iniciaram uma rebelião. Eles abandonaram as plantações, atearam fogo nos canaviais, destruíram engenhos e executaram proprietários brancos.

Quando o governo jacobino aboliu a escravidão nas colônias francesas, no período do Terror, o clima revolucionário se disseminou por São Domingos. Em pouco tempo, a rebelião espalhou-se para o restante da colônia defendendo os ideais revolucionários de liberdade, igualdade e direito à propriedade.

Três anos após o início dos levantes, um ex-excravo aderiu ao movimento: **François-Dominique Toussaint L'Ouverture**. Ele assumiu a liderança das revoltas e organizou um exército disciplinado de combatentes.

Em 1801, porém, Napoleão Bonaparte decidiu intervir na ilha e restabelecer a escravidão. Cerca de 25 mil soldados foram enviados à região. Após diversos conflitos, Toussaint foi capturado e levado à França, onde morreu na prisão em abril de 1803. Apesar da morte de Toussaint, a resistência na ilha continuou.

Liderados agora pelo ex-escravo **Jean-Jacques Dessalines**, os escravos prosseguiram os combates e conseguiram expulsar o exército francês da região. Em 31 de dezembro de 1803, a Declaração de Independência do novo país foi aprovada e a colônia de São Domingos foi proclamada independente, recebendo o nome de **Haiti**. Dessalines tornou-se o primeiro chefe de Estado do país, sendo coroado imperador em outubro de 1804.

A luta pela independência do Haiti difundiu nas elites escravistas de toda a América o temor de uma revolta escrava com as mesmas características, radical e revolucionária.

Religiosidade e revolução no Haiti

O vídeo aborda a influência cultural e religiosa do culto vodu na união dos escravos durante o processo de independência do Haiti. Disponível em <http://mod.lk/nny0r>.

INSTABILIDADE E ISOLAMENTO

Após a conquista da independência, o Haiti reorientou seu sistema produtivo. O foco deixou de ser o abastecimento do mercado externo para se aproximar da economia de subsistência. Mas a nova realidade do país não lhe garantiu estabilidade econômica nem política.

Para obter reconhecimento da independência de sua antiga metrópole, o Haiti assumiu uma dívida indenizatória que custou sua dependência econômica. No plano político, os mulatos, fortalecidos economicamente, assumiram o controle do país e relegaram aos negros os trabalhos na lavoura, o que aumentou o ressentimento entre os dois grupos.

Além disso, no plano internacional, o Haiti sofreu com o isolamento político. Para as elites coloniais latino-americanas, a luta dos escravos que resultou na independência haitiana representava uma ameaça e um exemplo a ser combatido.

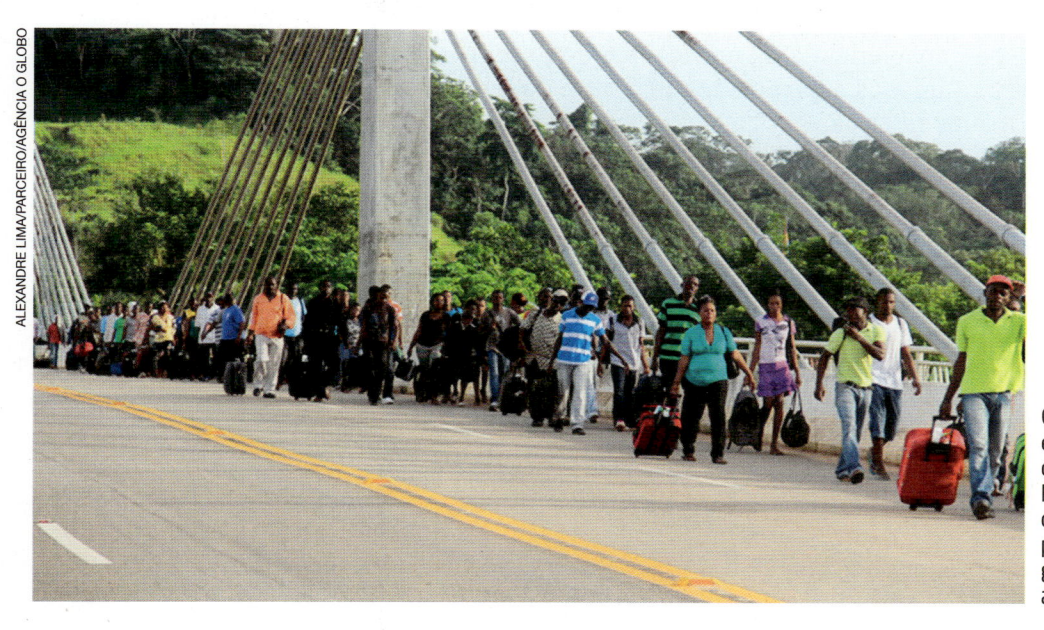

Grupo de imigrantes haitianos tenta entrar no Brasil pelo município de Assis, no Acre, em 2016. Problemas como extrema pobreza, desemprego e violência, agravados pelo terremoto de 2010, têm levado grande número de haitianos a deixar o país.

ORGANIZAR O CONHECIMENTO

1. Elimine do quadro a expressão que não faz parte do grupo e a substitua por outra que faça sentido.

   Banco da França   reorganização do ensino   Santa Aliança
   Bloqueio Continental   reestabelecimento da escravidão colonial

2. Sobre a independência do Haiti, escreva verdadeiro (**V**) ou falso (**F**).
   a) (   ) Antes da independência, o Haiti era colônia francesa.
   b) (   ) Os ideais revolucionários e a abolição da escravidão nas colônias francesas favoreceram a disseminação das lutas de independência.
   c) (   ) As lutas de independência foram comandadas por uma aliança entre a elite colonial e líderes escravos.
   d) (   ) Após a independência, o Haiti se transformou em um exemplo de sucesso para as elites coloniais latino-americanas.

ATIVIDADES

APLICAR

1. Leia alguns itens do artigo 5º da Constituição brasileira, promulgada em 5 de outubro de 1988, para responder às questões 1 e 4.

    "Art. 5º Todos são iguais perante a lei, sem distinção de qualquer natureza, garantindo-se aos brasileiros e aos estrangeiros residentes no país a inviolabilidade do direito à vida, à liberdade, à igualdade, à segurança e à propriedade, nos termos seguintes:

    I - homens e mulheres são iguais em direitos e obrigações, nos termos desta Constituição; [...]

    III - ninguém será submetido a tortura nem a tratamento desumano ou degradante; [...]

    VI - é inviolável a liberdade de consciência e de crença, sendo assegurado o livre exercício dos cultos religiosos e garantida, na forma da lei, a proteção aos locais de culto e a suas liturgias [...]."

    Constituição da República Federativa do Brasil de 1988.
Disponível em <http://mod.lk/bdjh0>. Acesso em 2 ago. 2018.

    a) Identifique os direitos individuais estabelecidos pela Constituição de 1988.

    b) Você consegue identificar nesses artigos a presença dos ideais consagrados pela Revolução Francesa? Quais?

2. Responda às seguintes questões sobre a era napoleônica.

    a) Napoleão Bonaparte continuou ou encerrou os ideais da Revolução Francesa? Justifique.

    b) O que foi o Bloqueio Continental? Qual grupo social da França foi mais favorecido por ele? Por quê?

    c) Como a política externa de Napoleão o conduziu à derrota?

3. Napoleão Bonaparte, preocupado com sua imagem pública, encomendou diversas pinturas para enaltecer sua figura. A pintura ao lado foi feita por Jacques-Louis David, pintor oficial da corte francesa e de Napoleão.

    a) Que imagem de Napoleão o artista criou? Justifique sua resposta com elementos da pintura.

    b) A pintura de David é um retrato da realidade? Por quê? Que efeito você imagina que o artista pretendeu criar no observador?

4. Assinale a afirmativa incorreta sobre a relação entre o artigo da Constituição brasileira citado na questão 1 e o movimento revolucionário francês.

    a) A Constituição brasileira é um exemplo da capacidade de expansão e de sobrevivência dos ideais da Revolução Francesa no mundo.

Napoleão sobre o cavalo na passagem de São Bernardo, pintura de Jacques-Louis David, 1801.

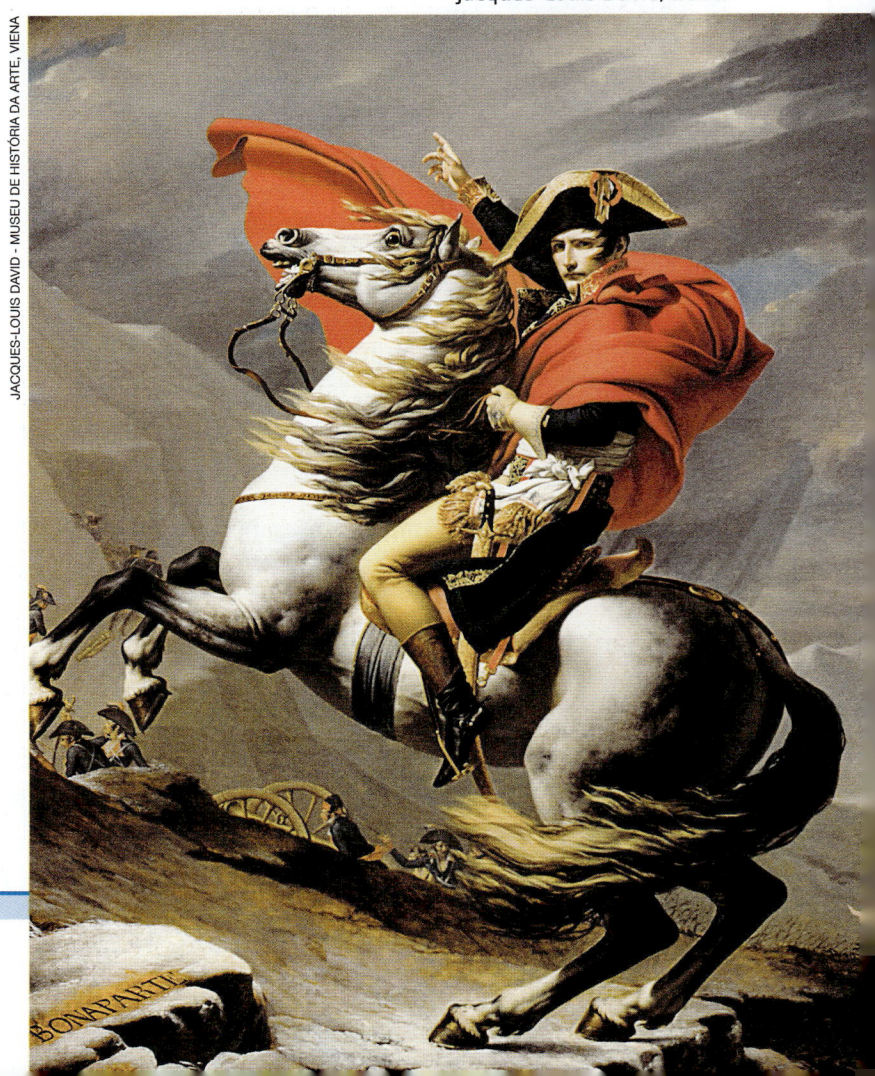

b) A proteção à propriedade, presente na lei brasileira de hoje e na Constituição francesa de 1791, é uma das bases da sociedade capitalista.

c) A igualdade entre homens e mulheres, defendida pelas revolucionárias francesas e estabelecida na Constituição brasileira, é um princípio plenamente assegurado nos dois países.

d) O princípio da liberdade religiosa está presente na Declaração dos Direitos do Homem e do Cidadão, de 1789, e na Constituição brasileira.

5. Redija um texto explicando os objetivos do Congresso de Viena e o impacto de suas decisões para a França.

6. Construa, em seu caderno, um organograma que sintetize as principais realizações do governo de Napoleão Bonaparte nos campos político-militar, jurídico e econômico-social.

7. Explique a originalidade das lutas que levaram à independência do Haiti.

8. Leia o texto para responder às questões.

"Os ex-escravos [...] viram-se definitivamente livres do trabalho compulsório nas plantações de cana e nos engenhos de açúcar. Sob as presidências de Pétion e Boyer, passaram a se dedicar à tradição herdada da África, ou seja, à agricultura de subsistência. O Haiti saiu do mercado mundial do açúcar e eliminou a possibilidade de progredir em direção a um nível econômico superior. De colônia mais produtiva das Américas passou a país independente pauperizado e fora de um intercâmbio favorável na economia internacional. [...]"

GORENDER, Jacob.
O épico e o trágico na história do Haiti.
Estudos avançados. São Paulo, jan./abr. 2004.
Disponível em <http://mod.lk/a6xpg>.
Acesso em 12 jun. 2018.

a) O texto aborda uma mudança fundamental na economia do Haiti após a independência. Que mudança foi essa?

b) É possível afirmar que essa mudança melhorou o cenário econômico do país? Justifique.

c) Cite outros fatores que levaram o Haiti à situação econômica descrita no texto.

RETOMAR

9. Responda às questões-chave da abertura dos temas 3 e 4.

   a) As transformações decorrentes da revolução de 1789 ficaram restritas à França?

   b) Qual é a relação entre o governo de Napoleão e a independência do Haiti?

Mais questões no livro digital

AUTOAVALIAÇÃO

CONTEÚDOS

1. Ao final dos estudos propostos nesta unidade, como você avalia seu aprendizado? Consulte o livro e suas anotações pessoais sobre os quatro temas estudados para responder às seguintes questões.

   a) Quais conteúdos e/ou atividades considerei mais difíceis? Por quê?

   b) Quais conteúdos e/ou atividades considerei mais fáceis? Por quê?

   c) O que posso fazer para melhorar meu aprendizado?

ATITUDES

2. Marque com um **X** as situações que você experimentou durante o estudo desta unidade.

   a) (   ) Constatei que existem conexões entre alguns temas estudados nesta unidade e situações da atualidade, e sou capaz de dar exemplos.

   b) (   ) Compreendi os motivos do levante de escravos no Haiti e refleti sobre o impacto desse acontecimento em outras regiões da América.

   c) (   ) Participei dos debates com perguntas e aproveitei as explicações do professor e dos colegas.

3. Associe cada uma das frases acima às atitudes priorizadas nesta unidade.

   a) (   ) Questionar e levantar problemas.

   b) (   ) Aplicar conhecimentos prévios a novas situações.

   c) (   ) Pensar de maneira interdependente.

COMPREENDER UM TEXTO

Você sabia que muitas mulheres participaram ativamente da Revolução Francesa? Algumas, inclusive, chegaram a se alistar voluntariamente no exército e a vestir-se de homem para lutar na guerra contra a Áustria e a Prússia. Porém, isso não significou a conquista de direitos.

Ilustração atual representando mulheres francesas em direção ao Palácio de Versalhes, em 1789.

As mulheres-soldados

"'Não fiz a guerra como mulher, fiz a guerra como um bravo!', declarou Marie-Henriette Xaintrailles em cartas ao imperador Napoleão Bonaparte [...]. Indignada por lhe recusarem pensão de ex-combatente do exército 'porque era mulher', ela lembrou que, quando fez sete campanhas do [Rio] Reno como ajudante de campo, o que importava era o cumprimento do dever, e não o sexo de quem o desempenhava. [...] quando a França declarou guerra à Áustria, voluntárias se alistaram no exército para lutar ao lado dos homens contra as forças da coalizão austro-prussiana que ameaçava invadir o país.

Não se conhece o número exato de mulheres-soldados durante o período revolucionário francês (1789-1799) [...]. Quase todas vinham de meios sociais modestos. Eram filhas de camponeses e artesãos [...]. A maioria era muito jovem, como Ana Quatro-vinténs, que se alistou aos 13 anos, e aos 16 servia na artilharia montada. [...]

O discurso da defesa dos homens livres contra os tiranos da Europa atraiu as cidadãs mais destemidas, que aliavam o sentimento patriótico ao gosto pela aventura. Era uma forma de integração oficiosa à cidadania. Reine Chapuy, de 17 anos, declarou que se alistara pelo desejo ardente de combater os tiranos e compartilhar da glória de fulminá-los. Outras foram à guerra para acompanhar os maridos, amantes e irmãos, e acabaram lutando ao lado deles, unindo o sacrifício pela pátria ao devotamento conjugal e familiar. [...]

Muitas das guerreiras protagonizaram episódios de coragem incomum, como Marie-Angélique Duchemin-Brulon (1772-1859). Sargento do 42º regimento de Infantaria na Córsega, salvou o Forte Gesco sitiado pelos inimigos conseguindo um suprimento de pólvora no meio da noite, em maio de 1794.

[...] Chamam atenção as descrições sempre exaltadas dos feitos marciais das soldadas. A impressão é que elas foram mitificadas para figurar no panteão dos exemplos patrióticos de que a revolução tanto precisava no dramático ano II – no calendário revolucionário, setembro de 1793 a setembro de 1794. Nesse período marcado pela radicalização política do Terror, a nação também enfrentava a guerra externa, guerra civil, inflação, penúria e revoltas urbanas. O exemplo das guerreiras podia inspirar os cidadãos."

MORIN, Tania Machado. Revolução Francesa e feminina. *Revista de História da Biblioteca Nacional*, n. 63, 8 dez. 2010. p. 36-39.

Oficioso: nesse caso, que não tem caráter oficial.

ATIVIDADES

EXPLORAR O TEXTO

1. O objetivo central do texto é:
   a) demonstrar que os homens negaram a cidadania às mulheres-soldados após a Revolução Francesa.
   b) destacar que inúmeras mulheres combateram no exército francês durante a Revolução Francesa.
   c) evidenciar que a coragem das mulheres-soldados foi fundamental para o sucesso da Revolução Francesa.
   d) enfatizar que a maior parte das mulheres-soldados eram provenientes das camadas humildes da população francesa.

2. Extraia do texto três razões para que muitas mulheres decidissem combater como soldados durante a Revolução Francesa.

3. Um dos aspectos interessantes do estudo da Revolução Francesa é a forma pela qual seus participantes são lembrados.
   a) Segundo a autora, de que maneira as mulheres-soldados foram lembradas pelas pessoas que conviveram com elas?
   b) O texto demonstra que essa memória não foi suficiente para promover a igualdade entre homens e mulheres. Explique.

RELACIONAR

4. No segundo tema desta unidade, você estudou que o governo revolucionário francês enfrentava também inimigos externos. Quem eram esses inimigos? Que relação há entre esse texto e a guerra contra o perigo externo?

5. Em muitos países do mundo, incluindo o Brasil, as mulheres são cidadãs plenas, ou seja, são consideradas iguais aos homens, e seus direitos estão assegurados pela legislação. Algumas leis, contudo, foram criadas exclusivamente para proteger as mulheres. Você saberia mencionar algumas delas? Que outras leis ainda precisariam ser criadas para assegurar a igualdade efetiva entre homens e mulheres?

REVISANDO

A França do Antigo Regime

1. Na França do Antigo Regime, o primeiro e o segundo estado possuíam **privilégios**, enquanto o terceiro estado arcava com a maior parte dos **impostos**.
2. A grave **crise econômico-financeira** da França levou o rei Luís XVI a convocar os **Estados Gerais**.
3. As pressões do terceiro estado levaram o rei a transformar a assembleia em **Assembleia Nacional Constituinte**.

A Revolução Francesa

1. A **tomada da Bastilha** pela população de Paris foi adotada como **marco inicial da Revolução Francesa**.
2. Após a prisão do rei (1792), a **república** foi proclamada na França, representada pela **Convenção Nacional**.
3. O **governo jacobino** (1793-1794) perseguiu os adversários políticos (**Terror**) e criou uma **legislação** de apoio às **camadas mais pobres**.
4. O **golpe do 9 de Termidor** marcou o retorno dos **girondinos** e da grande **burguesia** ao poder.
5. O **golpe do 18 de Brumário** (1799) pôs fim à revolução na França e **iniciou a era napoleônica**.

Impactos da revolução

1. O movimento revolucionário **transformou a sociedade francesa**, tendo impacto no vocabulário, nas artes e no cotidiano da população.
2. As **mulheres participaram ativamente do processo revolucionário**, mas não conseguiram conquistar direitos políticos.
3. O direito à **liberdade**, à **igualdade**, à **propriedade** e à **resistência à opressão**, princípios propagados durante a Revolução Francesa, **espalharam-se** por todo o Ocidente, fazendo-se **presentes até hoje**.

Napoleão e a independência do Haiti

1. **Napoleão Bonaparte**, mesmo governando de forma autoritária, deu continuidade às medidas adotadas durante a revolução, como o **fim dos privilégios** aristocráticos e a **reforma agrária**.
2. A **política externa** de Napoleão, marcada pelo expansionismo, originou várias **guerras** na Europa.
3. Com o objetivo de **arruinar a economia britânica**, Napoleão decretou o **Bloqueio Continental**.
4. O **Congresso de Viena** (1814-1815) reestabeleceu as fronteiras francesas e **restaurou a monarquia** na França.
5. As lutas de independência do **Haiti** foram protagonizadas por **escravos**, que conseguiram conquistar a liberdade e fundar um novo país na América.

Trilha de estudo

Vai estudar? Nosso assistente virtual no *app* pode ajudar! <http://mod.lk/trilhas>

PARA ASSISTIR

- **Maria Antonieta**
  Direção: Sofia Coppola
  País: França/Japão/Estados Unidos
  Ano: 2006
  Duração: 123 min

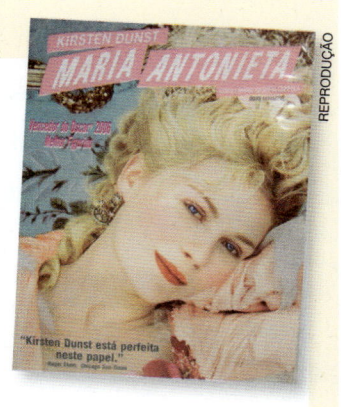

Sinopse

O filme narra a história de Maria Antonieta, rainha da França e esposa do rei Luís XVI. A obra mostra a vida da rainha no ambiente familiar e na corte francesa, procurando dar um ar jovem e atual à história.

O filme e esta unidade

1. Como a rainha é representada no filme? Ela parece ter consciência das dificuldades enfrentadas pelo povo francês?
2. Uma das cenas apresenta um quadro de Maria Antonieta com algumas frases escritas sobre ele. Relacione essas frases ao contexto que antecedeu a revolução.

UNIDADE 4
A INDEPENDÊNCIA DOS ESTADOS UNIDOS E DAS COLÔNIAS ESPANHOLAS

LIBERDADE PARA TODOS?

Por mais de trezentos anos, o continente americano foi dominado e explorado por nações europeias. Com a Revolução Americana, em 1776, esses laços começaram a ser rompidos. A independência dos Estados Unidos inspirou os colonos da América espanhola, que também romperam com a metrópole.

Ao conquistar a independência, os Estados Unidos adotaram os princípios liberais na organização do novo país. No entanto, o liberalismo não pôs fim à escravidão, afinal, os lucros com a produção de algodão e tabaco dependiam do braço de milhares de africanos escravizados.

Negros escravizados trabalham em plantação de algodão no sul dos Estados Unidos, ilustração de 1864.

COMEÇANDO A UNIDADE

1. Considerando o que você já aprendeu sobre as ideias liberais e iluministas, elabore uma hipótese para explicar a boa recepção dessa filosofia entre os colonos ingleses da América do Norte.

2. Observe a imagem e leia a legenda. Descreva a cena representada. Você notou contradições em relação aos princípios que nortearam a independência dos Estados Unidos e a organização do novo país?

ATITUDES PARA A VIDA

- Escutar os outros com atenção e empatia.
- Controlar a impulsividade.
- Assumir riscos com responsabilidade.

TEMA 1

AS IDEIAS ILUMINISTAS CRUZAM O ATLÂNTICO

Quais foram os principais veículos de difusão do iluminismo na América?

O ILUMINISMO NA AMÉRICA

No período compreendido entre o final do século XVII e meados do XIX, a filosofia iluminista inspirou revoluções na Europa e na América. Nos dois continentes, as revoluções voltaram-se contra as bases do Antigo Regime: na Europa, contra o absolutismo monárquico e os privilégios aristocráticos; na América, contra a dominação colonial mercantilista.

A realidade colonial, contudo, não era homogênea. Os diferentes interesses entre as camadas sociais que habitavam as treze colônias inglesas e as colônias espanholas ajudam a explicar por que as ideias iluministas foram interpretadas e aplicadas de maneiras distintas nos Estados independentes que nasceriam na América.

O ILUMINISMO NAS TREZE COLÔNIAS

Os primeiros colonos ingleses chegaram à América do Norte em 1620. A maior parte deles era formada de **puritanos**, protestantes calvinistas que fugiam das perseguições políticas e religiosas na Inglaterra e sonhavam recriar na América o modo de vida que tinham na terra natal.

Sala de leitura da Biblioteca do Congresso dos Estados Unidos, fundada em 1800. Washington D.C., foto de 2015. Essa é a segunda maior biblioteca do mundo, com mais de 160 milhões de livros.

Os puritanos fundaram a colônia de Massachusetts. No rastro deles, vieram depois outros grupos protestantes, como presbiterianos, anglicanos e luteranos, além de novas levas de puritanos.

Nas treze colônias, principalmente nas do norte e do centro, o princípio protestante de que todo fiel deveria ser capaz de ler e interpretar o texto bíblico atuou como um grande incentivo à educação formal.

Assim, entre os séculos XVII e XVIII, além das muitas escolas comunitárias, colonos protestantes fundaram as universidades de Harvard, William & Mary, Yale e Princeton. No século XVIII, essas universidades foram um dos principais centros de divulgação das ideias iluministas.

OS *QUAKERS*

Outro grupo religioso muito influente nas treze colônias foram os *quakers*. O grupo surgiu no interior da Igreja Anglicana na metade do século XVII. Eles se autodenominavam Sociedade dos Amigos e tinham uma noção de liberdade e de igualdade completamente radical. Dispostos a resgatar a simplicidade das primeiras comunidades cristãs, os *quakers* defendiam o pacifismo, a igualdade de todos perante Deus e a liberdade política e religiosa. Por serem contra qualquer distinção entre o seres humanos, não admitiam a hierarquia clerical nem a escravidão. Hostilizados na Inglaterra por suas ideias libertárias e por seu ativismo social, os *quakers* migraram para a América.

Sob a liderança de William Penn, os *quakers* fundaram a colônia da Pensilvânia, em 1682, que recebeu o nome do fundador. A capital, Filadélfia, tornou-se um importante centro intelectual de difusão das ideias liberais. No final do século XVIII, com mais de 40 mil habitantes, era a cidade mais populosa das treze colônias, com a menor taxa de analfabetismo e o maior mercado de livros da América inglesa.

Estátua da Liberdade, esculpida por Frédéric Auguste Bartholdi e Gustave Eiffel e inaugurada em 1886. Ilha de Manhattan, Nova York, em foto de 2017. O monumento à liberdade foi um presente da França aos Estados Unidos no aniversário de cem anos da Revolução Americana. Ele simboliza a presença do iluminismo na independência dos Estados Unidos e a boa amizade entre as duas nações.

Explore

- Você consegue identificar o que William Penn oferece aos indígenas? Formule uma hipótese para explicar os interesses dos colonizadores nessa negociação.

William Penn negociando com os índios, pintura que representa o encontro entre o líder *quaker* e indígenas meses após a fundação da colônia da Pensilvânia. Pintura do século XVIII.

105

AS LUZES NA AMÉRICA ESPANHOLA

Diferentemente das treze colônias inglesas, as colônias espanholas na América foram administradas por representantes da Coroa espanhola, em aliança com a Igreja Católica. As perseguições promovidas pela Igreja contra os divulgadores das ideias iluministas foram frequentes. Ao mesmo tempo, os membros da Igreja buscavam justificar a ordem colonial, inclusive legitimando a escravidão. Mesmo nesse ambiente de censura e opressão, as ideias liberais se espalharam pela América espanhola.

As universidades de São Marcos (Peru), de Chuquisaca (Bolívia) e de Córdoba (Argentina) foram importantes centros de difusão das novas ideias políticas. Entre os livros de autores iluministas, o que mais influenciou os pensadores da América espanhola foi *A história das duas Índias*, escrito pelo filósofo e ex-jesuíta Abade Raynal. Além de condenar a colonização europeia na América, Raynal defendeu o direito dos povos americanos à liberdade. Para ele, existem três tipos de liberdade: liberdade **natural**, que é um direito do homem; liberdade **civil**, um direito do cidadão; e liberdade **política**, um direito dos povos.

Entre os intelectuais hispano-americanos que se dedicaram à interpretação e à difusão das ideias iluministas, destacamos o jornalista e político Mariano Moreno (1778-1811). Moreno participou ativamente do processo de emancipação da Argentina, tendo combatido tanto nos campos de batalha como no campo das ideias.

ORGANIZAR O CONHECIMENTO

1. Relacione cada frase com um número.
   a) Importante centro de difusão das ideias iluministas na América.
   b) Corrente do protestantismo inglês mais antiga nas treze colônias.
   c) Grupo religioso que esteve presente na fundação da cidade da Filadélfia.
   d) Autor e obra muito difundidos na América espanhola.
   e) Movimento religioso na Europa que deu origem ao grupo dos puritanos e dos *quakers*.

   1. (   ) *Quakers*.
   2. (   ) Puritanos.
   3. (   ) Abade Raynal e *A história das duas Índias*.
   4. (   ) Reforma Protestante.
   5. (   ) Universidades.

2. Como as ideias iluministas foram difundidas nas treze colônias e na América espanhola?

Casarão e pátio interno da Universidade San Francisco Xavier de Chuquisaca, em Sucre, Bolívia. Foto de 2015. Fundada em 1624, é a segunda universidade mais antiga da América. No século XVIII, foi um dos principais centros de difusão das ideias iluministas na América espanhola.

TEMA 2

AS TREZE COLÔNIAS ROMPEM COM A METRÓPOLE

O que motivou a luta pela independência das treze colônias inglesas?

UMA NAÇÃO CONSTRUÍDA POR IMIGRANTES

Os imigrantes estão presentes na história dos Estados Unidos desde a sua origem. O primeiro grupo foi o de puritanos ingleses, que chegaram à América em 1620 e ficaram conhecidos como "pais peregrinos". Depois deles, além de novos grupos de ingleses, vieram também holandeses, suecos, alemães, irlandeses e franceses, formando as treze colônias da América do Norte.

Ainda no século XVII, foram levados para a região os primeiros africanos escravizados, mão de obra que sustentaria a agricultura sulista antes e depois da independência. No século XIX, uma nova onda migratória, incentivada pelo governo estadunidense, levou ao país alemães, italianos, irlandeses, chineses, latino-americanos, árabes, entre outros povos. Portanto, ficou evidente que os Estados Unidos foram construídos por pessoas de diferentes origens, línguas e tradições culturais.

O incentivo à imigração por parte do governo dos Estados Unidos, contudo, faz parte do passado. Na última década, uma nova política migratória está sendo aplicada com o objetivo de reduzir a entrada de novos imigrantes. Principalmente latino-americanos e pessoas oriundas de países muçulmanos têm sofrido com medidas de controle da imigração que incluem perseguição, prisão e expulsão do território estadunidense.

Manifestantes protestam diante do tribunal do condado de Milwaukee, no estado de Wisconsin, contra a política do presidente Donald Trump para a imigração. Estados Unidos, 13 de fevereiro de 2017.

Na presidência de Donald Trump, eleito em 2016, a política anti-imigratória tornou-se mais rigorosa. Os alvos principais são os imigrantes em situação ilegal, que vêm sendo perseguidos pela Polícia de Costumes e Imigração. A situação chegou ao extremo em junho de 2018, quando os agentes começaram a separar pais e filhos menores de idade que entram ilegalmente no país na fronteira entre os Estados Unidos e o México.

PRISÕES REALIZADAS PELA POLÍCIA DE COSTUMES E IMIGRAÇÃO (2010-2017)

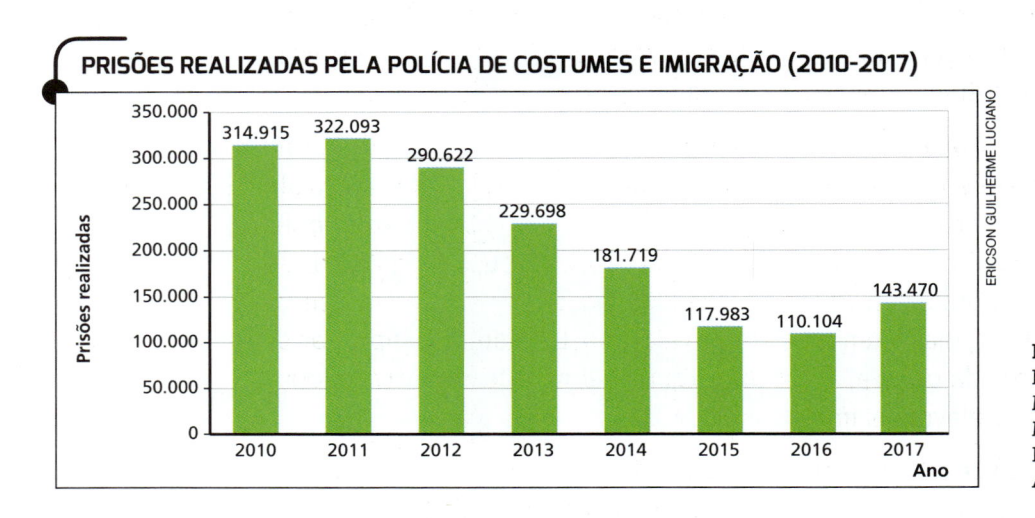

- 2010: 314.915
- 2011: 322.093
- 2012: 290.622
- 2013: 229.698
- 2014: 181.719
- 2015: 117.983
- 2016: 110.104
- 2017: 143.470

Fonte: U.S. Immigration and Customs Enforcement (ICE). *Fiscal year 2017 ICE Enforcement and Removal Operations Report*, 13 dez. 2017, p. 2-3. Disponível em <http://mod.lk/lpwh1>. Acesso em 25 maio 2018.

AS TREZE COLÔNIAS INGLESAS

Você estudou, no 7º ano, a formação das treze colônias inglesas da América do Norte, entre os séculos XVII e XVIII. As colônias do norte e do centro, com clima temperado, desenvolveram a agricultura familiar, o comércio de peles e madeira e a construção naval. Chamadas em conjunto de **Nova Inglaterra**, essas colônias participaram ativamente do comércio de escravizados entre a África e a América. Os lucros obtidos nesse comércio permitiram formar um poderoso grupo mercantil, com interesses que entrariam em choque com o mercantilismo inglês.

As colônias do sul, com clima subtropical, especializaram-se no cultivo de produtos agrícolas destinados ao mercado europeu, principalmente tabaco e algodão. Os produtos eram cultivados em grandes propriedades agrícolas, em que predominava o trabalho de escravos africanos. Era a chamada **economia de *plantation***, sistema também adotado no Nordeste açucareiro do Brasil colonial.

Apesar das diferenças de organização social e econômica, as treze colônias tinham características em comum: o predomínio do protestantismo, a ausência de um comando político central entre elas e a relativa autonomia que tinham em relação à metrópole inglesa. Por exemplo, as Leis de Comércio e Navegação, aprovadas pelo Parlamento britânico em 1651, previam a exclusividade do comércio colonial com a metrópole, mas essas leis, na prática, não foram cumpridas.

Fonte: *Atlas histórico escolar*. 8. ed. Rio de Janeiro: FAE, 1991. p. 54.

\# **Dialogando com Geografia**

AS TREZE COLÔNIAS INGLESAS (1750)

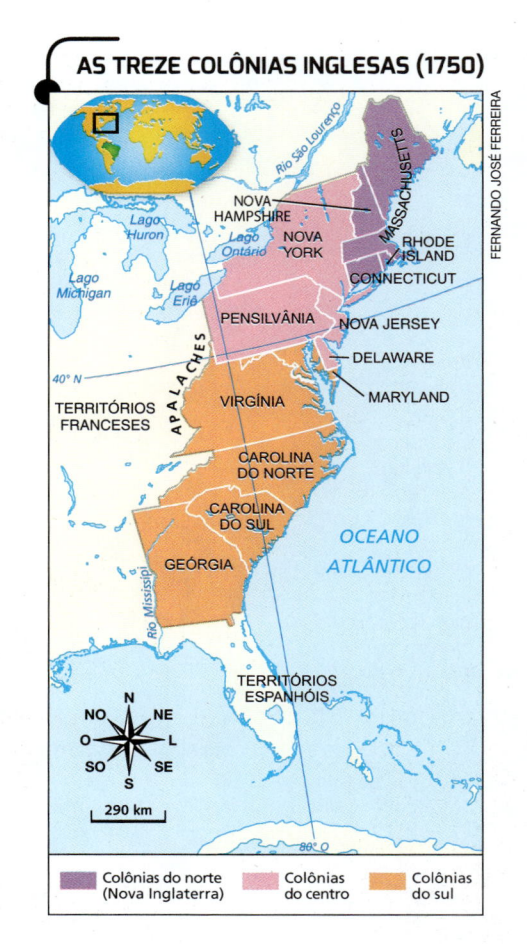

Colônias do norte (Nova Inglaterra): Nova Hampshire, Massachusetts, Rhode Island, Connecticut
Colônias do centro: Nova York, Pensilvânia, Nova Jersey, Delaware, Maryland
Colônias do sul: Virgínia, Carolina do Norte, Carolina do Sul, Geórgia

MUDANÇAS NO MERCANTILISMO BRITÂNICO

Beneficiadas por uma história de relativa independência, as treze colônias, em meados do século XVIII, tinham uma promissora produção manufatureira, centros urbanos em expansão e uma burguesia enriquecida com o comércio atlântico. Os colonos se identificavam como súditos da Coroa britânica e não pensavam na independência. Porém, as transformações resultantes das Revoluções Inglesas e da Revolução Industrial tornaram difícil conciliar os interesses da metrópole britânica com os da elite que se formava nas colônias.

A divergência de interesses entre colônias e metrópole ficou evidente na **Guerra dos Sete Anos** (1756-1763). A origem dessa guerra estava na rivalidade comercial entre França e Inglaterra, que disputavam o comércio colonial na América do Norte. A causa imediata do conflito foi a disputa por áreas indígenas no Vale do Rio Ohio, importantes para a navegação fluvial. A Inglaterra derrotou os franceses, mas a um custo muito elevado. Buscando compensar os prejuízos financeiros da guerra, a Coroa britânica aumentou o controle sobre o comércio colonial e elevou os impostos.

Outras duas decisões foram importantes nesse contexto: em primeiro lugar, a Coroa britânica passou a manter um exército permanente nas colônias, ao custo de 400 mil libras por ano; e, a partir de 1763, os colonos foram proibidos de avançar sobre os territórios indígenas localizados entre o Rio Mississipi e a Cordilheira dos Apalaches.

Vista de Boston, capital da colônia de Massachusetts, representada em pintura de Franz Xaver Habermann, cerca de 1770. Note as construções imponentes que havia nessa colônia da Nova Inglaterra.

O CONTROLE GERA REVOLTA

O sentimento de insatisfação dos colonos em relação à metrópole cresceu progressivamente conforme a Inglaterra tomava medidas buscando intensificar e fazer cumprir as práticas mercantilistas de controle da economia colonial.

- **Lei do Açúcar (ou Lei da Receita), de 1764:** impôs o pagamento de tarifas alfandegárias sobre a importação de melaço, vinho, café, seda e linho.

- **Lei do Selo, de 1765:** imposto sobre documentos legais e textos impressos (jornais, panfletos etc.). Os documentos tinham que exibir o selo real, comprovando autorização da Coroa para sua circulação.

- **Lei do Chá, de 1773:** concedeu o monopólio do comércio de chá à Companhia das Índias Orientais, empresa inglesa que passou a distribuir esse produto para as colônias. Antes disso, os colonos podiam comercializar o produto no mercado interno colonial.

Como resposta à nova lei, alguns colonos disfarçados de indígenas lançaram ao mar o carregamento de chá de três navios ingleses atracados no porto de Boston. Esse acontecimento ficou conhecido como **Boston Tea Party** (Festa do Chá de Boston).

Em 1774, o Parlamento britânico, buscando punir os colonos, aprovou as chamadas **Leis Intoleráveis**: o porto de Boston foi fechado ao comércio até que os colonos indenizassem a metrópole pela carga de chá perdida; e a colônia de Massachusetts foi ocupada por tropas reais.

> **Explore**
> - Na representação abaixo, rebeldes jogam grande quantidade de chá nas águas do oceano. Levante uma hipótese para explicar por que alguns colonos de Boston se vestiram como indígenas.

Gravura inglesa de 1789 representando a Festa do Chá de Boston (Boston Tea Party), ocorrida em 1773. A irritação dos colonos com as leis repressivas inglesas abriu caminho para a independência dos Estados Unidos.

A DECLARAÇÃO DE INDEPENDÊNCIA

Profundamente indignados, líderes das colônias reuniram-se no **Primeiro Congresso Continental da Filadélfia**, em 1774, que determinou o boicote aos produtos ingleses. O rompimento definitivo viria apenas em maio do ano seguinte, após o início da guerra contra os ingleses.

É importante ressaltar, porém, que não havia consenso entre as treze colônias em torno da ideia de independência. Os colonos do sul, por exemplo, temiam que a separação desencadeasse revoltas internas, principalmente de escravos, que poderiam se apropriar da ideia de liberdade e lutar pelo fim da escravidão.

No final, a influência das ideias iluministas e as medidas coercitivas adotadas pela metrópole foram fundamentais para unir as principais lideranças coloniais na defesa da ruptura com a Inglaterra. Dessa forma, no **Segundo Congresso Continental da Filadélfia**, reunido em 1775, o voto pela separação foi vitorioso e formou-se uma comissão encarregada de redigir a **Declaração de Independência**.

O documento, inspirado nos princípios do iluminismo, foi aprovado em 4 de julho de 1776, data que foi adotada para celebrar a independência dos Estados Unidos. Conheça um trecho desse documento:

> "Consideramos estas verdades como evidentes por si mesmas, que todos os homens são criados iguais, dotados pelo Criador de certos direitos inalienáveis, que entre estes estão a vida, a liberdade e a procura da felicidade. Que, a fim de assegurar esses direitos, governos são instituídos entre os homens, derivando seus justos poderes do consentimento dos governados; que, sempre que qualquer forma de governo se torne destrutiva de tais fins, cabe ao povo o direito de alterá-la ou aboli-la e instituir novo governo, baseando-o em tais princípios e organizando-lhe os poderes pela forma que lhe pareça mais conveniente para realizar-lhe a segurança e a felicidade."

Declaração de Independência dos Estados Unidos da América [1776]. Disponível em <http://mod.lk/gpz5g>. Acesso em 4 ago. 2018.

Porém, a guerra contra os ingleses se estenderia até 1783, ano em que a Coroa britânica reconheceu a independência das treze colônias e os Estados Unidos da América como nação soberana.

A realidade social do país nascido em 1776 expunha as contradições do discurso a favor da liberdade e da igualdade. O direito à vida e à liberdade excluía os escravos e os indígenas. A escravidão africana foi mantida até 1863, os indígenas continuaram sendo perseguidos e expulsos de suas terras e as mulheres conquistaram o direito ao voto apenas no século XX.

ORGANIZAR O CONHECIMENTO

1. Escreva **N/C** para as colônias do norte e do centro da América inglesa e **S** para as colônias do sul.
   a) (   ) Região com clima semelhante ao da Inglaterra.
   b) (   ) Nessa região, prosperou a produção de tabaco e algodão voltada para abastecer a metrópole.
   c) (   ) Desenvolveu uma próspera indústria naval e se enriqueceu participando do comércio atlântico de escravizados.
   d) (   ) Caracterizou-se pelo emprego da mão de obra escrava e pela produção agrícola realizada em grandes propriedades.
   e) (   ) Seus líderes temiam que a independência desencadeasse uma onda de revoltas escravas.

2. Quais leis criadas pela Inglaterra levaram as treze colônias a romper com a metrópole? Especifique o ano em que foram aprovadas e o que cada lei determinava.

Indígena do povo dakota (sioux) em foto de 1891. Entre o final do século XIX e início do século XX, etnólogos, antropólogos e outros pesquisadores percorreram o território dos Estados Unidos registrando, em fotos, gravações e textos, o modo de vida dos povos nativos. O objetivo era documentar as tradições indígenas antes que fossem destruídas pela cultura ocidental.

ATITUDES PARA A VIDA

A Constituição dos Estados Unidos

Em 1787, cinco anos após o fim da guerra de independência, o Congresso elaborou o projeto da primeira Constituição para os Estados Unidos, que criou o sistema de governo adotado pelo país até a atualidade. Apesar de liberal, o novo Estado preservou a escravidão e excluiu as mulheres do direito ao voto.

O projeto procurou equilibrar o poder local, dos estados, com o poder central ou nacional. Os estados mantiveram sua autonomia em relação ao poder central, obedecendo ao princípio federativo. Foi ainda introduzido o princípio da divisão de poderes: Legislativo, Executivo e Judiciário, que deveriam ser independentes entre si e fiscalizar uns aos outros.

O primeiro Congresso eleito propôs uma série de emendas à Constituição, que procuravam resguardar os direitos dos cidadãos em relação ao Estado e foram aprovadas pela maioria dos estados em 1791. Entre essas emendas, destacamos: liberdade de pensamento e de expressão; liberdade religiosa; o direito ao porte de armas pelos cidadãos; garantia de julgamentos abertos e com júri; direito à reunião em local público com fins pacíficos.

Escrevendo a Declaração de Independência em 1776, gravura de Jean Leon Gerome Ferris, 1910.

QUESTÕES

1. Identifique as frases incorretas e as corrija no caderno.
   a) No federalismo, sistema de governo definido pela Constituição estadunidense, o poder central é muito fortalecido, em detrimento do poder dos estados, que precisam se submeter inteiramente a ele.
   b) A Constituição estadunidense incorporou princípios iluministas e democráticos, pois os governantes eram eleitos, periodicamente, por voto universal e os direitos dos cidadãos eram garantidos.
   c) O equilíbrio entre os poderes locais e o poder central e a defesa das liberdades individuais contra a opressão do Estado foram preocupações que marcaram o debate político dos Estados Unidos após a independência.
   d) O sistema de confederação refletia a tradição de autogoverno das ex-colônias e o temor de um retorno à situação de opressão existente antes da independência.

2. A Constituição estadunidense serviu como inspiração para vários países, dos dois lados do Atlântico, inclusive o Brasil. Você percebe semelhanças entre a organização política dos Estados Unidos, estabelecida a partir de 1787, e a organização política do Brasil na atualidade? Quais são?

3. Os estadunidenses consideram que suas liberdades fundamentais estão asseguradas pelas emendas constitucionais. Quais garantias, citadas no texto acima, implicam o exercício das atitudes que estão em foco nesta unidade? Justifique sua resposta.
   a) Escutar os outros com atenção e empatia.
   b) Controlar a impulsividade.
   c) Assumir riscos com responsabilidade.

ATIVIDADES

APLICAR

1. O texto a seguir analisa o significado da independência dos Estados Unidos, também chamada de Revolução Americana.

"Um dos lemas da independência, o não à taxação sem representação, era na verdade um antigo princípio inglês usado por burgueses contra Carlos I. Tais ideias, e a Revolução como um todo, não representavam uma ruptura com o modelo político inglês, mas sim uma quebra a ingerência da Inglaterra nos assuntos das colônias. E a inspiração teórica por trás dessa argumentação fora toda fornecida pelo iluminismo europeu, e num grau mais acentuado pelo liberalismo político britânico. Os próprios britânicos haviam [...] lutado para limitar a influência de seu rei; construíram uma teoria política com base nessa experiência. O que as colônias fizeram, em certo sentido, foi utilizar-se dessa mesma teoria: jogar John Locke contra John Locke."

ZAHRAN FILHO, Geraldo Nagib. *A tradição liberal dos Estados Unidos e sua influência nas reflexões sobre política externa*. Pontifícia Universidade Católica do Rio de Janeiro (PUC-Rio), 2005. p.33.

a) Segundo o autor, qual teria sido o significado da Revolução Americana?

b) Que ideias teriam inspirado o movimento?

c) O autor afirma que os britânicos lutaram para reduzir o poder político do rei. Que luta foi essa?

d) O caráter revolucionário da independência dos Estados Unidos foi limitado? Explique.

2. Sobre o texto da questão anterior, escolha a alternativa que melhor explica o sentido da expressão "jogar John Locke contra John Locke".

a) Na luta contra os ingleses, os colonos jogaram fora as ideias liberais de John Locke.

b) Os colonos tiveram de lutar contra os princípios mercantilistas defendidos por John Locke.

c) John Locke, que tinha interesses comerciais na América, foi um dos principais opositores da independência dos Estados Unidos.

d) Os colonos se apropriaram do liberalismo político defendido pela Inglaterra para combater a dominação colonial britânica.

3. Leia o trecho da Declaração de Independência dos Estados Unidos, na página 111, para responder às questões.

a) Segundo o documento, quais são os direitos inalienáveis do homem e quem seria responsável por assegurá-los?

b) Que semelhanças há entre esse documento e a Declaração dos Direitos do Homem e do Cidadão, aprovada durante a Revolução Francesa, que você estudou na unidade 3?

4. A pintura a seguir representa colonos de Nova York derrubando a estátua do rei da Inglaterra, em 1776.

Derrubando a estátua do rei George III, pintura de William Walcutt, 1854.

a) Observe as pessoas representadas na imagem. O modo como elas estão vestidas diz algo a respeito de sua condição social? Há negros na imagem? E crianças?

b) Relacione o episódio representado nessa pintura à independência das treze colônias inglesas.

c) Escolha um monumento inspirado em um personagem histórico no município ou no estado onde você mora e faça uma breve pesquisa sobre ele. Registre algumas informações, como nome do homenageado, local de instalação, importância histórica do indivíduo.

RETOMAR

5. Responda, agora, às questões-chave da abertura dos temas 1 e 2.

a) Quais foram os principais veículos de difusão do iluminismo na América?

b) O que motivou a luta pela independência das treze colônias inglesas?

TEMA 3
AS INDEPENDÊNCIAS NA AMÉRICA ESPANHOLA

Qual projeto político e social foi vitorioso na independência da América espanhola? Por quê?

TEMPOS DE LUTA

Em 1808, o exército de Napoleão ocupou a Espanha e obrigou o rei Fernando VII a abdicar do trono. José Bonaparte, irmão do imperador francês, foi nomeado governante dos espanhóis. Para resistir aos franceses e garantir um governo legítimo na ausência do rei, um movimento popular formou as **juntas provinciais**. Os espanhóis reconheceram as juntas como governo legítimo da nação e o rei, então prisioneiro dos franceses, como seu soberano. Entretanto, como o rei estava no cativeiro, as juntas provinciais acabaram governando com muita autonomia.

Com a Espanha invadida por tropas francesas e enfraquecida, as colônias espanholas na América adquiriram mais força política. Elas também formaram juntas governativas e passaram a desfrutar de mais autonomia. Com o tempo, essas juntas reivindicaram a ampliação dessa autonomia, inspiradas nas ideias de liberdade e independência divulgadas pela Revolução Americana.

Entre 1810 e 1815, a elite colonial e líderes populares se rebelaram pela independência das capitanias da Venezuela e do Chile e dos vice-reinos do Rio da Prata e da Nova Espanha. Com exceção do México, os movimentos tinham caráter urbano e nenhum possuía exércitos organizados.

Para as elites coloniais, a independência representava liberdade política e econômica para atuar de maneira autônoma no mercado internacional. Mas será que a independência tinha esse mesmo significado para indígenas e africanos escravizados?

> **Explore**
> - Compare a quantidade de vice-reinos criados pelos espanhóis na América com a quantidade de países formados na região após a independência. O que mudou?

Mapa interativo

AS INDEPENDÊNCIAS NA AMÉRICA ESPANHOLA (SÉCULO XIX)

Legenda:
- Vice-Reino da Nova Espanha
- Vice-Reino da Nova Granada
- Vice-Reino do Peru
- Vice-Reino do Rio da Prata
- Províncias Unidas da América Central
- Capitanias gerais de Cuba e do Chile
- Território mexicano perdido para os Estados Unidos no século XIX
- Áreas em disputa
- Divisão política atual
- Divisão política em cerca de 1830
- Campanha de libertação do norte (Bolívar)
- Campanha de libertação do sul (San Martín)

Países e datas indicados no mapa: MÉXICO 1821; CUBA 1898; REPÚBLICA DOMINICANA 1865; PORTO RICO 1898; PROVÍNCIAS UNIDAS DA AMÉRICA CENTRAL 1821; GRÃ-COLÔMBIA 1819; PERU 1821; BRASIL 1822; BOLÍVIA 1825; PARAGUAI 1811; URUGUAI 1828; CHILE 1818; ARGENTINA 1816.

Fonte: DUBY, Georges. *Atlas Histórico mundial*. Barcelona: Larousse, 2010. p. 248.

A INSURREIÇÃO NO MÉXICO

O México foi palco do movimento mais popular e radical das lutas contra o domínio colonial na América. A revolta eclodiu em 1810. Liderados pelo padre Miguel Hidalgo, indígenas, mestiços e trabalhadores pobres insurgiram-se sob o lema "independência e liberdade".

À medida que a revolta avançava, os rebeldes tomaram propriedades rurais, ameaçando os privilégios dos chapetones e dos criollos. Estes, com medo de que a revolta popular se espalhasse por toda a colônia, se uniram aos colonizadores espanhóis para reprimir os rebeldes. Em 1811, após intensa repressão, a mobilização foi contida e o padre Miguel Hidalgo foi executado.

Um ano depois explodiu outro movimento semelhante, liderado pelo sacerdote **José Maria Morelos**. Os insurgentes chegaram a elaborar o primeiro projeto constitucional do México e convocaram uma assembleia para decidir os rumos do movimento. No entanto, a revolta foi contida com violência, e Morelos foi morto em 1815.

As reivindicações dos rebeldes liderados por Hidalgo e Morelos expressam o caráter popular dos dois movimentos.

- Divisão das grandes propriedades rurais e sua distribuição entre os camponeses.
- Fim da escravidão.
- Fim da cobrança de tributos dos indígenas e das dívidas dos mestiços.
- Eliminação das diferenças entre castas.

Na década de 1820, as lutas pela independência no México tomaram outra direção. Chapetones e criollos assumiram a liderança do movimento e, sob a chefia do militar **Augustín de Itúrbide**, negociaram a independência com a Espanha. A monarquia foi preservada como forma de governo, e a reforma agrária, reivindicada pelo movimento popular, não aconteceu.

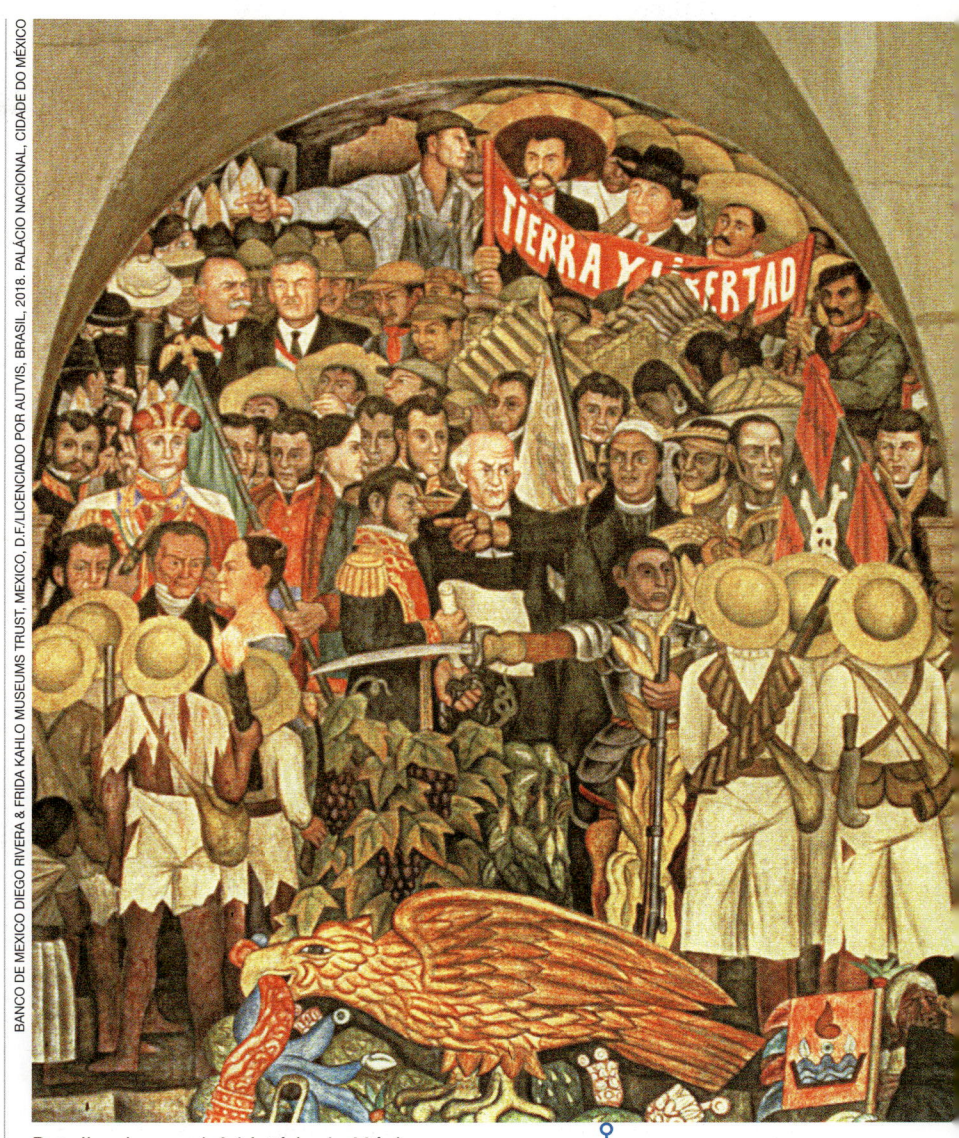

Detalhe do mural *A história do México: da conquista ao futuro*, pintura de Diego Rivera, 1929-1935. O artista mexicano representou a guerra de independência do México em 1810.

Explore

- Na sua opinião, qual característica do movimento de independência do México Diego Rivera destacou nesse mural?

Chapetone: colono nascido na Espanha; proprietário de minas e fazendas, ocupava os principais cargos administrativos, militares e religiosos da colônia.

Criollo: descendente de espanhóis nascidos na colônia; grande proprietário e comerciante, podia ocupar cargos políticos locais.

Casta: qualquer grupo social, ou sistema rígido de estratificação social, de caráter hereditário.

DE OLHO NA IMAGEM

CONSTRUINDO A IMAGEM DA NAÇÃO

O pintor e arquiteto Juan O'Gorman (1905-1982) teve grande importância para a segunda geração do muralismo mexicano. Em seus murais e pinturas, utilizou elementos da cultura popular e religiosa do México, criando uma imagem harmoniosa da construção do Estado e da nação.

O mural Painel da independência *possui 4,40 metros de altura e 15,69 de largura. Dividido em quatro cenários, conta a história da independência do México, entre o final do século XVIII e o início do século XIX. A cena reproduzida abaixo está situada entre o terceiro e o quarto cenários.*

QUESTÕES

1. Quais símbolos da luta pela independência do México foram representados na pintura de Juan O'Gorman?
2. Quais grupos sociais o artista quis destacar na cena?
3. Na sua opinião, por que O'Gorman representou o padre Hidalgo duas vezes? Justifique sua resposta utilizando elementos da própria imagem.
4. Como você descreveria a visão de Juan O'Gorman a respeito da independência do México?

O'Gorman mesclou elementos de várias etnias e castas da sociedade mexicana, interpretando as lutas pela independência como um movimento de união nacional.

Bandeira conhecida como "El Doliente de Hidalgo", produzida pelo Regimento da Morte, liderado por José María Cos.

Detalhe do mural *Painel da independência*, pintura de Juan O'Gorman, 1960-1961.

No centro da imagem, o padre Hidalgo aparece duas vezes. Na primeira vez, ele está com roupa de campanha, carregando o estandarte da Virgem de Guadalupe.

A tocha simboliza a liberdade e o papel representa o decreto de Guadalajara, escrito por Hidalgo, no qual propunha a abolição da escravidão e a reforma agrária.

AS INDEPENDÊNCIAS NA AMÉRICA DO SUL

Após a queda de Napoleão Bonaparte em 1815, algumas nações europeias buscaram restaurar a autoridade e o controle sobre suas colônias americanas. Na América do Sul, a reação foi imediata e, já em 1816, alguns movimentos em defesa da independência ganharam força.

Em julho de 1816, as **Províncias Unidas do Rio da Prata** (atual Argentina) declararam-se independentes da Espanha. Contudo, grande parte das áreas meridional e centro-ocidental da América do Sul, como Chile e Peru, mantiveram-se sob o domínio espanhol, representando uma ameaça ao jovem país platino.

Nesse contexto, **José de San Martín**, governador da província de Mendoza, na atual Argentina, avançou com suas tropas em direção ao Peru e ao Chile, onde se uniu aos rebeldes locais para derrotar as forças da Coroa.

No norte da América do Sul, a guerra pela independência era conduzida pelo político e militar venezuelano **Simón Bolívar**. Em 1813, à frente do Exército Libertador, Bolívar libertou Caracas do domínio espanhol. Em 1819, após seu exército derrotar os espanhóis, Bolívar proclamou a independência da Grã-Colômbia, que compreendia, principalmente, os territórios dos atuais Equador, Colômbia, Panamá e Venezuela. Três anos depois, um de seus generais, Antônio de Sucre, libertou o Alto Peru, contribuindo para o surgimento de um novo país, a Bolívia.

#| Dialogando com Arte

Batalla de Chacabuco, pintura de José Tomás Vandorse, 1867. Nessa pintura, o artista representou a batalha decisiva na guerra de independência do Chile, ocorrida em 12 de fevereiro de 1817.

EMANCIPAÇÕES TARDIAS: CUBA E PORTO RICO

Cuba e Porto Rico foram as duas últimas colônias a se libertar da Coroa espanhola. A primeira guerra de independência de Cuba se iniciou em 1868, mas as tropas coloniais foram derrotadas. No final do século XIX, a luta ganhou novo fôlego e, em 1898, quando a guerra pela independência estava perto do fim, os Estados Unidos entraram no conflito e declararam guerra aos espanhóis, apoiando os cubanos.

Os Estados Unidos venceram os espanhóis. Até 1902, o exército estadunidense permaneceu em Cuba, alegando combater uma grave crise de febre amarela. Nesse ano, Cuba aprovou sua primeira Constituição, na qual os Estados Unidos inseriram uma cláusula, redigida pelo senador Edward Platt (por isso conhecida como **Emenda Platt**). A cláusula garantia aos Estados Unidos o direito de intervir em Cuba e concedia aos estadunidenses uma área para a construção de uma base militar na Baía de Guantánamo.

Derrotados na guerra, os espanhóis cederam aos Estados Unidos, como indenização, as Filipinas e Porto Rico. Esse arquipélago do Caribe foi colônia dos Estados Unidos até 1952, quando se tornou "Estado livre associado". Nessa condição, Porto Rico está subordinado aos Estados Unidos na definição da política monetária, da defesa e das relações exteriores. Desse modo, os porto-riquenhos tornaram-se dependentes do governo estadunidense para fazer acordos diplomáticos e estabelecer relações comerciais com nações estrangeiras.

Explore
1. Que país cada personagem da charge representa?
2. Qual é a crítica irônica feita pelo cartunista?

Tio Sam confortando uma desamparada Cuba, charge de Louis Dalrymple, 1895.

O SONHO DA UNIDADE AMERICANA

A luta pela emancipação política colocou em cena muitos projetos para o futuro. Enquanto alguns pretendiam dividir a América espanhola, o que daria origem a diversas unidades livres e autônomas, outros desejavam construir uma confederação americana.

Simón Bolívar, por exemplo, afirmou sonhar com o dia em que veria a América unida. Em um de seus mais famosos documentos, a Carta da Jamaica (1815), Bolívar defendeu que a união americana era a única saída para se obter a independência. Ele nunca propôs, porém, a unidade completa.

A proposta mais ambiciosa de Simón Bolívar foi a criação de uma confederação capaz de integrar uma faixa de terra que se estendia da Guatemala até a Bolívia. Não incluía o México, a área do Rio da Prata nem o Brasil.

> "Desejo, mais que qualquer outro, ver formar na América a maior nação do mundo, não por sua extensão e riquezas, mas por sua liberdade e glória. [...] É uma ideia grandiosa pretender formar de todo o novo mundo uma só nação com um só vínculo, que ligue suas partes entre si e com o todo. Já que têm uma origem, uma língua, uns costumes e uma religião deveriam portanto ter um só governo que confederasse os diferentes estados que deverão se formar."

BOLÍVAR, Simón. *Carta de Jamaica*. Kingston, 6 de setembro de 1815. Disponível em <http://mod.lk/4kbr8>. Acesso em 11 maio 2018.

O ator Edgar Ramirez interpreta Simón Bolívar no filme *Libertador*, produção hispano-venezuelana dirigida por Alberto Arvelo, 2014.

PARA LER

O general em seu labirinto

Autor: Gabriel García Márquez
Rio de Janeiro: Record, 1989.

O livro relata os últimos meses da vida de Simón Bolívar. O autor pesquisou a documentação do período e transformou a agonia do general em um empolgante relato ficcional. Sugerimos a leitura da primeira parte do livro, ambientada no início de 1830, que narra a decisão de Bolívar de deixar a presidência da Grã-Colômbia.

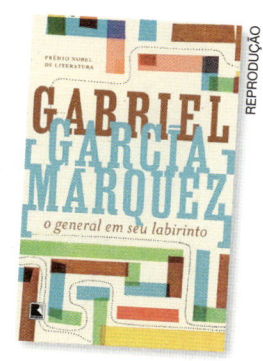

ORGANIZAR O CONHECIMENTO

1. **Sobre as independências na América espanhola, responda às questões.**
   a) Qual é a relação entre a invasão da Espanha pelas tropas de Napoleão Bonaparte e o início das guerras de independência na América espanhola?
   b) Cite dois acontecimentos, um na Europa e outro na América, que serviram de inspiração para as lutas de independência das colônias espanholas.

2. **Escreva M para a luta pela independência no México, C em Cuba e AS na América do Sul.**

   a) ( ) Mobilizou indígenas, mestiços e trabalhadores pobres.
   b) ( ) Suas lideranças expressaram a influência das ideias libertárias em setores da Igreja.
   c) ( ) As lutas pela independência foram conduzidas por representantes da elite colonial.
   d) ( ) A conquista da independência deu origem a vários países.
   e) ( ) Independente da Espanha, tornou-se área de influência dos Estados Unidos.

TEMA 4
INDÍGENAS E AFRICANOS NA AMÉRICA INDEPENDENTE

O LEGADO COLONIAL

A independência das colônias espanholas na América não significou maior liberdade nem para as populações indígenas originárias nem para os africanos escravizados. Em alguns países, o tributo indígena foi restabelecido para gerar renda para o Estado. Em outros, campanhas militares foram organizadas para expulsar os nativos de suas terras ancestrais.

Com o intuito de transformar os indígenas em pequenos proprietários e orientar sua produção para o mercado, os novos Estados nacionais cancelaram o princípio da posse comunitária da terra. Essas medidas faziam parte das reformas liberais, que tinham por objetivo reformar as estruturas coloniais com base nos princípios do liberalismo.

Com essas reformas, no entanto, muitas terras foram parar em mãos de grandes fazendeiros, e os indígenas se tornaram mão de obra barata e maltratada na mineração e na agricultura.

O que a independência das colônias espanholas representou para negros e indígenas?

Explore
- Como o artista representou o papel dos indígenas na composição social do México independente?

Detalhe do mural *A história do México: da conquista ao futuro*, pintura de Diego Rivera, 1929-1935.

El Malón, pintura de Johann Moritz Rugendas, 1848.

RESISTÊNCIA INDÍGENA

Os indígenas de diferentes Estados hispano-americanos reagiram à violação de seus direitos. Durante o século XIX, muitos denunciaram o desvio do curso de rios por fazendeiros, pressionaram os Estados a abolir os tributos que pesavam sobre eles, recorreram aos tribunais em defesa de seus interesses e promoveram revoltas armadas.

Em meados do século XIX, por exemplo, indígenas da Argentina, com o apoio dos araucanos vindos do Chile, formaram grandes confederações ao sul de Buenos Aires. Governadas por caciques, elas atacavam as cidades e fazendas *criollas*, saqueavam gado e sequestravam mulheres e crianças brancas. Esses ataques eram chamados de **malones**.

Um dos mais famosos ocorreu em 1836, quando cerca de 2 mil indígenas guerreiros liderados pelo cacique José María Railef atacaram as cidades de Buenos Aires, Córdoba e Santa Fé. Aquele *malón* rendeu aos indígenas cerca de cem mil cabeças de gado.

Os indígenas estavam interessados em comercializar o gado saqueado e defender suas terras da expansão da fronteira agrícola promovida pelo Estado argentino.

Leia este pequeno trecho do poema *La cautiva* (A cativa), do argentino Esteban Echeverría, no qual o poeta faz referência ao *malón*, também conhecido como *maloca*:

> "Foi feliz a maloca;
> rica e estimada era a presa
> que arrebataram dos cristãos:
> cavalos, potros e éguas,
> bens que em sua vida errante
> vale mais do que ouro;
> multidões de cativas,
> todas jovens e belas."

ECHEVERRÍA, Esteban. La cautiva. *Rimas*. Buenos Aires: Imprenta Argentina, 1837. Disponível em <http://mod.lk/btvyn>. Acesso em 14 maio 2018. (tradução nossa)

Os indígenas resistiram por muito tempo. Mas, a partir da década de 1870, quando as tropas federais retornaram vitoriosas da Guerra do Paraguai (1864-1870), o cerco se fechou e os nativos passaram a sofrer ações ofensivas violentas por parte dos governos republicanos.

Fronteira agrícola: área sobre a qual avança a agricultura capitalista, que pode ser área de vegetação nativa, terras cultiváveis ou de agricultura familiar ou comunitária.

CAMPANHAS DO DESERTO

Com o fim da Guerra do Paraguai, o exército argentino concentrou suas forças na luta contra os índios confederados. As campanhas conduzidas pelo exército promoveram o extermínio dos indígenas, a invasão de suas terras e o aprisionamento de suas principais lideranças.

Em abril de 1879, as chamadas **Campanhas do Deserto** começaram oficialmente. Seu objetivo era dominar as zonas pecuaristas situadas entre Buenos Aires, Rio Negro, Mendoza e Santa Fé, ocupadas pelos nativos. Em apenas um mês, milhares de indígenas foram mortos ou aprisionados. Essas ações eliminaram a presença indígena nos Pampas e nos Andes argentinos.

Em janeiro de 1885, o general Lorenzo Vintter escreveu ao presidente argentino Julio Roca celebrando sua vitória sobre os indígenas:

> "É altamente satisfatório e a mim cabe a honra de informar ao Superior Governo e ao país que desapareceu para sempre do sul da República toda limitação fronteiriça com o selvagem. [...] Ao sul da República já não existem em seus territórios as fronteiras humilhantes impostas à civilização pelas forças do selvagem. Está concluída, para sempre, nesta região, a guerra secular que contra o índio se iniciou nas imediações desta capital no ano de 1535."
>
> PASSETTI, Gabriel. De Asunción ao Rio Negro: as "Campanhas do Deserto" e o genocídio indígena na Argentina (1870-1885). *Anais do XVIII Encontro Regional de História*: o historiador e seu tempo. Anpuh: São Paulo; Unesp: Assis, 24-28 jul. 2006. CD-Rom.

As Campanhas do Deserto abriram caminho aos imigrantes europeus, que chegavam ao país motivados pelas possibilidades de enriquecimento proporcionadas pelas terras disponíveis. A presença do europeu e a política de extermínio das populações indígenas criaram uma sociedade com baixos índices de miscigenação, especialmente em Buenos Aires e no sul do país.

Manifestantes participam da Marcha Nacional Indígena em Buenos Aires. Argentina, 20 de maio de 2010.

OS AFRICANOS NA AMÉRICA LATINA

Nas colônias espanholas, a presença de africanos escravizados esteve vinculada à economia de exportação, utilizados principalmente nas plantações de cana-de-açúcar de Cuba e do litoral das atuais Colômbia e Venezuela. Porém, considerando o conjunto dos domínios espanhóis na América, a mão de obra africana foi minoritária. Por exemplo, enquanto o Brasil recebeu cerca de 5 milhões de africanos escravizados, esse número ficou perto de 1,6 milhão em toda a América espanhola.

Os negros buscaram resistir à escravidão. Eles lutaram para aumentar o controle sobre seu tempo e corpo, formar uma família, adquirir bens materiais e ter o direito de praticar suas danças, músicas e religiões. A presença dos africanos nas colônias deixou um importante legado para a cultura latino-americana. Muitos chegaram a formar comunidades semelhantes aos quilombos no Brasil, como os *cumbes*, na Venezuela, e os *palenques*, em Cuba e na Colômbia.

Mesmo participando das lutas pela independência, os negros não foram recompensados com a abolição imediata da escravidão. Como a elite *criolla* também era proprietária de escravos, a política adotada foi extinguir gradualmente o trabalho compulsório.

ORGANIZAR O CONHECIMENTO

1. Identifique as frases incorretas e as corrija em seu caderno.

    a) Após a luta contra a Espanha, os governos das novas nações latino-americanas valorizaram os indígenas e buscaram proteger seu legado cultural.

    b) As reformas liberais acabaram com o conceito de posse comunitária da terra e transformaram os indígenas em mão de obra barata.

    c) Os *malones* foram uma das formas de resistência indígena contra a expansão das áreas de agricultura sobre suas terras ancestrais.

    d) A Argentina atual é um país miscigenado e grande parte de sua população traz as marcas do passado indígena do território.

    e) Nas Campanhas do Deserto, os indígenas dominaram as propriedades rurais que pertenciam aos descendentes de espanhóis na América.

2. Por que, em alguns aspectos, a situação dos indígenas na América independente ficou mais difícil do que na época colonial?

Músicos cubanos se apresentam para turistas na cidade de Trinidad (Cuba), em 2015.

ATIVIDADES

APLICAR

1. Retome o mapa "As independências na América espanhola", na página 114, para responder às questões.

   a) Que regiões faziam parte do Vice-Reino da Nova Granada?

   b) A unidade política da América espanhola foi preservada após a independência? Justifique.

   c) Observando o mapa, como você explicaria o fato de Simón Bolívar ter ficado conhecido pelo nome de "O Libertador"?

2. Leia o texto e responda às questões a seguir.

   "Para os escravos, a liberdade se traduzia pelo rompimento das cadeias que os ligavam a seus senhores; para mestiços e indígenas indicava a possibilidade da abolição das discriminações das chamadas castas. Para os liberais (comerciantes, funcionários, proprietários de terra etc.), a liberdade significava o fim dos laços com a metrópole. Além disso, os despossuídos queriam terra, enquanto os proprietários e comerciantes desejavam liberdade para produzir e comerciar."

   PRADO, Maria Ligia Coelho. Bolívar, Bolívares. *Folha de S.Paulo*, 24 jul. 1983.

   a) Quais grupos sociais são citados no texto?

   b) A liberdade tinha o mesmo significado para esses grupos? Justifique.

   c) Com base no que você estudou nesta unidade, qual desses grupos conseguiu realizar seu projeto de libertação? Explique.

   d) Se formos comparar o processo de independência da América espanhola com a Revolução Francesa, perceberemos a existência de projetos políticos e interesses divergentes entre os participantes de cada um deles. Explique por quê.

3. Observe a imagem ao lado e responda às questões.

   a) Em poucas palavras, redija um parágrafo descrevendo o acontecimento representado na charge.

   b) Identifique os países representados pelos personagens da charge. Que característica foi atribuída a cada um deles?

   c) Relacione a charge ao processo de independência de Cuba, destacando os interesses dos Estados Unidos na ilha.

Charge alusiva à guerra de independência de Cuba, que contou com a colaboração dos Estados Unidos na luta contra a Espanha, em 1898.

4. (FGV-RJ) Sobre o México e seu processo de emancipação política, é correto afirmar.

   a) Foi iniciado em 1810, com forte caráter popular, e concluído em 1821, como um movimento de elite.

   b) Foi o único movimento de independência política comandado por escravos, libertos e mestiços.

   c) Foi inspirado no princípio de unidade latino-americana defendido por Simón Bolívar.

   d) Serviu de referência para os demais movimentos emancipatórios americanos pelo seu republicanismo.

   e) Foi marcado pela ausência de conflitos armados, ao contrário dos demais movimentos armados.

5. Analise a imagem da página 117, que representa uma batalha na guerra pela independência do Chile, e responda.

   a) Descreva a imagem, destacando o modo como o pintor representou as tropas lideradas por San Martín e as tropas espanholas.

   b) Na sua opinião, a pintura enaltece ou desvaloriza os feitos dos colonos americanos contra o exército realista espanhol? Justifique.

RETOMAR

6. Responda, agora, às questões-chave da abertura dos temas 3 e 4.

   a) Qual projeto político e social foi vitorioso na independência da América espanhola? Por quê?

   b) O que a independência das colônias espanholas representou para negros e indígenas?

   Mais questões no livro digital

AUTOAVALIAÇÃO

CONTEÚDOS

1. Ao final dos estudos propostos nesta unidade, como você avalia seu aprendizado? Consulte o livro e suas anotações pessoais sobre os quatro temas estudados para responder às seguintes questões.

   a) Quais conteúdos e/ou atividades considerei mais difíceis? Por quê?

   b) Quais conteúdos e/ou atividades considerei mais fáceis? Por quê?

   c) O que eu posso fazer para melhorar meu aprendizado?

ATITUDES

2. Identifique as frases que expressam situações que você experimentou durante o estudo desta unidade.

   a) (   ) Ao debater com os colegas, busquei informações sobre os resultados possíveis antes de formular uma proposta.

   b) (   ) Identifiquei os interesses contraditórios que estiveram em jogo durante as lutas pela independência dos Estados Unidos e das colônias hispânicas na América.

   c) (   ) Ao fazer as atividades propostas, procurei ler com calma as questões e pensar sobre elas antes de começar a responder.

3. Associe cada uma das frases acima às atitudes priorizadas nesta unidade.

   a) (   ) Escutar os outros com atenção e empatia.

   b) (   ) Controlar a impulsividade.

   c) (   ) Assumir riscos com responsabilidade.

COMPREENDER UM TEXTO

ATIVIDADES

EXPLORAR O TEXTO

1. O autor defende, em seu texto, que:
   a) a política imigratória estadunidense seja alterada.
   b) é preciso ampliar o foco para o círculo social dos imigrantes.
   c) a Estátua da Liberdade possui um sentido ambíguo para os imigrantes.
   d) a nação estadunidense foi formada por imigrantes.

2. O autor afirma que a deportação gera um custo econômico, político, psicológico e emocional aos imigrantes e às pessoas com quem eles convivem. Nesse trecho do texto, o autor apela, em especial, ao custo emocional da deportação.
   a) Extraia um exemplo de custo emocional gerado pela deportação.
   b) Identifique uma razão para que o autor enfatize o custo emocional da deportação em vez do custo econômico ou político.

3. Contando resumidamente a história de Ramon, o autor aponta uma contradição ao utilizar as palavras "deportado" e "convocado".
   a) Aponte essa contradição.
   b) Por que o autor conclui o penúltimo parágrafo com a seguinte frase: "O segredo aqui é o círculo social"?

RELACIONAR

4. Como você viu na página 105, a Estátua da Liberdade foi um presente dos franceses aos Estados Unidos na celebração dos cem anos da Revolução Americana. Seu nome oficial é "Liberdade iluminando o mundo". Utilize essa ideia original da escultura e o texto de Duarte Geraldino para discutir a questão colocada pelo autor ao final de sua palestra: a "Dama de Verde" seria um monstro ou uma heroína?

REVISANDO

As ideias iluministas na América

1. A **filosofia das Luzes** motivou revoluções na **América**, onde o principal inimigo era o colonizador europeu.

2. A valorização da **educação formal** por parte dos **protestantes** contribuiu para o surgimento de uma **cultura letrada na Nova Inglaterra**.

3. Tanto na América espanhola como na América de colonização inglesa, as **universidades** foram importantes **centros de difusão da filosofia iluminista**.

A independência dos Estados Unidos

1. As **colônias do norte e do centro** da América do Norte desenvolveram as **atividades manufatureira e mercantil**, e as colônias do sul dedicaram-se à lavoura de exportação com base na *plantation* **escravista**.

2. O reforço do **mercantilismo inglês** sobre as **treze colônias** desencadeou o movimento pela **independência**.

3. Entre outras medidas, a **Inglaterra aumentou os impostos** sobre determinados produtos e estabeleceu o **monopólio britânico** sobre o comércio do chá.

A independência da América hispânica

1. A **invasão da Espanha** pelas **tropas napoleônicas** contribuiu para desencadear o processo de **independência da América hispânica**.

2. No México, os padres **Hidalgo** e **Morelos** tentaram promover a independência com o apoio de **indígenas** e **camponeses**, mas foram violentamente reprimidos.

3. *Chapetones* e *criollos* dirigiram a negociação da independência ignorando os interesses populares.

4. Na América do Sul, as independências resultaram na formação de **Estados comprometidos** com os interesses das antigas **elites coloniais**.

Indígenas e africanos na América independente

1. A **independência** das colônias espanholas **não significou melhoria de vida** para **indígenas** e **africanos**.

2. **Comunidades indígenas** inteiras foram **exterminadas** durante as **Campanhas do Deserto**, organizadas pelo **exército argentino**.

3. Os **africanos foram minoria na América espanhola**, mas nem por isso deixaram de influenciar decisivamente na formação sociocultural dos novos países.

Trilha de estudo

Vai estudar? Nosso assistente virtual no *app* pode ajudar! <http://mod.lk/trilhas>

PARA ASSISTIR

- **12 anos de escravidão**

   Direção: Steve McQueen
   País: Estados Unidos
   Ano: 2013
   Duração: 134 min

   Sinopse

   O drama é baseado no relato do violonista e escritor Solomon Northup, homem livre que foi raptado e vendido como escravo nos Estados Unidos em 1841.

   O vídeo e esta unidade

   1. Como você descreveria o modo como o comerciante trata os africanos no trecho do filme apresentado?

   2. Como os homens brancos reagem diante das súplicas de Eliza para não ser separada dos filhos? Em sua opinião, por que eles agem desse modo?

   3. Com base no que você estudou nesta unidade, explique como a escravidão persistiu nos Estados Unidos, país que foi fundado sob as bases liberais da filosofia iluminista.

Vídeo

Para assistir ao trecho do filme, use o código QR. Disponível em <http://mod.lk/zikeh>.

PREPARANDO-SE PARA O ENEM

As questões a seguir foram extraídas de provas do Enem (Exame Nacional do Ensino Médio). Para resolvê-las, siga o roteiro.

- Leia com atenção a questão inteira: os materiais que ela apresenta para sua reflexão (textos, mapas, gráficos, figuras etc.), o enunciado e todas as alternativas.
- Identifique o tema (assunto) abordado e o problema que você precisa resolver.
- Examine com atenção cada uma das alternativas antes de escolher aquela que você considera correta e de registrá-la em seu caderno.
- É importante que você siga esses passos para poder relacionar os elementos da questão com os conhecimentos que adquiriu em seus estudos.
- Deixe para consultar os conteúdos do seu livro ou pedir ajuda somente após responder a todas as questões.

---

1. (Enem-MEC/2012).

"É verdade que nas democracias o povo parece fazer o que quer; mas a liberdade política não consiste nisso. Deve-se ter sempre presente em mente o que é independência e o que é liberdade. A liberdade é o direito de fazer tudo o que as leis permitem; se um cidadão pudesse fazer tudo o que elas proíbem, não teria mais liberdade, porque os outros também teriam tal poder."

MONTESQUIEU. *Do espírito das leis.*
São Paulo: Nova Cultural, 1997. (adaptado)

A característica de democracia ressaltada por Montesquieu diz respeito:

a) ao *status* de cidadania que o indivíduo adquire ao tomar as decisões por si mesmo.
b) ao condicionamento da liberdade dos cidadãos à conformidade das leis.
c) à possibilidade de o cidadão participar do poder e, nesse caso, livre da submissão às leis.
d) ao livre-arbítrio do cidadão em relação àquilo que é proibido, desde que ciente das consequências.
e) ao direito do cidadão exercer sua vontade de acordo com seus valores pessoais.

Orientações para a resposta

No texto, Montesquieu, um representante do pensamento iluminista, discute as ideias de democracia, independência e liberdade dos cidadãos. Note que ele se preocupa em definir com clareza o significado de *liberdade política*. Essas ideias, revolucionárias para a época (século XVIII), permanecem atuais. O enunciado pede que você escolha a alternativa que interpreta corretamente o texto.

2. (Enem-MEC/2010).

"A Inglaterra pedia lucros e recebia lucros. Tudo se transformava em lucro. As cidades tinham sua sujeira lucrativa, suas favelas lucrativas, sua fumaça lucrativa, sua desordem lucrativa, sua ignorância lucrativa, seu desespero lucrativo. As novas fábricas e os novos altos-fornos eram como as Pirâmides, mostrando mais a escravização do homem que seu poder".

DEANE, P. *A Revolução Industrial.*
Rio de Janeiro: Zahar, 1979 (adaptado).

Qual relação é estabelecida no texto entre os avanços tecnológicos ocorridos no contexto da Revolução Industrial Inglesa e as características das cidades industriais no início do século XIX?

a) A facilidade em se estabelecerem relações lucrativas transformava as cidades em espaços privilegiados para a livre iniciativa, característica da nova sociedade capitalista.
b) O desenvolvimento de métodos de planejamento urbano aumentava a eficiência do trabalho industrial.
c) A construção de núcleos urbanos integrados por meios de transporte facilitava o deslocamento dos trabalhadores das periferias até as fábricas.
d) A grandiosidade dos prédios onde se localizavam as fábricas revelava os avanços da engenharia e da arquitetura do período, transformando as cidades em locais de experimentação estética e artística.

e) O alto nível de exploração dos trabalhadores industriais ocasionava o surgimento de aglomerados urbanos marcados por péssimas condições de moradia, saúde e higiene.

Orientações para a resposta

Em seu texto, a historiadora britânica Phyllis M. Deane estabelece associações entre algumas características da cidade industrial e a palavra lucrativo. A última frase do texto faz uma analogia entre o desenvolvimento tecnológico e as relações entre os seres humanos. Perceba que a questão requer que você relacione as duas frases finais do texto, apontando de que maneira a autora qualifica a relação entre tecnologia e cidade industrial.

3. (Enem-MEC/2017).

"Fala-se muito nos dias de hoje em direitos do homem. Pois bem: foi no século XVIII – em 1789, precisamente – que uma Assembleia Constituinte produziu e proclamou em Paris a Declaração dos Direitos do Homem e do Cidadão. Essa Declaração se impôs como necessária para um grupo de revolucionários, por ter sido preparada por uma mudança no plano das ideias e das mentalidades: o iluminismo."

FORTES, Leandro L. R. S. *O iluminismo e os reis filósofos.*
São Paulo: Brasiliense, 1981 (adaptado).

Correlacionando temporalidades históricas, o texto apresenta uma concepção de pensamento que tem como uma de suas bases a:

a) modernização da educação escolar.
b) atualização da disciplina moral cristã.
c) divulgação de costumes aristocráticos.
d) socialização do conhecimento científico.
e) universalização do princípio da igualdade civil.

Orientações para a resposta

O enunciado da questão pede que você correlacione dois fenômenos que ocorreram em duas temporalidades históricas distintas: a Declaração dos Direitos do Homem e do Cidadão e o iluminismo. Você deve selecionar a alternativa que define corretamente qual é o princípio que norteia esses dois fenômenos.

4. (Enem-MEC/2007).

"Em 4 de julho de 1776, as treze colônias que vieram inicialmente a constituir os Estados Unidos da América (EUA) declaravam sua independência e justificavam a ruptura do pacto colonial. Em palavras profundamente subversivas para a época, afirmavam a igualdade dos homens e apregoavam como seus direitos inalienáveis: o direito à vida, à liberdade e à busca da felicidade. Afirmavam que o poder dos governantes, aos quais cabia a defesa daqueles direitos, derivava dos governados. Esses conceitos revolucionários que ecoavam o iluminismo foram retomados com maior vigor e amplitude treze anos mais tarde, em 1789, na França."

Emília Viotti da Costa. "Apresentação da coleção".
In: POMAR, Wladimir. *Revolução Chinesa.*
São Paulo: Unesp, 2003 (com adaptações).

Considerando o texto acima, acerca da independência dos EUA e da Revolução Francesa, assinale a opção correta.

a) A independência dos EUA e a Revolução Francesa integravam o mesmo contexto histórico, mas se baseavam em princípios e ideais opostos.
b) O processo revolucionário francês identificou-se com o movimento de independência norte-americana no apoio ao absolutismo esclarecido.
c) Tanto nos EUA quanto na França, as teses iluministas sustentavam a luta pelo reconhecimento dos direitos considerados essenciais à dignidade humana.
d) Por ter sido pioneira, a Revolução Francesa exerceu forte influência no desencadeamento da independência norte-americana.
e) Ao romper o pacto colonial, a Revolução Francesa abriu o caminho para as independências das colônias ibéricas.

Orientações para a resposta

O texto permite que você organize cronologicamente os três processos históricos mencionados (a Declaração de Independência dos Estados Unidos, o iluminismo e a Revolução Francesa) e explicita as relações entre iluminismo e o movimento estadunidense e francês. Identifique essas conexões para assinalar a alternativa correta.

UNIDADE 5
O PROCESSO DE INDEPENDÊNCIA DO BRASIL

Proclamação da independência, pintura de François-René Moreaux, 1844.

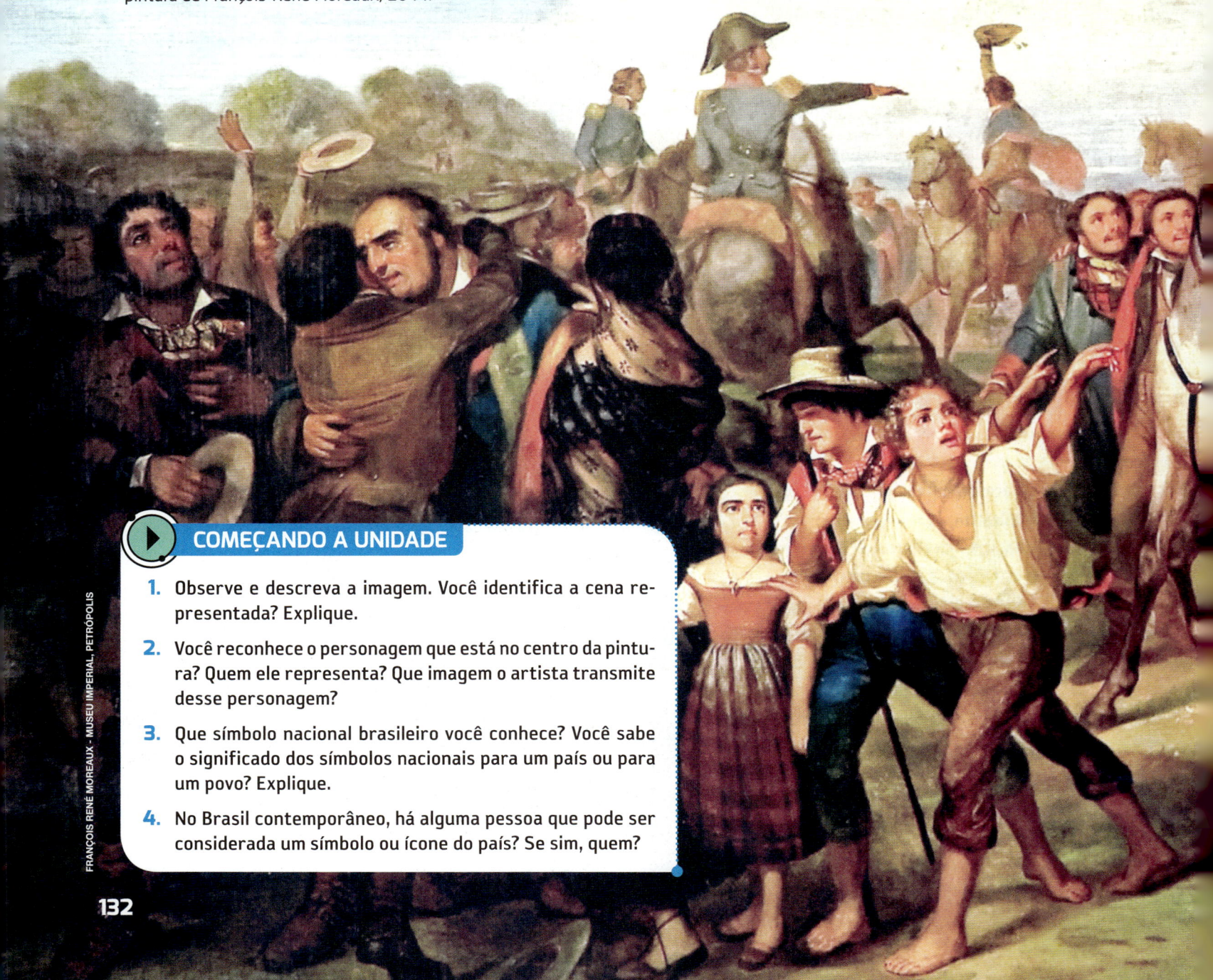

COMEÇANDO A UNIDADE

1. Observe e descreva a imagem. Você identifica a cena representada? Explique.

2. Você reconhece o personagem que está no centro da pintura? Quem ele representa? Que imagem o artista transmite desse personagem?

3. Que símbolo nacional brasileiro você conhece? Você sabe o significado dos símbolos nacionais para um país ou para um povo? Explique.

4. No Brasil contemporâneo, há alguma pessoa que pode ser considerada um símbolo ou ícone do país? Se sim, quem?

A NAÇÃO E SEUS SÍMBOLOS

Ser brasileiro, integrar uma nacionalidade, com um território e um Estado constituído, não é apenas uma condição definida em um artigo constitucional. Mais que isso, é um sentimento partilhado por uma coletividade, que se reconhece ligada por uma identidade histórico-cultural comum.

O Brasil e os brasileiros, tais como entendemos hoje, não existiam no período colonial nem na época da independência do país, em 1822. A construção da nacionalidade brasileira, de um sentimento de brasilidade, foi um processo longo e difícil que se arrastou pelo século XIX. A pintura reproduzida nesta abertura fez parte desse esforço de construir um sentimento de identidade e união nacional. Você consegue imaginar por quê?

ATITUDES PARA A VIDA

- Aplicar conhecimentos prévios a novas situações.
- Questionar e levantar problemas.
- Controlar a impulsividade.
- Escutar os outros com atenção e empatia.

TEMA 1

O BRASIL E A CRISE DO ANTIGO SISTEMA COLONIAL

Que fatores levaram os colonos a questionar a dominação colonial portuguesa?

A batalha da baía de Vigo, em 12 de outubro de 1702, pintura de Ludolf Bakhuysen representando o combate entre as esquadras anglo-holandesa e hispano-francesa durante a Guerra de Sucessão Espanhola.

A CRISE PORTUGUESA SE APROFUNDA

A situação de Portugal no contexto internacional do século XVIII era delicada. As monarquias ibéricas, pioneiras no processo de colonização da América, passaram a enfrentar a concorrência de potências em ascensão, como Holanda, França e Inglaterra. Portugal, por exemplo, sofria os efeitos da concorrência no comércio do açúcar e de africanos escravizados.

A rivalidade entre essas potências caracterizou todo o século XVIII, com destaque para a disputa entre França e Inglaterra. Enquanto os ingleses conquistavam vantagens no mundo ultramarino, os franceses exerciam influência sobre outras monarquias europeias, como a Espanha.

Enquanto foi possível, os reis lusos se mantiveram neutros diante desses conflitos. A fragilidade da economia portuguesa, no entanto, restringia a capacidade do governo português de resistir por muito tempo às pressões externas.

Assim, pressionados desde a metade do século XVII, os portugueses vinham se aproximando da Inglaterra e assinando tratados comerciais que beneficiavam a nação britânica.

TENTATIVAS DE SUPERAÇÃO DA CRISE

A dependência da economia portuguesa se aprofundou com a assinatura do **Tratado de Methuen**, em 1703. O acordo estabelecia o fim de qualquer restrição à entrada de vinhos portugueses na Inglaterra e de tecidos ingleses em Portugal. Em outras palavras, o tratado abria o mercado português à entrada de tecidos ingleses e o mercado inglês à entrada de vinhos portugueses.

O Tratado de Methuen, no entanto, foi prejudicial para a economia portuguesa porque o volume de tecidos importados por Portugal era muito superior à quantidade de vinhos importada pela Inglaterra. O resultado dos vários tratados desiguais firmados entre os dois países foi o crescente déficit comercial do reino português.

A partir da segunda metade do século XVIII, com a progressiva queda na produção aurífera em Minas Gerais, a crise econômica portuguesa agravou-se mais ainda. Diante disso, algumas medidas foram tomadas visando gerar mais recursos para o reino e superar a crise. Essa tarefa ficou a cargo de Sebastião José de Carvalho e Melo, o **marquês de Pombal**, ministro de Estado da Guerra e dos Negócios Estrangeiros do rei D. José I.

Retrato de Sebastião José de Carvalho e Melo, o marquês de Pombal, pintura de autoria desconhecida, século XVIII.

A ADMINISTRAÇÃO POMBALINA

Diante da fragilidade econômica de Portugal, a exploração de ouro na região das Minas Gerais e o aumento do controle do comércio colonial assumiram um papel estratégico.

Na visão de Pombal, o crescimento das indústrias, do comércio e da produção agrícola de Portugal decorreria da exploração da colônia, do aumento da arrecadação fiscal e do combate ao contrabando. Para isso, o ministro tomou várias medidas visando reforçar o controle sobre a colônia portuguesa na América. Veja algumas delas a seguir.

- Em 1751, foram criadas as Casas de Inspeção do Tabaco e do Açúcar para solucionar dificuldades na exportação desses produtos.

- Com a finalidade de reforçar o monopólio comercial português, foram criadas a Companhia Geral do Grão-Pará e Maranhão (1755) e a Companhia Geral de Pernambuco e Paraíba (1759).

- Para consolidar o domínio português das fronteiras do norte e do sul da América portuguesa, Pombal propôs integrar os indígenas à sociedade colonial. Para isso, determinou a obrigatoriedade do uso da **língua portuguesa**, incentivou os casamentos entre colonos e nativos (1755) e proibiu que estes fossem escravizados (1758), medida que impulsionou o lucrativo tráfico de escravos africanos.

Ilustração do século XIX representando o terremoto que causou a destruição de grande parte de Lisboa em 1755.

Além disso, em 1759, com o intuito de reforçar a centralização político-administrativa, os jesuítas foram expulsos de Portugal e de todos os seus domínios coloniais. Dois anos depois, Pombal criou o Real Erário com as tarefas de garantir a cobrança do quinto na América portuguesa e combater a sonegação e o contrabando. Em 1763, transferiu a sede do governo do Brasil de Salvador para o Rio de Janeiro, aproximando o centro político da colônia das áreas mineradoras.

As medidas pombalinas sobre a América portuguesa também visavam arrecadar recursos para cobrir os gastos com a reforma de Lisboa. Isso porque a capital metropolitana havia sido atingida por um grande terremoto, em 1755, que a destruiu quase por completo. O marquês de Pombal, defensor das ideias da Ilustração, encarregou-se de contratar engenheiros para reconstruir e remodelar a cidade.

As medidas pombalinas, contudo, não foram suficientes para impedir a crise do domínio colonial português na América, que expressava, mais que a fragilidade portuguesa, a falência do Antigo Regime. A independência dos Estados Unidos (1776), os interesses das indústrias inglesas em conquistar o mercado das colônias e a insatisfação das elites de algumas capitanias com a exploração colonial apontavam para o fim da dominação portuguesa no Brasil. As conjurações Mineira e Baiana, no fim do século XVIII, mostrariam que o colapso do mercantilismo e do antigo sistema colonial era um movimento que os reinos ibéricos já não conseguiam deter.

Mapa localizador

A CONJURAÇÃO MINEIRA

A exploração aurífera em Minas Gerais havia gerado uma rica elite urbana, formada em grande parte por contratadores, homens de prestígio que recebiam da Coroa o direito de cobrar os impostos da população mineira. Entretanto, com o progressivo esgotamento das minas a partir dos anos 1760, os contratadores se viram em grandes dificuldades.

A queda na produção aurífera levou à redução dos tributos recolhidos pelos contratadores e, consequentemente, à diminuição da parte destinada aos cofres da Coroa. No início de 1789, as dívidas dos contratadores com a Coroa somavam 1 milhão de réis.

Em 1788, chegou à região das Minas Gerais o novo governador da capitania, Luís Antônio de Castro do Rio de Mendonça, o visconde de Barbacena. Sua tarefa era cumprir a lei da **derrama**, que obrigava o pagamento de 100 arrobas de ouro anuais para a Coroa portuguesa.

Quando foi anunciado que a cobrança dos impostos atrasados seria feita em 1789, acompanhada de uma ampla investigação sobre o contrabando na região, destacados membros da elite econômica e intelectual de Minas Gerais passaram a se reunir em Vila Rica e a planejar um movimento contra o domínio colonial, que ficou conhecido como **Conjuração Mineira**.

Entre os conspiradores estavam os padres José Rolim e Carlos Toledo e Melo; contratadores endividados, como João Rodrigues de Macedo, Joaquim Silvério dos Reis e Domingos de Abreu Vieira; os poetas Tomás Antônio Gonzaga e Cláudio Manoel da Costa; e o alferes Joaquim José da Silva Xavier, mais conhecido como **Tiradentes** por também exercer funções de dentista.

Os conjurados, em sua maioria, tinham frequentado as universidades europeias, onde entraram em contato com as obras de pensadores iluministas e seus ideais de liberdade e igualdade. Essas convicções, somadas ao exemplo da luta pela independência dos Estados Unidos (1776), influenciaram essa elite econômica e intelectual de Minas Gerais a definir os objetivos da conjuração, como veremos a seguir.

Moeda comemorativa do bicentenário da Conjuração Mineira. No Brasil republicano, a figura de Tiradentes foi alçada à condição de herói que se rebelou contra a monarquia.

Conjuração: sublevação contra uma autoridade estabelecida.
Alferes: oficial de baixa patente.

Charge de Eduardo Medeiros satirizando o anúncio da derrama, cobrança compulsória dos impostos devidos pelos colonos da capitania de Minas Gerais, 2014.

A SEDIÇÃO QUE NÃO SE CONCRETIZOU

O plano dos conspiradores era proclamar uma república em Minas Gerais, esperando obter apoio de São Paulo e do Rio de Janeiro. Alguns deles eram contrários à escravidão, mas a maioria defendia sua continuidade por serem donos de escravos.

Os conjurados também propunham o perdão de todas as dívidas com a Fazenda Real; o incentivo à instalação de manufaturas na capitania; a liberação do Distrito Diamantino para todos os mineiros; e a fundação de uma universidade em Vila Rica.

Em reuniões na casa do tenente-coronel Francisco de Paula Freire de Andrade, os conjurados decidiram que o levante deveria ocorrer no dia da execução da derrama. Porém, em março de 1789, Joaquim Silvério dos Reis, um dos contratadores mais endividados, delatou os companheiros em troca do perdão de suas dívidas com a Coroa. Com isso, todos os revoltosos foram presos e enviados para o Rio de Janeiro. O movimento, portanto, não chegou a se realizar.

Do total de 34 conspiradores, 11 foram condenados à morte. Dez deles, porém, tiveram suas penas substituídas pelo exílio perpétuo na África. Somente Tiradentes foi executado em uma cerimônia pública no Rio de Janeiro. Em 21 de abril de 1792, o alferes foi enforcado, e seu corpo, esquartejado. Seus restos mortais foram expostos em postes das cidades mineiras. O ritual tinha força simbólica: mostrar à população o destino de quem se rebelava contra a Coroa.

É BOM SABER

Outras inconfidências

Você sabia que, antes da Conjuração Mineira, houve outras revoltas na região das Minas? As primeiras delas ocorreram em Curvelo (1760-1763), Mariana (1768) e Sabará (1775). O objetivo dessas revoltas, porém, não era romper com Portugal, mas mostrar a insatisfação dos colonos com a expulsão dos jesuítas dos domínios portugueses e com outras medidas tomadas por Pombal. Mesmo assim, essas revoltas já expressavam o desgaste da Coroa portuguesa na América.

Explore

- Esta pintura pode ser lida como uma narrativa da Conjuração Mineira dividida em dois momentos principais.
  a) Quais momentos são esses?
  b) Como o artista diferenciou, na representação dos personagens, esses dois episódios?
  c) Por que, ao representar o segundo episódio, é difícil distinguir o personagem central das demais figuras humanas?

Detalhe de *Tiradentes*, painel de Candido Portinari, 1948-1949. O painel foi produzido na fase da pintura histórica de Portinari, a partir de 1947, quando o artista deixou de lado a temática social de obras anteriores para retratar episódios e personagens da história do Brasil.

Vista do Pelourinho, em Salvador, Bahia. Foto de 2017.

A CONJURAÇÃO BAIANA

As revoltas dos colonos também atingiram outras regiões do Brasil, como Salvador, na Bahia. Em fins do século XVIII, o aumento dos preços do açúcar no mercado internacional, provocado principalmente pelas guerras de independência no Haiti, estimulou muitos proprietários da Bahia a ampliar o cultivo de cana e a reduzir as plantações de gêneros alimentícios. Como resultado, o preço dos alimentos subiu e grande parte da população começou a enfrentar a fome.

A escassez de alimentos criou um ambiente propício para a revolta, que ficou conhecida como **Conjuração dos Alfaiates**. A presença das ideias iluministas e as notícias sobre a Revolução Francesa e a independência do Haiti, divulgadas em Salvador principalmente pela Sociedade Maçônica Cavaleiros da Luz, também contribuíram para impulsionar o movimento.

A Conjuração Baiana teve caráter popular e forte conteúdo de oposição à elite econômica e social. A revolta reuniu pequenos comerciantes, soldados, artesãos, alfaiates, negros libertos, mulatos e escravos, além de alguns homens brancos mais abastados.

O primeiro ato da conjuração ocorreu no dia 12 de agosto de 1798, quando alguns locais públicos de Salvador amanheceram cobertos de cartazes chamando o povo à revolução. Vários deles atacavam a administração portuguesa, reivindicavam melhores remunerações aos soldados e denunciavam a corrupção das autoridades.

"O poderoso e magnífico povo bahiense republicano desta cidade da Bahia Republicana considerando nos muitos e repetidos latrocínios feitos com os títulos de imposturas, tributos e direitos que são celebrados por ordem da Rainha de Lisboa, e no que respeita a inutilidade da escravidão do mesmo povo tão sagrado e digno de ser livre, com respeito à liberdade e à igualdade ordena, manda e quer que para o futuro seja feita nesta cidade e seu termo a sua revolução para que seja exterminado para sempre o péssimo jugo ruinável da Europa [...]. O povo será livre do despotismo do rei tirano, ficando cada um sujeito às leis do novo código e reforma de formulário [...]."

Aviso ao Clero e ao Povo Bahiense Indouto, 12 de agosto de 1798. *Impressões Rebeldes*. Disponível em <http://mod.lk/042o9>. Acesso em 16 ago. 2018.

A LUTA PELA LIBERDADE

Conheça a seguir as principais reivindicações dos conjurados baianos.

- O fim do domínio português na Bahia.
- A proclamação da república.
- A liberdade de comércio.
- O fim da escravidão.
- O fim das diferenças raciais.

O movimento, porém, foi rapidamente contido. Com a ajuda de delatores, alguns deles membros da elite baiana que participaram da conspiração, as investigações levaram os principais envolvidos à prisão.

A condenação recaiu apenas sobre os negros e os mulatos, que foram punidos com rigor. Os soldados Luís Gonzaga das Virgens e Lucas Dantas do Amorin e os alfaiates João de Deus e Manuel Faustino foram condenados à morte e executados na forca em 1799.

Assim como ocorreu na Conjuração Mineira, os condenados tiveram os corpos esquartejados e expostos em locais públicos.

Página da HQ *Revolta dos Búzios*, de Maurício Pestana, publicada em 2014, que conta a história da Conjuração Baiana.

ORGANIZAR O CONHECIMENTO

1. Assinale as afirmativas que explicam o aprofundamento da crise econômica portuguesa no século XVIII.

    a) ( ) A concorrência com outras potências europeias no tráfico de africanos escravizados.

    b) ( ) A queda do valor do açúcar no mercado internacional e o declínio da produção de ouro no Brasil a partir de meados do século XVIII.

    c) ( ) O desenvolvimento da economia metropolitana, que diminuiu a dependência portuguesa em relação às suas colônias ultramarinas, especialmente o Brasil.

    d) ( ) Acordos comerciais assinados com a Inglaterra, que foram vantajosos para os britânicos, mas desvantajosos para os lusitanos.

2. Copie no caderno o quadro a seguir e complete-o.

	Conjuração Mineira	Conjuração Baiana
Local e data		
Situação econômica da capitania		
Composição social do movimento		
Objetivos		
Como terminou		

TEMA 2

A VINDA DA FAMÍLIA REAL PARA O BRASIL

Que mudanças ocorreram no Brasil após a chegada da família real portuguesa?

POR QUE A FAMÍLIA REAL SE MUDOU PARA O BRASIL?

No início do século XIX, a Europa vivia uma grave crise política e militar. De um lado, o grande exército francês de Napoleão Bonaparte dominava o continente. De outro, a Inglaterra, com sua enorme armada, era a senhora dos mares. No meio desses dois gigantes estava Portugal, economicamente pobre, apesar de suas inúmeras colônias.

Quando o imperador francês decretou o Bloqueio Continental, o governo luso viu-se em um dilema. Por um lado, submeter-se ao bloqueio e romper com a Inglaterra significava expor as colônias portuguesas ao poderio naval inglês. Por outro, desacatar a ordem de Napoleão resultaria na invasão de Portugal pelas tropas francesas.

A intenção de transferir a corte portuguesa para o Brasil não era nova; ela já tinha sido cogitada em várias ocasiões desde o século XVII. Diante das pressões daquele momento, a mudança foi vista como a melhor opção por D. João e alguns de seus ministros, porque isso evitaria o conflito militar direto com a França, garantiria a segurança da família real e impediria a invasão do Brasil pela Inglaterra.

Em outubro de 1807, Inglaterra e Portugal negociaram a transferência da família real para o Brasil, que seria escoltada pela esquadra inglesa em troca de vantagens comerciais. No dia 29 de novembro, a família real, acompanhada de aproximadamente 10 mil pessoas, partiu do porto de Belém, em Lisboa, com destino ao Brasil. Nos navios, partiram também joias, louças, mapas, arquivos oficiais e moedas.

Explore

- Que local foi representado na obra? Por que essas pessoas estão reunidas? Quem é o personagem principal da imagem?

Embarque de D. João VI para o Brasil, pintura de autor desconhecido, século XIX.

141

EM TERRAS BRASILEIRAS

No dia 24 de janeiro de 1808, a embarcação que conduzia o príncipe regente D. João atracou em Salvador. Pela primeira vez, uma família real europeia pisava em solo americano. Dias depois, D. João assinou o decreto que **abriu os portos brasileiros** ao comércio com as nações amigas.

Ao abrir os portos brasileiros, o príncipe cumpria o acordo feito com a Inglaterra, pelo qual esta se comprometia a escolar a corte para o Brasil em troca do fim das restrições comerciais aos produtos ingleses. Para completar essa aliança, em 1810, D. João assinou o **Tratado de Comércio e Navegação**, que concedia tarifas privilegiadas às exportações inglesas.

A abertura dos portos decorreu também da ocupação de Portugal pelas tropas francesas. Com o território invadido, os portugueses não teriam como abastecer o Brasil com produtos europeus, nem como exportar os produtos coloniais por meio de Portugal. Assim, a carta régia de 1808 autorizou a entrada no Brasil de produtos transportados em navios portugueses ou de nações amigas de Portugal. O mesmo valia para produtos que deixassem a América portuguesa. Para o Brasil, a abertura dos portos significou o fim do **exclusivo comercial metropolitano**.

Príncipe regente: membro da realeza que comanda um país, mas não é o monarca. D. João tornou-se príncipe regente em 1792, quando sua mãe enlouqueceu. Ele só foi aclamado rei em 1818, dois anos após a morte da rainha, recebendo o título de D. João VI.

DE COLÔNIA A SEDE DA MONARQUIA PORTUGUESA

Em 8 de março de 1808, o navio que transportava o príncipe D. João e a rainha D. Maria I chegou ao porto do Rio de Janeiro. A capital da colônia parou para homenagear a família real. Ao som dos sinos e dos tiros de canhão, autoridades da América portuguesa, além de nobres que já haviam desembarcado, receberam os ilustres visitantes, diante dos olhos curiosos da multidão que ali vivia e acompanhava os festejos.

Aos poucos, a colônia transformou-se em sede da administração portuguesa. Repartições que cuidavam das finanças, do comércio, da agricultura e de outros serviços foram transferidas para a cidade do Rio de Janeiro.

Chegada do príncipe regente D. João à Igreja do Rosário, pintura de Armando Martins Viana, século XX.

Os refrescos à tarde no Largo do Paço, gravura de Jean-Baptiste Debret, c. 1835. A imagem representa habitantes do Rio de Janeiro bebendo e recolhendo água no chafariz do Largo do Paço, uma das poucas fontes de água limpa da cidade.

INOVAÇÕES NA CIDADE DA CORTE

A família real procurou trazer para o Rio de Janeiro o modo de vida nas capitais europeias, tanto em seus aspectos urbanísticos quanto nos culturais. Assim, uma série de medidas foram tomadas para mudar a fisionomia da cidade.

Córregos foram canalizados, ruas passaram a ter iluminação e muitos aterros e estradas foram construídos. Em 1808, criou-se a Imprensa Régia, o Real Horto (atual Jardim Botânico) e o Banco do Brasil. Dois anos depois, foi fundada a Real Biblioteca (atual Biblioteca Nacional) e, em 1818, o Museu Real (atual Museu Nacional, atingido por um incêndio em 2018). D. João também trouxe ao Brasil a **Missão Artística Francesa**, formada, entre outros artistas, pelos pintores Nicolas-Antoine Taunay e Jean-Baptiste Debret.

Com a chegada da família real, a pacata cidade de 50 mil habitantes ganhou um pouco da agitação das grandes cidades europeias. Tornaram-se comuns eventos sociais como bailes, óperas e jantares aristocráticos, bem como o "beija-mão", cerimônia típica das monarquias europeias absolutistas em que o rei ouvia queixas dos súditos e poderia conceder a eles benefícios e favores.

Em contraste com o luxo da corte, porém, as condições de vida da maior parte da população eram precárias. Não existia sistema de esgoto e de coleta do lixo; por isso, o mau cheiro e as doenças faziam parte do cotidiano da cidade. Além disso, faltavam alimentos, água potável e moradia. Os mais atingidos eram os escravos e os libertos, que moravam geralmente em cortiços.

Explore

1. Cite alguns artistas que retrataram o Brasil durante o século XIX.
2. Obras de quais desses artistas foram reproduzidas nesta unidade?
3. Descreva algumas características do Brasil daquele período que foram representadas pelos artistas viajantes.
4. O que essas obras revelam a respeito do olhar europeu sobre o Brasil?

#partiuBrasilXIX

Durante o século XIX, diversos artistas vieram ao Brasil para retratar o país. Já imaginou como seria se existissem naquela época as redes sociais que você usa hoje? Embarque nessa viagem para ver o que eles postariam!
Disponível em <http://mod.lk/zprsz>.

UMA NOVA DIGNIDADE AO BRASIL

Com a derrota napoleônica na Europa, as potências europeias reunidas no Congresso de Viena (1814-1815) determinaram que as monarquias destituídas por Napoleão reassumissem o trono. Como as resoluções em Viena só reconheciam Lisboa como sede do governo português, e D. João não planejava retornar a Portugal para assumir o trono, a solução encontrada pelo príncipe foi elevar sua colônia americana, em dezembro de 1815, à categoria de **Reino Unido a Portugal e Algarves**.

Essa mudança oficializava a nova organização da monarquia portuguesa perante as demais nações europeias e o fim da divisão metrópole-colônia, já superada na prática pela abertura dos portos, em 1808. A medida também reforçou a importância do espaço americano no conjunto do Império Português e deu uma nova dignidade política ao Brasil.

A decisão de D. João em permanecer no Brasil também revelava um temor: seu retorno a Portugal poderia levar à desintegração do Império Português e à substituição, no Brasil, do regime monárquico por uma fragmentação territorial de caráter republicano.

É BOM SABER

A interiorização da metrópole

Com a transferência da família real para o Rio de Janeiro, o aparelho burocrático do Império Português, até então centrado em Portugal, deslocou-se para a América, seu eixo econômico. Esse processo é denominado "interiorização da metrópole".

Esse acontecimento redefiniu, também, a hierarquia entre as províncias do Brasil. Em troca de apoio financeiro, D. João concedeu favores e honrarias às elites do Rio de Janeiro, São Paulo, Minas Gerais e Rio Grande do Sul, tornando o Centro-Sul a principal área econômica do Brasil. Enquanto isso, outras regiões, como o Nordeste, tiveram aumentos de impostos visando custear a instalação da corte portuguesa. Descontentes, moradores de Pernambuco rebelaram-se contra o governo.

Dia de beija-mão no Rio de Janeiro, gravura de autor desconhecido, identificado pela sigla A. P. D. G., de c. 1826. D. João soube negociar concessão de favores e títulos em troca do apoio financeiro de homens ricos da sociedade brasileira, especialmente do Centro-Sul.

UMA REBELIÃO NO NORDESTE

O Nordeste, que em séculos anteriores desfrutou de riqueza e prestígio trazidos pela economia açucareira, enfrentava uma situação crítica no início do século XIX. Nesse período, a região passava por uma grave crise econômica, causada principalmente pelo declínio das lavouras de exportação. Além disso, a população estava descontente com o controle que os portugueses exerciam sobre o comércio e os altos cargos administrativos e com a sobrecarga de impostos cobrados do governo sediado no Rio de Janeiro após a transferência da corte para o Brasil.

A combinação desses fatores levou à **Revolução Pernambucana de 1817**. Padres, artesãos, militares, juízes, proprietários de terra e outros setores sociais tomaram o governo de Recife e proclamaram a república. O movimento instalou um governo provisório, inspirado no Diretório da Revolução Francesa, e propôs a elaboração de uma Constituição que expressasse princípios do liberalismo, a liberdade de imprensa, a soberania popular e a tolerância religiosa. Porém, não havia unidade entre os revoltosos: os pobres queriam conquistar a igualdade, enquanto as elites buscavam a autonomia política.

O movimento atingiu Paraíba, Rio Grande do Norte e Alagoas. Porém, após pouco mais de dois meses, o governo do Rio de Janeiro, com o apoio da Bahia, retomou o controle do Recife e reprimiu com violência os revoltosos. Apesar da derrota, a Revolução Pernambucana representou um duro golpe à monarquia portuguesa. Para alguns estudiosos sobre o evento, a Revolução Pernambucana representou, aos olhos do mundo, o acontecimento fundador do Brasil, que passou a ser percebido não mais como colônia, e sim como entidade nacional independente de Portugal.

> **Explore**
> 1. Que grupos sociais participantes da Revolução Pernambucana de 1817 foram representados no quadrinho?
> 2. Qual motivação para a revolta esse quadrinho apresenta?
> 3. Quais elementos presentes no quadrinho reforçam a ideia de que a revolta em Pernambuco teria o objetivo de fundar no Brasil um país separado de Portugal?

Quadrinho da obra *D. João Carioca: a corte portuguesa chega ao Brasil (1808-1821)*, de Lilia Moritz Schwarcz e Spacca, 2007.

ORGANIZAR O CONHECIMENTO

1. Escreva um pequeno texto utilizando as expressões do quadro a seguir.

   > Bloqueio Continental Napoleão Bonaparte
   > D. João   Inglaterra   abertura dos portos
   > Tratados de Comércio e Navegação
   > vantagens comerciais   Portugal

2. Responda às perguntas a seguir sobre o Brasil do período joanino.
   a) Além de cumprir um acordo com a Inglaterra, que outro motivo levou D. João a abrir os portos às nações amigas?
   b) Por que D. João elevou o Brasil à categoria de Reino Unido a Portugal e Algarves em 1815?

EM FOCO

A CONSTRUÇÃO DO BRASIL E DOS BRASILEIROS

O "Brasil" da colonização portuguesa

Como você viu ao longo desta unidade, até o início do século XIX não havia um sentimento de identidade nacional entre os habitantes da América portuguesa. "Brasil" era só um nome genérico que os portugueses utilizavam para se referir à sua colônia americana. O nome vinha do pau-brasil, árvore que os conquistadores tinham encontrado no início do século XVI.

Os descendentes de portugueses que tinham nascido no "Brasil" se consideravam tão portugueses quanto os que tinham nascido na Europa. Afinal, eles eram súditos do rei de Portugal, falavam português e procuravam recriar na América muitos dos costumes, crenças e instituições trazidos da terra natal.

Os indígenas, os africanos escravizados e seus descendentes tinham suas próprias identidades étnicas, com suas histórias, línguas e tradições. Enxergavam-se como sendo Guarani, Guaicuru, Benguela, Nagô, Nagomé, entre muitos outros povos, mas não como "brasileiros".

O mural *Todos somos um* (*Etnias*), do artista brasileiro Eduardo Kobra, foi produzido para celebrar a união dos cinco continentes representados nos Jogos Olímpicos de 2016, realizados na cidade do Rio de Janeiro. A diversidade étnica representada nesse mural está presente na formação do povo brasileiro.

Com o passar das gerações, essas populações que conviviam na América foram criando vínculos e identidades com a terra, porém, em um âmbito mais regional. Por exemplo, a elite de Pernambuco se orgulhava de ser pernambucana desde o século XVII, quando comandou a expulsão dos holandeses que tinham invadido a região. A elite que se formou em São Paulo no século XIX também expressava orgulho de ser paulista, porém, reivindicando para si as expedições que, no passado, os bandeirantes tinham promovido para adentrar o interior.

Mesmo quando tentaram se rebelar contra Portugal, no final do século XVIII, os colonos não se declaravam "brasileiros": os conjurados de Minas Gerais se diziam "filhos das Minas", enquanto os da Bahia se diziam "baienses". A independência que eles imaginavam era a de suas capitanias. Na época das conjurações, não era possível prever que um dia existiria um país chamado Brasil, com um povo que se identificasse como "brasileiro".

A invenção do Brasil no tempo de D. João VI

A ideia do "Brasil" como um único grande país, abarcando todo o território português na América, só começou a ganhar força a partir da permanência de D. João VI no Rio de Janeiro (1808-1821).

Nessa época, foram produzidas as primeiras obras artísticas e literárias que buscavam enaltecer essa parte do Império Português. A maioria dessas criações ficou a cargo de estrangeiros que viajaram para o Brasil após a vinda da corte e ajudaram a criar símbolos e imagens sobre o local. Foi o caso da Missão Artística Francesa, formada por pintores como Joachim Lebreton, Jean-Baptiste Debret e Nicolas-Antoine Taunay.

EM FOCO

O período de permanência da corte no Rio de Janeiro também foi marcado pela fundação dos primeiros jornais dirigidos ao público dessa terra, como o *Correio Braziliense* (1808) e *A Idade d'Ouro do Brasil* (1811). Já a primeira "história do Brasil" foi publicada pelo inglês Robert Southey entre 1810 e 1819. No mesmo período, diversos estudos sobre a natureza e a cultura brasileiras foram veiculados em livros e jornais, em especial *O Patriota* (1813), primeira publicação científica do Brasil.

A criação e a divulgação de imagens e ideias que buscavam pensar e valorizar o Brasil eram incentivadas pelo rei. Foi a Coroa portuguesa que autorizou e financiou a criação da imprensa nessa parte do império e trouxe artistas e cientistas da Europa para enaltecer e estudar a terra e seus habitantes – inclusive, para poder dominá-la. Com isso, D. João propagou entre as elites das diversas capitanias o orgulho de viver no Brasil, uma terra promissora, com riquezas suficientes para se tornar um "poderoso império".

Com a criação do Reino Unido de Portugal, Brasil e Algarves, em 1815, a valorização do Brasil foi ainda mais acentuada.

Bandeira do Império do Brasil, desenhada por Jean-Baptiste Debret, 1834-1839. As cores da primeira bandeira do Brasil remetiam ao regime monárquico, simbolizando as origens familiares de D. Pedro I (verde, da casa de Bragança) e de sua esposa, a imperatriz Leopoldina (amarelo, da casa de Habsburgo).

Primeiro passeio de D. João VI e D. Leopoldina na Quinta da Boa Vista, pintura de Nicolas-Antoine Taunay, 1818.

Fonte 1

Batuque, gravura de Johann Moritz Rugendas, c. 1835. O alemão Rugendas também viajou pelo Brasil representando cenas cotidianas. Práticas como a que o artista mostrou nessa imagem não eram bem vistas pelas elites da época, que consideravam as expressões culturais dos escravizados como vadiagem.

O Brasil dos fundadores do império

Os líderes da independência eram admiradores dos artistas estrangeiros trazidos por D. João VI e liam avidamente os jornais publicados desde a liberação da imprensa no Brasil. Essas imagens e textos ajudaram a criar na imaginação das elites a ideia de que todo esse imenso território formava uma só nação.

Ao proclamar a independência, D. Pedro I contou com aliados que tinham ideias diversas sobre como deveria ser a nova nação brasileira. Por exemplo, seu principal ministro, José Bonifácio de Andrada e Silva, pensava na fundação do império como uma oportunidade de realizar reformas que acabassem com o tráfico de escravos e promovessem a integração dos indígenas.

Porém, o que predominou, no fim das contas, foram os interesses das elites, formadas por grandes fazendeiros e traficantes de escravos. Seu ideal era o de uma civilização europeia na América. Vistos por essas elites como estrangeiros, inferiores ou mesmo como "inimigos internos", indígenas e africanos não eram considerados membros da nação brasileira.

EM FOCO

Fonte 2

A fundação do Colégio de Pedro II

Em 1837, foi fundado na cidade do Rio de Janeiro o Colégio de Pedro II, que tinha como objetivo formar uma elite letrada na capital do império. Seus alunos aprendiam as línguas latina, grega, francesa e inglesa, bem como retórica e os princípios elementares de geografia, história, filosofia, zoologia, mineralogia, botânica, química, física, aritmética, álgebra, geometria e astronomia.

"O Colégio de Pedro II recebeu atenções especiais na sua organização e orientação. Buscava-se o apoio daqueles que compunham a 'boa sociedade', que dependia de bons governantes, de bons administradores e de bons agentes civilizadores, como, por exemplo, o médico, o romancista e o professor de história. Afinal, era uma instituição aristocrática destinada a oferecer 'a cultura básica necessária às elites dirigentes', à 'boa sociedade' formada por aqueles que eram brancos, livres e proprietários de escravos e terras. Torna-se necessário lembrar que, quando a população brasileira girava em torno de 8,8 milhões de habitantes, apenas 1,2% era de alunos matriculados nas escolas do império."

A criação do Colégio de Pedro II. MultiRio: a mídia educativa da cidade. Disponível em <http://mod.lk/vshkn>. Acesso em 15 maio 2018.

Representação de alunos uniformizados do Colégio de Pedro II em 1855.

• O IHGB e o Brasil das "três raças"

O principal marco do esforço do império na criação de imagens e textos sobre o Brasil foi a fundação do **Instituto Histórico e Geográfico Brasileiro** (IHGB), em 1838, no Rio de Janeiro. Formado por membros da elite letrada e política, o instituto se inspirava nas agremiações iluministas que surgiam na Europa, apesar de estabelecer uma íntima relação com a monarquia. Sua missão era escrever, publicar e divulgar textos que tratavam da história e da geografia do país, de modo a criar e fortalecer em seus leitores o sentimento de pertencimento à nação brasileira.

A tarefa de pensar como se deveria conceber uma narrativa sobre a história do Brasil coube a um estrangeiro, o cientista e historiador alemão Carl Friedrich Philipp von Martius. Seu texto *Como se deve escrever a história do Brasil*, de 1844, foi o vencedor de um concurso promovido pelo IHGB em 1847 e serviu de base para outros autores que escreveram posteriormente sobre o tema.

A principal novidade trazida por von Martius foi a inclusão dos indígenas e africanos como personagens da história nacional. Porém, para o autor, apesar de o Brasil ser formado da miscigenação de "três raças" (branca, negra e indígena), era a cultura europeia que deveria prevalecer.

Fonte 3

Como se deve escrever a história do Brasil

"[...] A história é uma mestra, não somente do futuro, como também do presente. Ela pode difundir entre os contemporâneos sentimentos e pensamentos do mais nobre patriotismo. Uma obra histórica sobre o Brasil deve, segundo a minha opinião, ter igualmente a tendência de despertar e reanimar em seus leitores brasileiros amor da pátria, coragem, constância, indústria, fidelidade, prudência, em uma palavra, todas as virtudes cívicas. O Brasil está afeto em muitos membros de sua população de ideias políticas imaturas. Ali vemos republicanos de todas as cores, ideólogos de todas as qualidades. É justamente entre estes que se acharão muitas pessoas que estudarão com interesse uma história de seu país natal; para eles, pois, deverá ser calculado o livro, para convencê--los [...] da necessidade de uma monarquia em um país onde há um tão grande número de escravos. Só agora principia o Brasil a sentir-se como um todo unido."

MARTIUS, Carl Friedrich Philipp von. Como se deve escrever a história do Brasil [1844]. In: KHALED Jr., Salah H. *Horizontes identitários*: a construção da narrativa nacional brasileira pela historiografia do século XIX. Porto Alegre: EDIPUCRS, 2010. p. 86.

ATIVIDADES

ORGANIZAR O CONHECIMENTO

1. Que identificação os habitantes da América portuguesa tinham com o território em que habitavam?

2. Explique como a vinda da família real ao Brasil influenciou na construção da ideia de nação entre os "brasileiros".

ANALISAR AS FONTES

3. **Fonte 1** No século XIX, manifestações culturais como a representada na gravura faziam parte da identidade nacional brasileira? E atualmente? Justifique.

4. **Fontes 2 e 3** Com base na leitura das fontes, é possível identificar para quem o Estado brasileiro estava sendo construído? Qual era o papel da monarquia nesse processo?

POR UMA CONDUTA CIDADÃ

5. Até as primeiras décadas do século XX, manifestações culturais populares eram excluídas do ideal de nação brasileira. Atualmente, diversas dessas manifestações fazem parte da ideia de nação, cultura e identidade brasileiras. Em grupos, sigam o roteiro de trabalho a seguir.

   a) Pesquisem manifestações culturais populares que foram objeto de preconceito e exclusão no passado e hoje são respeitadas e reconhecidas como Patrimônio Cultural Imaterial Brasileiro.

   b) No estado em que vocês vivem, há alguma manifestação cultural popular que é vista com preconceito? Procurem saber mais a respeito dela, pesquisando sua origem, o perfil de seus praticantes, os locais em que é realizada etc.

   c) Organizem os materiais coletados, comparando as manifestações culturais do passado e do presente, e apresentem para a classe. Após todos os grupos se apresentarem, discutam: é possível que expressões culturais hoje discriminadas se transformem em patrimônio imaterial no futuro? Por quê?

REVISANDO

A crise do antigo sistema colonial

1. A **economia portuguesa** iniciou o século XVIII ainda mais frágil e **dependente da Inglaterra**. O **reforço** dos mecanismos de **controle colonial** foi a saída encontrada pela Coroa para superar as dificuldades.

2. A **administração pombalina** adotou medidas visando **fortalecer a economia portuguesa** por meio do controle de sua colônia americana.

3. A **Conjuração Mineira**, em 1789, expressou a reação das elites locais à **política tributária portuguesa** na região das minas. Os rebeldes pretendiam fundar uma **república independente em Minas Gerais**.

4. A **Conjuração Baiana**, em 1798, foi motivada pelas dificuldades econômicas enfrentadas na capitania e pelo descontentamento com o domínio colonial português. Os rebeldes, oriundos de vários setores da população, defendiam a **proclamação de uma república na Bahia**, a **liberdade de comércio** e o **fim da escravidão**.

A família real chega ao Brasil

1. A **transferência da família real para o Brasil**, cogitada desde o século XVII e concretizada em 1808, teve como causa imediata a **invasão de Portugal pelas tropas francesas**.

2. Em 1808, D. João assinou o alvará que **abriu os portos** às nações amigas e, em 1810, assinou o **Tratado de Comércio e Navegação** com a Inglaterra.

3. Com a chegada da corte, em 1808, o **Rio de Janeiro** tornou-se **sede da monarquia portuguesa**. A cidade sofreu grandes transformações urbanísticas e culturais.

4. Em 1815, o **Brasil** foi elevado à categoria de **Reino Unido a Portugal e Algarves**, deixando de ser, oficialmente, colônia portuguesa.

A independência do Brasil e o Primeiro Reinado

1. A **Revolução Liberal do Porto de 1820** e a formação das **Cortes portuguesas** tiveram resultados decisivos para Portugal e para o Brasil: o **retorno da família real portuguesa** e a **permanência de D. Pedro** no Brasil como príncipe regente.

2. Apoiado por setores da aristocracia rural brasileira, D. Pedro proclamou a **independência do Brasil** em 7 de setembro de 1822. Nas **províncias** do Pará, da Bahia, do Piauí, do Ceará e do Maranhão, **houve resistência à ruptura com Portugal**.

3. Após dissolver a Assembleia Constituinte de 1823, D. Pedro I outorgou a **primeira Constituição do Brasil**, que conciliou **interesses das elites** com o **autoritarismo** do imperador. Os **escravizados** e os **indígenas** permaneceram **marginalizados**.

4. A **crise econômica-financeira** aprofundou o **conflito de interesses** entre as **elites agrárias** e **D. Pedro I**, culminando na **abdicação do imperador**.

Trilha de estudo

Vai estudar? Nosso assistente virtual no *app* pode ajudar! <http://mod.lk/trilhas>

PARA LER

- **D. João carioca: a corte portuguesa chega ao Brasil (1808-1821)**

  Autores: Lilia Moritz Schwarcz; João Spacca

  São Paulo: Companhia das Letras, 2007

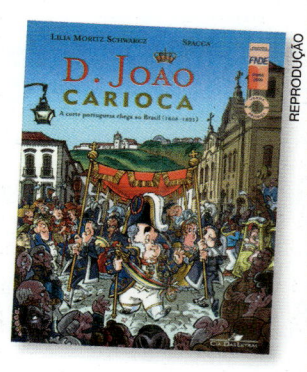

Sinopse

O livro narra a viagem da corte portuguesa ao Brasil e a experiência de D. João VI de governar o império a partir de sua colônia americana.

O livro e esta unidade

1. Como a personalidade de D. João VI é caracterizada na HQ? Ele é representado como um político hábil ou indeciso?
2. Como a chegada da corte transformou o cotidiano do Rio de Janeiro?

UNIDADE 6

O BRASIL DO SEGUNDO REINADO

HERANÇAS DA ESCRAVIDÃO E A LUTA POR IGUALDADE

A Lei Áurea aboliu a escravidão em 13 de maio de 1888. O negro liberto, porém, foi sistematicamente excluído dos postos de trabalho mais bem remunerados. Herança da escravidão em nosso país, o racismo, que se baseia na ideia de que existem pessoas "superiores" a outras, ainda hoje é um obstáculo para a construção de uma sociedade justa e menos desigual.

Após décadas de luta do movimento negro, algumas medidas têm sido adotadas para reverter essa situação. Tornou-se obrigatório, por exemplo, o ensino de história e cultura afro-brasileira e indígena na educação básica. Além disso, muitas universidades e instituições públicas de ensino adotaram o sistema de cotas para negros, indígenas e egressos de escolas públicas, iniciando assim uma política de reparação histórica.

"No pós-liberdade
O negro foi marginalizado
Teve a alma aprisionada
Com as algemas da desigualdade
Hoje refugiado em favelas
Onde a vida tem suas mazelas
Combate a miséria, o preconceito e a adversidade
A igualdade e o respeito
Mais do que anseios
Também são necessidades."

CRIOLO. *Povo guerreiro*. Autoria de Ricardo Rabelo e Willian Borges, 2018.

ATITUDES PARA A VIDA

- Persistir.
- Questionar e levantar problemas.
- Escutar os outros com atenção e empatia.

COMEÇANDO A UNIDADE

1. De acordo com os versos de Criolo, quais são as "heranças da escravidão" na sociedade brasileira?

2. Qual é a denúncia exposta na charge? O que você pensa a respeito dessa situação?

3. Você conhece outras situações que podem ser consideradas "heranças da escravidão" em nossa sociedade? Quais?

4. Na sua opinião, as medidas afirmativas citadas na abertura contribuem para superar as heranças da escravidão na sociedade brasileira? Explique.

Charge de Junião sobre a violência contra os negros no Brasil, 2017.

NEGROS SÃO AS MAIORES VÍTIMAS DA VIOLÊNCIA

— TCHAU, FILHO!! BOM TRABALHO! E VOLTA LOGO PARA CASA!

— TCHAU, FILHO! BOM TRABALHO! E VOLTA VIVO!

JUNIÃO
ponte.org

AS REVOLTAS REGENCIAIS

A regência de Feijó foi marcada por revoltas que ameaçaram fracionar o Estado brasileiro em várias repúblicas independentes. De um lado, as rebeliões expunham as divergências sobre o modelo político defendido para o Brasil: centralizado, defendido pelas elites ligadas ao poder imperial, ou descentralizado, defendido principalmente pelos grupos sociais do Sul e do Norte do Brasil. De outro lado, as revoltas expressavam as tensões sociais no país, onde a maioria da população era vítima da pobreza ou da violência da escravidão.

A REBELIÃO DOS MALÊS (1835)

Na primeira metade do século XIX, várias rebeliões de africanos escravizados ocorreram na província da Bahia. Em 1835, Salvador foi palco da mais radical delas. A maioria dos rebeldes fazia parte da nação **nagô**, em cuja língua – o iorubá – a palavra *imale* significa "muçulmano". Por isso, os rebeldes eram chamados de malês e a revolta ficou conhecida como **Rebelião dos Malês**.

Na virada de 24 para 25 de janeiro daquele ano, cerca de 600 negros, entre escravos e alforriados, rebelaram-se com o propósito de pôr fim à escravidão e matar brancos e mulatos considerados traidores.

Embora tenha havido certo planejamento, até mesmo com a compra de armas, os revoltosos foram delatados. Eles chegaram a atacar o quartel militar da cidade, mas sofreram forte repressão da Guarda Nacional.

O conflito resultou na morte de 70 rebeldes e 10 soldados, além de deixar muitos feridos e centenas de presos. Cerca de duzentos negros foram levados a julgamento e receberam penas que variavam do açoitamento ao fuzilamento. Mais de quinhentos libertos foram expulsos e mandados para a África.

Em 10 de junho, o governo regencial sancionou a Lei n. 4, que aumentou o rigor da pena aplicada aos escravos rebeldes. A lei estabeleceu que todo escravo que atentasse contra a vida de alguém seria condenado à pena de morte. A partir de então, o Estado passou a punir com maior rigor todo e qualquer escravo que se rebelasse contra a escravidão.

Após a violenta repressão aos rebeldes malês, o Estado se apressou em criar leis para coibir os levantes de escravos. Em 13 de maio de 1835 foi aprovada uma lei na Bahia que determinava a deportação de libertos associados a movimentos de rebeldia.

> **Explore**
> - Levante duas hipóteses para explicar por que as revoltas regenciais ocorreram em regiões mais distantes do Rio de Janeiro, onde estava o poder central.

REVOLTAS DO PERÍODO REGENCIAL

Legenda:
- Cabanagem (1835-1840)
- Balaiada (1838-1841)
- Malês (1835)
- Sabinada (1837)
- Rusgas Cuiabanas (1834)
- Farrapos (1835-1845)

Fonte: *IstoÉ Brasil, 500 anos*: atlas histórico. São Paulo: Três, 1998. p. 57.

Cabana no Rio Madeira, gravura de Auguste François Biard, 1862. Grande parte da população pobre da província do Grão-Pará morava em cabanas como essa, à beira de rios ou igarapés.

A CABANAGEM (1835-1840)

Distante da corte do Rio de Janeiro, a província do Grão-Pará tinha uma população composta de indígenas, mestiços, trabalhadores escravizados e libertos, e uma minoria branca, formada de comerciantes portugueses e locais, além de proprietários de terras.

Revoltas esparsas contra o governo central vinham ocorrendo desde a independência e se agravaram com a abdicação de D. Pedro I. O ponto central da insatisfação dos proprietários de terra e comerciantes locais era o controle exercido pelos portugueses nos altos cargos públicos, incluindo o de presidência da província.

Além disso, a extrema pobreza em que viviam os habitantes da região levou a revolta a combinar o desejo de ascensão política dos grupos ricos e médios locais com as reivindicações populares por melhores condições de sobrevivência. Uma vida melhor era o desejo dos **cabanos**, população formada por indígenas, negros e mestiços pobres que moravam em cabanas à beira de rios ou igarapés.

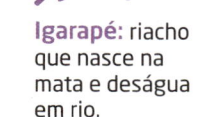

Igarapé: riacho que nasce na mata e deságua em rio.

A insatisfação aumentou quando o governo central nomeou um novo presidente para a província, o português Bernardo Lobo de Sousa. As medidas repressivas tomadas por ele para controlar as revoltas não surtiram o efeito esperado. Em 1835, os rebeldes tomaram Belém, executaram Lobo de Sousa e nomearam o fazendeiro Félix Clemente Malcher como presidente.

O novo governo da província declarou que não aceitaria presidentes nomeados pelos regentes, mas apenas pelo imperador. No entanto, não havia unidade entre os rebeldes. Para se ter uma ideia, durante o governo dos cabanos, houve uma rebelião de escravos na província, que foi duramente reprimida pelas tropas de Malcher.

Após a retomada da capital pelo exército do governo central, os rebeldes se refugiaram no interior, onde permaneceram lutando por aproximadamente três anos. Em 1840, as tropas do governo retomaram o controle da província. Estima-se que 30 mil pessoas morreram no conflito.

A GUERRA DOS FARRAPOS (1835-1845)

Em 1835 estourou na província do Rio Grande do Sul a Guerra dos Farrapos, também conhecida como Revolução Farroupilha, liderada por estancieiros gaúchos.

A economia da região tinha como base a criação de mulas, utilizadas para o transporte de mercadorias, e de gado bovino, com o qual se produzia o charque. Os estancieiros exigiam do governo central a diminuição dos tributos sobre o sal, a livre circulação de rebanhos entre Brasil e Uruguai, além do aumento das taxas cobradas sobre os produtos importados da Bacia do Prata, sobretudo o mate e o charque.

O conflito começou quando um grupo de estancieiros, liderados por Bento Gonçalves, depôs o presidente da província. Em 1838, os rebeldes proclamaram a **República de Piratini** e nomearam Bento Gonçalves como novo governante da província. Os rebeldes também invadiram Laguna, em Santa Catarina, e, em 1839, proclamaram a **República Juliana**, que durou apenas quatro meses.

A guerra civil se estendeu até 1845, quando a paz foi assinada. Houve uma anistia geral aos oficiais farroupilhas, que foram incorporados ao exército nacional. As dívidas da República de Piratini foram pagas pelo império e os rebeldes conquistaram o direito de eleger o próprio presidente de província.

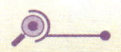

Estancieiro: nome que se dá, no Rio Grande do Sul, aos proprietários de fazendas de gado.

ORGANIZAR O CONHECIMENTO

1. Elabore uma cronologia ordenando os seguintes acontecimentos políticos:
   a) Criação do Ato Adicional.
   b) Início da regência do padre Antônio Feijó.
   c) Rebelião dos Malês.
   d) Abdicação de D. Pedro I.
   e) Formação do grupo dos restauradores.
   f) Anistia aos rebeldes da Farroupilha.

2. Complete o quadro sobre a Rebelião dos Malês e a Cabanagem.

	REBELIÃO DOS MALÊS	CABANAGEM
Local e época		Grão-Pará, 1835-1840.
Grupos em conflito	Negros escravos e alforriados, autoridades públicas e milícias da Guarda Nacional.	
Objetivos ou motivações		Nomeação do novo presidente de província e a extrema pobreza dos cabanos.
Como foi o desfecho	Violenta repressão e mortes de rebeldes e militares, além de muitas prisões.	

Batalha dos Farrapos, pintura de José Wasth Rodrigues, 1937.

TEMA 2 — D. PEDRO II NO TRONO DO BRASIL

O que representou a coroação de D. Pedro II para a política brasileira?

O GOLPE DA MAIORIDADE

Com as revoltas regenciais, aumentou a preocupação das elites políticas em relação à estabilidade da monarquia e à unidade territorial do Império do Brasil. Nesse contexto, o grupo dos regressistas criou o **Partido Conservador**, que defendia a manutenção do tráfico de escravos e a concentração de poder na capital do império. Os progressistas formaram o **Partido Liberal**, favorável ao fim do tráfico e à criação de incentivos à imigração de trabalhadores europeus para o Brasil. Também defendiam a descentralização do poder.

Pressionado pela crise política, o regente Feijó renunciou ao cargo e, em seu lugar, assumiu o conservador Araújo Lima, em 1838. A oposição aos conservadores não deu trégua. Em 1840, os liberais lançaram uma campanha pública pela antecipação da maioridade de Pedro de Alcântara, então com 14 anos de idade, defendendo que apenas um rei no trono garantiria estabilidade ao país.

Os conservadores, por sua vez, culpavam a criação das Assembleias Legislativas Provinciais pelas rebeliões, uma vez que elas haviam garantido autonomia às províncias. Por isso, em maio de 1840, Araújo Lima decretou a **Lei de Interpretação do Ato Adicional**, limitando novamente a autonomia das províncias.

A campanha pela maioridade ganhou apoio popular e, provavelmente, do próprio príncipe. Nesse contexto, o Parlamento aprovou a maioridade de Pedro de Alcântara. Em julho de 1841, ele assumiu o trono, com o título de D. Pedro II. Iniciava-se, assim, o Segundo Reinado no Brasil.

Essa foi a saída encontrada pelas elites brasileiras para salvar a ordem escravocrata e a unidade do império, ameaçadas pelos levantes nas províncias.

O ato da coroação do imperador D. Pedro II, pintura de François-René Moreaux, 1842.

Explore
- O artista representou D. Pedro II sendo coroado por um clérigo. O que esse ato revela sobre o Estado brasileiro durante o período monárquico?

173

A DISPUTA ENTRE LIBERAIS E CONSERVADORES

Responsáveis pelo projeto de lei que antecipou a maioridade de D. Pedro II, os liberais foram chamados pelo jovem imperador a compor o primeiro ministério de seu governo. No entanto, como os conservadores possuíam a maioria na Câmara dos Deputados, os liberais solicitaram ao imperador que dissolvesse o Parlamento e organizasse novas eleições.

Realizadas em outubro de 1840, as eleições ficaram marcadas pelo uso da violência por ambos os lados. Espancamentos e assassinatos de eleitores e adversários políticos, roubo de urnas e fraudes na contagem de votos explicam por que essa disputa pela hegemonia nas urnas ficou conhecida como "eleições do cacete".

Os liberais saíram vitoriosos. Insatisfeitos, os conservadores exigiram que o imperador destituísse o gabinete liberal e convocasse novas eleições. Os liberais reagiram organizando revoltas em São Paulo e Minas Gerais, que foram rapidamente sufocadas pelas tropas imperiais.

O PARLAMENTARISMO "ÀS AVESSAS"

Visando estabilizar a situação política no país e garantir a governabilidade, o imperador criou, em 1847, o cargo de **presidente do Conselho de Ministros**, medida que instituiu o parlamentarismo no Brasil. Mas como funcionava esse sistema parlamentar?

O imperador, utilizando-se do **Poder Moderador**, nomeava o presidente do Conselho de Ministros, que escolhia os integrantes de seu gabinete ministerial. Depois disso, organizavam-se novas eleições, de modo que o partido ocupante do gabinete ministerial pudesse governar com a maioria no Parlamento. Desse modo, D. Pedro II conseguiu diminuir os conflitos entre liberais e conservadores, promovendo o revezamento dos dois partidos no poder.

O parlamentarismo brasileiro foi inspirado no modelo já existente na Inglaterra, mas possuía diferenças marcantes. Na Inglaterra, por exemplo, o primeiro-ministro, que de fato governa o país, é escolhido pelo partido que recebeu mais votos nas eleições. Após ser eleito, é ele quem escolhe aqueles que farão parte de seu gabinete ministerial.

Explore

- Identifique as figuras representadas nessa charge. Depois, explique a relação entre a ironia presente na imagem e o parlamentarismo criado no Segundo Reinado.

Charge de Candido Aragonez de Faria para a revista *O Mequetrefe*, 1878.

A GUERRA DA TRÍPLICE ALIANÇA (1864-1870)

As razões para a eclosão da **Guerra do Paraguai**, que envolveu o Brasil, a Argentina, o Uruguai e o Paraguai, foram as disputas pelo controle da Bacia do Prata, formada pelos rios Paraná, Paraguai e Uruguai. Os conflitos existiam desde o período colonial, mas se agravaram depois das independências do Paraguai e do Brasil, pois os rios eram importantes para a navegação e o comércio internacional.

O Paraguai, sem acesso direto ao mar, dependia dos rios platinos para o escoamento de seus produtos até o Oceano Atlântico. Uruguai, Brasil e Argentina também tinham interesses na navegação comercial nessa região. No caso do Brasil, os rios funcionavam como importante via de comunicação entre a província do Mato Grosso e o restante do Brasil.

O CONFLITO ARMADO

As relações entre Brasil e Uruguai remontam ao período colonial. Muitos colonos criavam gado em terras do Uruguai e exportavam seus bois para o Brasil, pagando baixos impostos. Além disso, como a escravidão era permitida no Brasil, esses fazendeiros levavam seus escravos para trabalhar no país vizinho, embora ali a escravidão já fosse proibida.

Em 1864, o presidente uruguaio Bernardo Berro, do Partido Blanco, decidiu enfraquecer o negócio dos brasileiros e, de uma só vez, aumentou os impostos sobre a exportação de gado e proibiu o uso de escravos. A resposta de D. Pedro II foi imediata: com o apoio da Argentina, o Brasil interferiu na política uruguaia e apoiou Venâncio Flores, do Partido Colorado, para a presidência, em benefício dos pecuaristas brasileiros.

Francisco Solano López, presidente do Paraguai e aliado dos blancos, tinha grandes ambições para seu país. A interferência dos vizinhos na política uruguaia contrariava seus planos de melhorar o transporte de mercadorias nos rios platinos. Assim, em novembro de 1864, López rompeu relações diplomáticas com o Brasil e aprisionou um navio brasileiro no Rio Paraguai. Em seguida, tropas paraguaias invadiram o Mato Grosso e pediram autorização do governo argentino para atravessar seu território e chegar ao Uruguai. Diante da recusa, Solano López declarou guerra à Argentina.

Os ataques do Paraguai a Mato Grosso e Corrientes, na Argentina, motivaram Brasil e Argentina a formalizar uma aliança, à qual aderiu o Uruguai após os colorados tomarem o poder no país. Assim, em maio de 1865, Brasil, Argentina e Uruguai assinaram a **Tríplice Aliança**, com o compromisso de derrotar Solano López e liberar a navegação fluvial na região para os três países.

Embora não fosse bem treinado e equipado, a primeira fase da guerra foi vantajosa para o exército paraguaio. Porém, o avanço do Paraguai foi detido após a Batalha do Riachuelo, vencida pela Tríplice Aliança. O conflito só terminou em 1870, com a morte de Solano López e a derrota paraguaia.

Partido Blanco: partido uruguaio que representava os grandes proprietários de terras.

Partido Colorado: partido uruguaio composto de comerciantes de Montevidéu que defendiam o livre comércio e a livre navegação nos rios platinos.

Mapa interativo

A GUERRA DO PARAGUAI (1864-1870)

Fonte: *IstoÉ Brasil, 500 anos: atlas histórico*. São Paulo: Três, 1998. p. 75.

- Vila
- Invasão paraguaia
- Território paraguaio ocupado pelo Brasil
- Território paraguaio anexado pela Argentina

EMBATES PELA HISTÓRIA

A Guerra do Paraguai tem sido objeto de diferentes interpretações no Brasil. Logo após o conflito, construiu-se a ideia de que ele tinha sido provocado pelo ditador Solano López, que governava o Paraguai como um tirano e ambicionava expandir sua influência pela região platina. Nessa visão, a Tríplice Aliança representava os valores liberais do mundo civilizado, enquanto o Paraguai representava o despotismo e a barbárie.

No final dos anos 1960, surgiu no Brasil uma nova interpretação do conflito, sob influência dos estudos do historiador argentino León Pomer. Ele analisou a guerra como resultado dos interesses da Inglaterra em abrir o mercado paraguaio aos produtos industrializados britânicos. Para Pomer, o imperialismo britânico pretendia pôr fim ao modelo autônomo de desenvolvimento adotado pelo Paraguai, visto como uma ameaça aos seus negócios na região platina.

Nos anos 1980, surgiu no Brasil uma nova historiografia sobre a Guerra do Paraguai. O conflito passou a ser analisado como fruto das disputas entre os países da região e o caminho escolhido para se consolidarem como Estados nacionais. Visão semelhante tem sido defendida no século XXI. Nem vilões imperialistas nem governos bem-intencionados, mas nações disputando a hegemonia na região platina.

A paraguaia, pintura de Juan Manuel Blanes, 1879. Nessa tela, o artista uruguaio representou sua visão sobre a Guerra do Paraguai.

ORGANIZAR O CONHECIMENTO

1. **Escolha os termos mais adequados para completar o texto.**

   No _____, o governo procurou diminuir os conflitos entre os partidos _____ e _____. D. Pedro II, que assumiu o trono após o golpe da _____, instituiu um _____ que era muito diferente do modelo inglês. No Brasil, o primeiro-ministro era escolhido pelo _____. Com o objetivo de conciliar os interesses dos dois partidos, foi criado o cargo de presidente do _____. Assim, sempre que um primeiro-ministro era escolhido, novas _____ parlamentares tinham de ser convocadas.

2. **As frases abaixo referem-se aos países envolvidos na Guerra do Paraguai. Escreva A para Argentina, B para Brasil, P para Paraguai e U para Uruguai.**

   a) ( ) Por não ter saída para o mar, precisava ter acesso à navegação fluvial no Prata.

   b) ( ) Muitos dos seus estancieiros escravocratas criavam gado no país vizinho.

   c) ( ) Reagiu à invasão paraguaia à província de Corrientes.

   d) ( ) A política interna era disputada pelos partidos Blanco e Colorado.

   e) ( ) Era o único império entre repúblicas e integrou o bloco de países vencedores.

Explore

- Qual visão sobre a Guerra do Paraguai é transmitida nessa pintura? Justifique com elementos da imagem.

ATIVIDADES

APLICAR

1. Leia o texto a seguir, sobre a participação de escravos na Guerra dos Farrapos, para responder às questões.

> "Para arregimentar soldados, os farroupilhas incorporaram escravos às suas fileiras, prometendo em troca a liberdade após o fim do conflito. De olho na alforria, alguns negros fugiram das propriedades onde eram mantidos escravos para aderir à luta. Outros foram cedidos por senhores de terra que apoiavam a revolução. [...] Apesar das promessas, em nenhum momento a República Rio-Grandense libertou seus escravos. [...] Ao mesmo tempo em que o governo rebelde prometia liberdade aos escravos engajados e condenava a continuidade do tráfico de escravos, seu jornal oficial, *O Povo*, estampava anúncios de fugas de cativos. [...] Anos após o fim do conflito, vários líderes farroupilhas ainda tinham escravos, como Bento Gonçalves (1788-1847), que morreu deixando 53 cativos para seus herdeiros."
>
> OLIVEIRA, Vinicius Pereira de; SALAINI, Cristian Jobi. Guerreiros descartáveis. *Revista de História da Biblioteca Nacional*, n. 58, jul. 2010. p. 46.

a) O que foi a Revolução Farroupilha?

b) Segundo o texto, por que muitos escravos aderiram à luta dos farroupilhas?

c) A promessa de alforria foi cumprida pelos líderes farroupilhas? Explique.

2. A Guerra da Tríplice Aliança foi uma catástrofe para o Paraguai. O país teve de arcar com uma pesada dívida de guerra e ceder territórios aos vencedores. O custo humano foi ainda mais alto: perdeu um quinto da sua população, principalmente homens em idade produtiva. O Brasil teve um saldo de 40 mil soldados mortos e contraiu dívidas de guerra. Sobre isso, assinale a afirmativa correta.

a) A guerra representou a afirmação do exército brasileiro como um ator político de primeira ordem.

b) O conflito impulsionou o desenvolvimento econômico dos países vencedores.

c) A participação de negros escravizados no conflito foi compensada com a abolição da escravidão no Brasil.

d) A guerra, causada pelas ambições do ditador paraguaio Solano López, não trouxe vantagens nem para os países vencedores nem para a Inglaterra.

e) O conflito não alterou a situação política, econômica e social dos países envolvidos.

3. Relacione a imagem a seguir com uma revolta estudada no tema 1, redigindo um breve texto sobre esse movimento.

Vendedor de palmitos regressando da floresta, gravura de Jean-Baptiste Debret, 1827. O artista representou nessa imagem um negro escravizado com trajes típicos muçulmanos.

RETOMAR

4. Responda às questões-chave da abertura dos temas 1 e 2.

a) Quais razões explicam o grande número de rebeliões no período regencial?

b) O que representou a coroação de D. Pedro II para a política brasileira?

TEMA 3 — A EXPANSÃO CAFEEIRA NO BRASIL

Qual foi a importância do café para a economia brasileira no século XIX?

O IMPÉRIO DO CAFÉ

O café foi introduzido no Brasil no início do século XVIII, vindo da Guiana Francesa. Em pouco tempo, ele foi levado para a capitania do Rio de Janeiro, onde passou a ser cultivado para o consumo doméstico. Apenas no final do século XVIII, com a ampliação do consumo nos países do Ocidente, a produção para o mercado interno e externo começou a se expandir.

No começo do Segundo Reinado, o café já era o principal produto da economia brasileira, representando 40% das exportações do país e mais da metade da produção mundial. A rápida expansão do seu cultivo deveu-se a quatro fatores: abundância de terras, disponibilidade de mão de obra barata, condições climáticas favoráveis e aumento do consumo do produto no exterior.

A primeira fase da produção se estendeu até 1860 e teve como centro o **Vale do Paraíba** fluminense (Barra Mansa, Vassouras, Barra do Piraí etc.) e paulista (Taubaté, Areias, Bananal etc.). Essa região reunia condições naturais excelentes para o cultivo: terras virgens e férteis, chuvas regulares, relevo acidentado e altitudes médias entre 900 e 1.200 metros acima do nível do mar.

O cultivo de café no Vale do Paraíba seguiu o modelo adotado na agricultura de exportação do Nordeste, baseado na grande propriedade monocultora e na mão de obra escrava. Sem investir em inovações técnicas, os fazendeiros procuravam aumentar a produção expandindo os cafezais para novas terras e ampliando o número de escravos.

Explore

- Observe com atenção os trabalhadores escravizados que aparecem nessa foto. Como você descreveria a expressão de seus rostos? É possível relacionar a expressão facial dessas pessoas com a condição em que elas trabalhavam e viviam no Brasil? Explique.

Escravos na colheita de café, c. 1882. Fotografia de Marc Ferrez.

> **PARA LER**
>
> ● **Minha querida assombração**
>
> Autor: Reginaldo Prandi
>
> São Paulo: Companhia das Letras, 2003
>
> Em *Minha querida assombração*, o escritor Reginaldo Prandi conta a história de Paulo, um professor que decide sair de férias com os filhos. Numa antiga casa de fazenda do Vale do Paraíba, eles passam uma semana ouvindo e vivenciando histórias de assombração, inspiradas no passado escravista e cafeicultor daquela região.

O CAFÉ NO OESTE PAULISTA

Por volta de 1860, a cafeicultura no Vale do Paraíba dava sinais de decadência. O desmatamento, as queimadas, o sistema extensivo de produção e a ausência de técnicas para combater a erosão causaram o enfraquecimento do solo e a queda da produção.

Com o declínio da lavoura cafeeira no Vale do Paraíba, a economia do café entrou em uma nova fase, que teve como centro o **Oeste Paulista**. A região apresentava condições favoráveis ao cultivo, como o solo de terra roxa, muito fértil, a geografia pouco acidentada e grandes extensões de terras inexploradas.

Esses fatores, somados à adoção de novas técnicas agrícolas, fizeram com que os cafezais do Oeste Paulista fossem mais produtivos e duradouros que os do Vale do Paraíba. A aquisição de máquinas de secagem, ensacamento e beneficiamento do café, a partir de 1870, também contribuíram para o aumento da produção nessa área do interior paulista.

Principalmente na província de São Paulo, os fazendeiros não eram apenas proprietários rurais, mas empresários capitalistas. Com os recursos obtidos com as vendas, os cafeicultores introduziam inovações técnicas nas fazendas, investiam em indústrias, bancos, ferrovias, casas de exportação e outros setores urbanos. Muitos representantes dessa burguesia cafeeira estavam estabelecidos nas cidades e participavam ativamente da vida política do país.

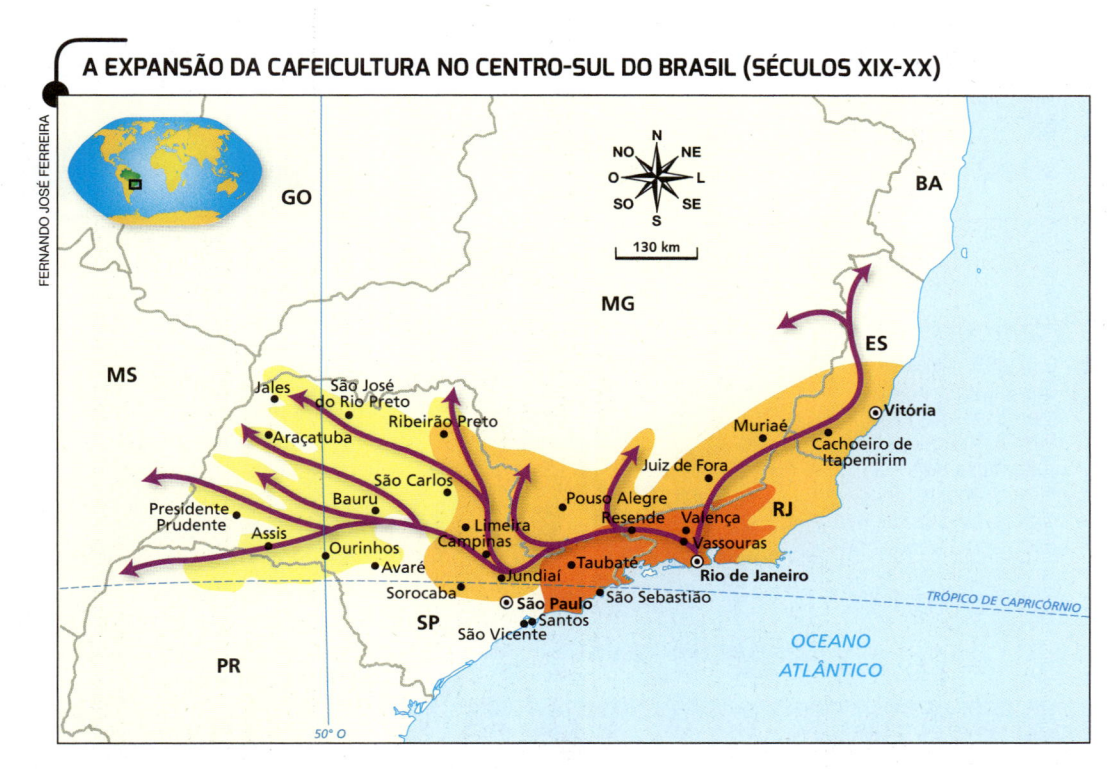

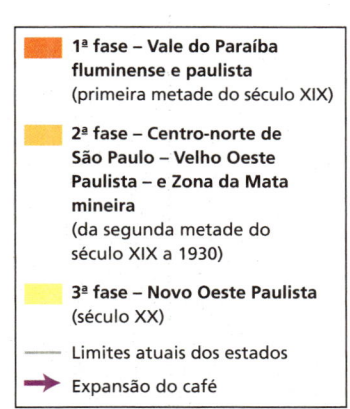

A EXPANSÃO DA CAFEICULTURA NO CENTRO-SUL DO BRASIL (SÉCULOS XIX-XX)

- 1ª fase – Vale do Paraíba fluminense e paulista (primeira metade do século XIX)
- 2ª fase – Centro-norte de São Paulo – Velho Oeste Paulista – e Zona da Mata mineira (da segunda metade do século XIX a 1930)
- 3ª fase – Novo Oeste Paulista (século XX)
- Limites atuais dos estados
- Expansão do café

Fonte: RODRIGUES, João Antônio. *Atlas para estudos sociais*. Rio de Janeiro: Ao Livro Técnico, 1977. p. 26.

DE OLHO NO INFOGRÁFICO

CARREGANDO A HISTÓRIA NAS COSTAS

Desde a invenção da agricultura, as mulas são utilizadas nos mais diversos trabalhos e, ainda hoje, puxam arados e transportam pessoas e produtos por terrenos inacessíveis até mesmo para modernos meios de transporte.

Égua *Equus caballus*

Asno *Equus asinus*

Burros e mulas
O cruzamento entre o asno, originário do semiárido africano, e a égua, originária da Eurásia, resulta no burro (macho) ou na mula (fêmea), animais híbridos que tendem a ser estéreis.

Herdando o porte, a velocidade e a docilidade da mãe e a força e a resistência do pai, a mula serve de animal de sela, de carga e de tração mesmo em terrenos muito acidentados.

Perdendo espaço
Com a popularização de máquinas automotoras, o abandono de mulas se tornou comum. Trens e caminhões as substituíram no transporte de cargas, tratores passaram a puxar implementos agrícolas e os animais de sela foram trocados por carros e motos.

O comércio de mulas
Impulsionado pelos avanços econômicos, o uso de mulas cresceu em todo o mundo. No Brasil, a expansão dos cafezais levou o comércio de mulas ao auge nos anos 1860. Naquela década, apenas na cidade de Sorocaba, em São Paulo, eram vendidas cerca de 60 mil mulas por ano, vindas principalmente do sul do império.

● **Século XX**

● **Século XIX**

Em 2005, o exército dos Estados Unidos mantinha cerca de 2 mil mulas na parte paquistanesa da Caxemira, abastecendo e transportando seus soldados por montanhas intransponíveis até para os mais modernos jipes e helicópteros.

Apesar da redução do rebanho, milhares de mulas ainda servem os brasileiros, tangendo boiadas e levando pessoas e produtos a lugares ainda inalcançáveis a veículos motorizados. Em algumas áreas mais ricas, cresce, timidamente, a criação das "mulas de patrão", animais de montaria para apreciadores.

● **Na atualidade**

Fontes: DARWIN, Charles; KING, Philip Parker. *Journal and remarks: 1832-1836*. Londres: H. Colburn, 1839. p. 384-385; KHAN, A. A. Beasts ease burden of quake victims. *BBC News*, 19 out. 2005. Disponível em <http://mod.lk/5qn5h>; LIMA, R. A. S.; SHIROTA, R.; BARROS, G. S. C. *Estudo do complexo do agronegócio cavalo*. Piracicaba: Cepea/Esalq/USP, 2006. Disponível em <http://mod.lk/c9h2x>; Mules in Ancient Rome. *Mulography*. Disponível em <http://mod.lk/zwlwu>; BABB, DAVE. *History of the mule*. Disponível em <http://mod.lk/xg72m>. Acessos em 24 abr. 2018.

Na Antiguidade

Babilônios, hititas, egípcios, hebreus e outros povos já criavam mulas. Elas aparecem na *Bíblia* como bens de personagens nobres como o rei Davi e seu filho Salomão, no Egito como meio de transporte, na Mesopotâmia como condutoras do arado e em Roma eram indispensáveis na vida civil e militar.

No início da era cristã, os legionários romanos eram chamados de "mulas" pelo fato de carregarem seus equipamentos individuais durante longas marchas nas campanhas militares. As mulas de verdade, por sua vez, levavam mantimentos, barracas e outros utensílios coletivos.

● Na Antiguidade

A mula na agricultura mecanizada

O inglês Jethro Tull criou a semeadora mecânica tracionada, iniciando o processo de mecanização que revolucionou a agricultura inglesa e se disseminou mundialmente nos séculos seguintes, aumentando a demanda por animais de tração.

● Início do século XVIII

"A mula sempre me pareceu um animal surpreendente... um híbrido que possui mais inteligência, memória, persistência, apego, força e resistência muscular que seus pais..."

Esse elogio foi escrito em 1835 pelo cientista inglês Charles Darwin, quando atravessava as montanhas do Chile com uma tropa de mulas.

No Brasil

A descoberta de ouro na região de Minas Gerais gerou a necessidade de abastecer a região com vários tipos de produtos. Assim, tropas de mulas vindas do sul e do norte da colônia garantiram a sobrevivência dos mineradores.

● Século XVIII

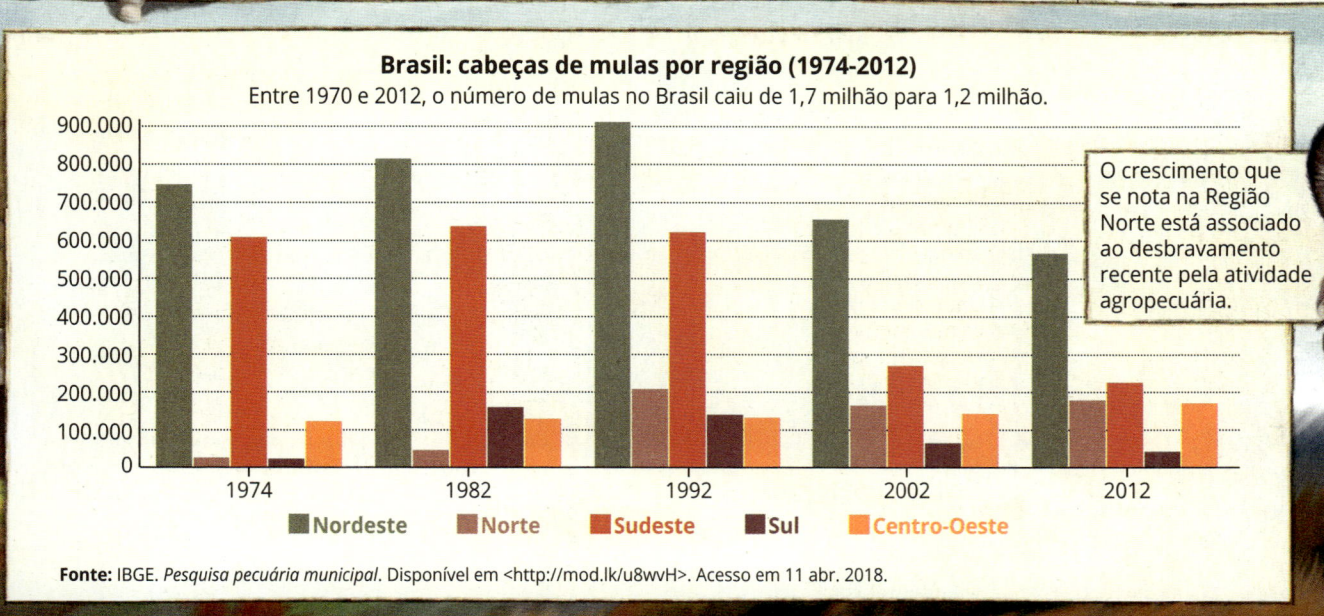

Brasil: cabeças de mulas por região (1974-2012)

Entre 1970 e 2012, o número de mulas no Brasil caiu de 1,7 milhão para 1,2 milhão.

O crescimento que se nota na Região Norte está associado ao desbravamento recente pela atividade agropecuária.

■ Nordeste ■ Norte ■ Sudeste ■ Sul ■ Centro-Oeste

Fonte: IBGE. *Pesquisa pecuária municipal*. Disponível em <http://mod.lk/u8wvH>. Acesso em 11 abr. 2018.

ILUSTRAÇÕES: LUIZ IRIA E MARCOS FARRELL

AS FERROVIAS

As estradas de ferro foram fundamentais para a expansão das lavouras de café. A primeira do país foi a Estrada de Ferro Mauá, inaugurada em abril de 1854, no Rio de Janeiro, que ligava a Vila de Inhomirim, na região serrana, à Baía da Guanabara.

Em São Paulo, a primeira ferrovia foi a São Paulo Railway Company, construída com capitais ingleses, que entrou em operação em 1867. Ela ligava a cidade de Jundiaí, no Oeste Paulista, ao porto de Santos. Depois dela, outras estradas de ferro foram construídas em São Paulo, com recursos dos próprios cafeicultores, como a Paulista, a Mogiana e a Sorocabana.

ORGANIZAR O CONHECIMENTO

1. Elabore algumas frases relacionando os termos a seguir.
   a) Exportação de café – ferrovias – Região Sudeste.
   b) Vale do Paraíba – expansão da lavoura cafeeira.
   c) Trabalhadores escravos – lavoura cafeeira – grande propriedade.
   d) Oeste Paulista – beneficiamento do café – burguesia cafeeira.

2. Elimine o termo que não faz parte do grupo e o substitua por outro que faça sentido.

| café   Vale do Paraíba   escravos   grande propriedade |
| porto do Rio de Janeiro   burguesia cafeeira |

A *Baroneza*, primeira locomotiva do Brasil. Movida a vapor, percorreu os 14,5 quilômetros em sua primeira viagem na Estrada de Ferro Mauá, em 1854, no Rio de Janeiro.

TEMA 4
INDÍGENAS, ESCRAVIZADOS E IMIGRANTES

Qual foi a política do governo imperial em relação aos indígenas, negros escravizados e imigrantes europeus?

A POLÍTICA INDIGENISTA DO IMPÉRIO

De modo geral, políticos e intelectuais do século XIX consideravam os indígenas inferiores aos brancos; por isso, defendiam que, para o país se desenvolver, os indígenas deveriam ser submetidos à tutela do Estado, que incorporaria suas terras e os prepararia para se tornarem eficientes trabalhadores. Porém, havia discordâncias sobre como fazer isso.

Discutia-se, principalmente, se os indígenas deviam ser submetidos de forma pacífica ou violenta. Alguns, como José Bonifácio, defendiam a humanidade dos indígenas e sua capacidade de civilizar-se, propondo integrá-los por meio da educação, do trabalho e da mestiçagem; outros afirmavam que os indígenas eram selvagens e desumanos e só poderiam ser submetidos através da guerra e do extermínio.

Em junho de 1845, retomando as ideias de José Bonifácio, o imperador D. Pedro II instituiu o Programa de Catequese e Civilização dos Índios, que estabelecia o **aldeamento** das populações indígenas em colônias rurais. Nesses locais, os nativos seriam cristianizados e "civilizados" por missionários católicos, principalmente capuchinhos.

Aldeamentos foram criados em todas as províncias do império e sobreviveram até a queda do regime monárquico. Com essa política, o governo imperial atendia a dois objetivos: integrar o indígena à sociedade brasileira, na condição de trabalhador rural, e liberar terras indígenas para os imigrantes europeus que começavam a chegar ao Sudeste do país.

Indígenas Umauá às margens do Rio Japurá, no Alto Amazonas, em foto do alemão Albert Frisch, c. 1865. Também conhecidos como Kambeba e Omágua, eles foram escravizados na exploração das drogas do sertão e na agricultura, a partir do século XVIII, e submetidos aos projetos missionários do Estado português e, depois, do governo imperial. Apenas no final do século XX, seus descendentes voltaram a reafirmar sua identidade indígena.

A RESISTÊNCIA INDÍGENA

A política imperial de assimilação dos indígenas fracassou. Apesar de transformados, os indígenas aldeados permaneciam em suas aldeias e procuravam preservá-las. Enfrentavam, no entanto, a pressão das autoridades e de moradores dos municípios, que escreviam para o governo central queixando-se de que não fazia sentido preservar aldeias que, segundo eles, tinham sido abandonadas por indígenas já civilizados. Os indígenas, por sua vez, encaminhavam petições para reivindicar direitos coletivos e afirmar sua identidade indígena.

"Os índios Manoel Valentim dos Santos e Jacinto Pereira da Silva, diante das invasões das terras da Aldeia da Escada [província de Pernambuco], viajaram pela primeira vez em 1861 à corte no Rio de Janeiro, onde foram solicitar providências ao governo imperial. A solução encontrada pelo governo foi a transferência dos aldeados para o Riacho do Mato, com a promessa de instalação de uma nova aldeia naquela localidade. O que nunca foi cumprido. [...]

Organizados, agindo coletivamente ou por meio de ações individuais, os indígenas criaram, enfim, diversas formas de vivências e resistências para continuarem ocupando as terras onde estavam. Nesse processo, foi significativa a liderança e o papel do índio Manuel Valentim dos Santos, homem decidido, persistente e polêmico, hábil negociador de apoios e alianças à resistência dos aldeados."

SILVA, Edson. Índios organizados, mobilizados e atuantes: história indígena em Pernambuco nos documentos do Arquivo Público. *Revista de Estudos e Pesquisas*. Brasília: Funai, v. 3, n. 1/2, jul./dez. 2006. Disponível em <http://mod.lk/8lbe7>. Acesso em 16 ago. 2018.

A PERSISTÊNCIA DA ESCRAVIDÃO

Nos últimos vinte anos, no Brasil, quase 50 mil pessoas foram libertadas do trabalho análogo à escravidão. Elas foram encontradas por fiscais do Ministério do Trabalho em locais como fazendas e fábricas, trabalhando sem remuneração ou sendo forçadas a cumprir jornadas mais longas do que a lei permite.

Esse resgate aconteceu por duas razões principais: o fato de a escravidão ser um crime previsto em leis nacionais e internacionais, e a adoção de políticas públicas, nas últimas três décadas, para erradicar o trabalho escravo no país.

A permanência de condições de trabalho análogas à da escravidão no Brasil é também um reflexo do nosso passado. Durante a maior parte da nossa história, a escravidão foi defendida por muitos políticos que também eram donos de escravos.

> **É BOM SABER**
>
> **Perfil do escravo no Brasil atual**
>
> Dados do Observatório Digital do Trabalho Escravo no Brasil indicam que 70% dos trabalhadores resgatados da escravidão, entre 1995 e 2017, não concluíram o Ensino Fundamental, mais de 50% são negros e mais de 90% são homens. Com relação à idade, predominam os jovens adultos até 30 anos. A maior parte dos resgates ocorreu em fazendas de criação de gado de corte, onde se encontravam mais de 30% dos resgatados.

Trabalhadores encontrados em condições análogas às da escravidão em oficina de costura no município de Americana (SP), 2011.

Castigo imposto aos negros que têm o vício de fugir, pintura de Jean-Baptiste Debret, 1826.

UMA NAÇÃO ESCRAVISTA

Estima-se que, entre a segunda metade do século XVI e 1850, quase 5 milhões de africanos tenham sido capturados e trazidos para o Brasil para trabalhar como escravos. A maior entrada ocorreu na primeira metade do século XIX, justamente o período de expansão da lavoura cafeeira.

Durante as guerras de independência na América, nas primeiras duas décadas do século XIX, a escravidão foi abolida na maior parte do continente. Contudo, em algumas regiões ela foi mantida e ampliada, como ocorreu no Brasil, nos Estados Unidos e em Cuba. Embora muitas pessoas tenham lutado pelo fim da escravidão, a maior parte da classe dominante brasileira defendeu que sua manutenção era o melhor para o país.

Além de trabalhar nas fazendas de café, açúcar e algodão, os escravos eram muito utilizados nas atividades urbanas. Eles trabalhavam nos portos carregando e descarregando mercadorias dos navios, em obras públicas, no comércio de rua e nos espaços domésticos. Nas cidades, os escravos de ganho tinham chances de juntar algum dinheiro e comprar a alforria. Já nas fazendas, as chances de comprar a liberdade eram remotas.

O melhor exemplo dessa nação sustentada pelo braço escravo era a cidade do Rio de Janeiro, a capital do império. Por volta de 1850, havia ali a maior concentração de escravos das Américas, que chegava a cerca de 38% da população total da cidade. Leia o que escreveu o historiador Luiz Felipe de Alencastro a respeito da presença de escravos no Rio de Janeiro.

"Tamanho volume de escravos dá à corte as características de uma cidade quase negra e – na sequência do *boom* do tráfico negreiro nos anos 1840 – de uma cidade meio africana. [...] O censo de 1849 mostra um dado revelador: um habitante de cada três do município do Rio de Janeiro tinha nascido na África."

ALENCASTRO, Luiz Felipe de. Vida privada e ordem privada no império. In: NOVAIS, Fernando A. (Coord.). *História da vida privada no Brasil*: império. São Paulo: Companhia das Letras, 1997. v. 2. p. 25.

Escravo de ganho: cativo que era autorizado a trabalhar como vendedor nas ruas, ajudante em lojas, entre outros serviços, devendo entregar ao senhor parte do dinheiro recebido.

ABOLIÇÃO GRADUAL E SEGURA

A partir da década de 1860, o movimento pela abolição ganhou força no país, principalmente depois da Guerra do Paraguai (1864-1870), quando milhares de negros combateram nas fileiras do exército brasileiro.

A grande influência dos fazendeiros na Câmara, no Senado e no governo decidiu os rumos da abolição no Brasil. Ela seria lenta, gradual e segura, ou seja, sem riscos para os privilégios dos grupos dominantes.

Acompanhe a seguir os passos da legislação abolicionista no Brasil.

- **Lei Rio Branco (Lei do Ventre Livre)**. Aprovada em 1871, declarava livres os filhos de mulher escrava nascidos a partir daquela data. As crianças livres ficariam com suas mães até os 8 anos de idade. Depois disso, os senhores podiam optar por receber uma indenização do Estado ou exigir que os libertos trabalhassem para eles até completarem 21 anos.

- **Lei Saraiva-Cotegipe (Lei dos Sexagenários)**. De 1885, libertava os escravos com mais de 60 anos, ficando os libertos obrigados, a título de indenização, a trabalhar para seus antigos donos por três anos.

Apesar do caráter restritivo das duas leis, elas previam dispositivos legais que foram habilmente utilizados pelos escravizados para pleitear a alforria na justiça, negociar o preço da liberdade e questionar o direito de propriedade. Ao fazer isso, os cativos contestavam o direito senhorial e semeavam temores entre os proprietários, acelerando a falência da escravidão.

Fuga de escravos, charge de Angelo Agostini para a *Revista Illustrada*, 1887.

Explore

1. Descreva a charge identificando os grupos sociais representados. Que situação vivenciada no Brasil na segunda metade do século XIX ela representa?
2. Na sua opinião, é possível afirmar, por meio dessa charge, que os escravos foram protagonistas na luta pelo fim da escravidão no Brasil? Por quê?

A libertação dos escravos, pintura de Pedro Américo, 1889. No primeiro plano da obra, estão representados alguns escravos agradecendo à Liberdade e, atrás deles, um demônio caído, símbolo da escravidão. No centro, foi retratada uma mulher vestindo um manto verde e amarelo e sentada em um trono. Provavelmente, trata-se da princesa Isabel.

A ESCRAVIDÃO É ABOLIDA NO BRASIL

A partir da década de 1880, a campanha abolicionista tornou-se mais intensa. Associações e clubes voltaram-se contra a escravidão, fazendo propaganda e levantando fundos para a compra de cartas de alforria. Intelectuais, jornalistas, advogados, profissionais liberais, políticos e mesmo fazendeiros aderiam à causa abolicionista.

A participação organizada de intelectuais na campanha abolicionista foi representada em duas entidades principais: a **Associação Central Emancipadora** e a **Sociedade Brasileira contra a Escravidão**. A primeira, dirigida pelo jornalista José do Patrocínio, difundiu suas ideias no jornal *Gazeta do Rio*. A segunda, encabeçada pelo escritor e diplomata Joaquim Nabuco, entre outros políticos do império, moveu intensa campanha pela abolição no Parlamento brasileiro.

Além do movimento abolicionista, as fugas e as rebeliões de escravos se tornaram frequentes, indicando que os cativos foram agentes decisivos para a crise da escravidão. Em 1881, por exemplo, escravos fugitivos formaram, no município de Santos, no litoral paulista, o **Quilombo do Jabaquara**. Com a ajuda de abolicionistas (os chamados caifazes), entre eles filhos da elite cafeeira, o quilombo de Santos chegou a reunir 10 mil escravos fugidos das lavouras do interior de São Paulo e de outras regiões.

A situação se tornou insustentável. A mobilização negra era tão intensa que setores abolicionistas começaram a argumentar que a abolição "libertaria" os senhores da dependência da escravidão. Muitos proprietários, sem condições de impedir as fugas, tomavam a iniciativa de libertar os escravos em troca de sua permanência na lavoura por mais alguns anos. Diante dessa situação, em 13 de maio de 1888, a princesa Isabel, que substituía provisoriamente seu pai, D. Pedro II, no governo, assinou a **Lei Áurea**, abolindo a escravidão no Brasil.

OS LIBERTOS DEPOIS DA ABOLIÇÃO

Os ex-escravos não receberam qualquer tipo de indenização ou auxílio para recomeçar a vida longe do cativeiro. Assim, grande parte deles continuou trabalhando para seus ex-senhores, em uma situação de dependência semelhante à da escravidão, em especial no Nordeste.

No Vale do Paraíba fluminense e paulista, foi comum encontrar libertos que estabeleceram regimes de parceria com seus antigos donos, tornaram-se pequenos sitiantes ou ainda tocadores de gado.

Muitos ex-escravos também buscaram trabalho nas cidades de São Paulo e do Rio de Janeiro. Em São Paulo, a maior parte deles, sem condições de concorrer com os imigrantes que chegavam, foi obrigada a aceitar os trabalhos mais pesados e mal-remunerados. No Rio de Janeiro, os ex-escravos tiveram mais chances de trabalho nas indústrias.

Para a monarquia, a abolição causou a perda de um importante aliado político. Setores agrários mais dependentes do trabalho escravo, em particular os cafeicultores do Vale do Paraíba, sentiram-se traídos pelo governo, que acabou com a escravidão sem um programa de indenização aos proprietários. Após o dia 13 de maio, a monarquia ficou com os dias contados no Brasil.

Nhô João, deixa disso!, fotografia de Lunara, nome artístico do gaúcho Luiz do Nascimento Ramos. Porto Alegre (RS), c. 1910.

OS IMIGRANTES NO BRASIL

Após a abolição do tráfico negreiro, em 1850, vários proprietários rurais e políticos do Centro-Sul começaram a tomar providências para incentivar a vinda de imigrantes europeus para trabalhar no Brasil e, assim, evitar uma crise de mão de obra. Com esse objetivo, o Parlamento brasileiro promulgou, em setembro do mesmo ano, a **Lei de Terras**.

No Brasil, desde o período colonial, as terras públicas podiam ser obtidas por meio de doação da Coroa, da compra ou ocupação. A regra mudou com a Lei de Terras, que determinou que a compra seria o único meio de aquisição das terras públicas. A nova lei previa também o incentivo à chegada de imigrantes europeus para trabalhar nas lavouras do Brasil, com os gastos assumidos pelo governo.

A mudança atendia aos interesses dos grandes proprietários rurais, pois os trabalhadores imigrantes pobres e os negros libertos dificilmente teriam recursos para comprar sua terra. Assim, o único recurso desses trabalhadores seria oferecer sua força de trabalho para os proprietários.

O incentivo à imigração europeia refletia a visão de alguns setores das elites brasileiras, influenciados pelas teorias racistas difundidas na Europa. De acordo com essa visão, os brancos eram superiores e, por isso, a civilização europeia havia atingido um grande progresso. Nessa perspectiva, a vinda de imigrantes europeus para o Brasil promoveria o "branqueamento" do país, contribuindo para o seu desenvolvimento.

O sonho de conseguir um bom emprego, de cultivar o próprio pedaço de terra e de assegurar aos filhos um futuro promissor foram os principais motivos que levaram quase 4 milhões de imigrantes a vir para o Brasil entre 1850 e 1920.

Dialogando com Arte

Redenção de Cam, pintura de Modesto Brocos, 1895.

Explore

- Conta a *Bíblia* que Cam, filho de Noé, zombou do pai ao vê-lo nu e bêbado. Como punição, Noé condenou o filho e seus descendentes a serem "servos dos servos". A narrativa bíblica foi utilizada pelos setores escravistas para associar os africanos aos descendentes de Cam e assim justificar a escravização dos negros. Sabendo disso, explique a composição e o título da obra associando-os à política de branqueamento no Brasil.

Imigrantes europeus na Hospedaria dos Imigrantes, inaugurada em 1887 em São Paulo (SP). Foto de 1890.

POLÍTICAS DE INCENTIVO À IMIGRAÇÃO

Em São Paulo, o pioneiro na experiência com o trabalho imigrante foi o senador Nicolau Pereira de Campos Vergueiro, um rico fazendeiro de café do Oeste Paulista. Em 1846, ele levou 364 famílias suíças e alemãs para trabalhar nas lavouras de café de sua Fazenda Ibicaba, no município de Limeira. A iniciativa logo foi repetida por outros fazendeiros da região.

Os imigrantes eram contratados sob o **sistema de parceria**. Tinham a viagem paga pelo fazendeiro, que também assumia as despesas da família até a primeira colheita de café. Após a venda do café, o colono entregava ao proprietário metade da produção mais o correspondente a 6% de juros sobre as dívidas contraídas desde a viagem. O sistema, porém, não teve sucesso e foi abandonado.

Nos anos 1870, a burguesia cafeeira adotou o **colonato**, um novo programa de imigração para o Brasil. Por meio de um acordo com o proprietário, os imigrantes passavam a receber um salário fixo pelo trabalho nos cafezais e podiam cultivar alimentos na fazenda, como feijão, milho e hortaliças, e vender o excedente dessa produção.

Em 1871 o governo paulista instituiu a **imigração subvencionada**. O governo da província ficava autorizado a ajudar os proprietários financiando os custos da viagem dos colonos estabelecidos em suas fazendas. O programa inaugurou o período mais ativo da imigração europeia para o Brasil.

É BOM SABER

Imigrantes no Sul do Brasil

A fixação de imigrantes no Sul do Brasil ocorreu por meio da formação de núcleos de colonização em torno da pequena propriedade. Esse processo foi incentivado pelo governo imperial, que, em parceria com as províncias do Sul, facilitou o transporte e liberou recursos para a aquisição de terras destinadas à instalação de núcleos de povoamento.

A Lei de Terras de 1850, por exemplo, previu a demarcação de terras devolutas para fins de colonização. Outras leis posteriores introduziram novas medidas para ampliar a presença de europeus na região. As colônias alemãs de Blumenau e Joinville, em Santa Catarina, e as italianas de Caxias e Bento Gonçalves, no Rio Grande do Sul, são exemplos do sucesso da política imperial de colonizar o Sul do país.

ORGANIZAR O CONHECIMENTO

1. Copie e complete no caderno o quadro abaixo.

LEI	ANO	O QUE A LEI DETERMINOU
Lei Eusébio de Queiroz		
Lei do Ventre Livre		
Lei dos Sexagenários		
Lei Áurea		

2. Organize cronologicamente os acontecimentos a seguir, numerando-os de 1 a 6.
   a) Aprovação da Lei de Terras no Brasil.
   b) Promulgação do Bill Aberdeen.
   c) Criação da imigração subvencionada.
   d) Inauguração da Hospedaria dos Imigrantes.
   e) Formação do Quilombo do Jabaquara.
   f) Decreto imperial que instituiu o aldeamento das comunidades indígenas.

ATITUDES PARA A VIDA

Luiz Gama

Luiz Gama nasceu na Bahia, em 1830. Era filho de Luísa Mahin, uma africana livre, e de um luso-brasileiro. Aos dez anos de idade, foi vendido como escravo pelo pai e levado para o Rio de Janeiro. Em seguida, foi vendido para um rico negociante do interior de São Paulo. Na casa dele, exerceu serviços domésticos e aprendeu a ler e a escrever.

Aos dezoito anos, Luiz Gama conseguiu fugir, convencido de que poderia provar sua condição de homem livre. Alistou-se na Força Pública de São Paulo e depois trabalhou como escrivão. Autodidata, revelou-se poeta de talento e passou a escrever para os jornais locais.

Luiz Gama se destacava nos meios literários e jornalísticos de São Paulo. Negro e ex-escravo em um ambiente de brancos, defendia ideias progressistas: em artigos e poemas satíricos, condenava a escravidão, criticava o império e defendia a república. Participou da fundação de jornais e ajudou a angariar fundos para a alforria de escravos.

Gama obteve licença para trabalhar como rábula, ou seja, atuar como advogado mesmo sem o curso de Direito, permitido na época. Frequentemente sem cobrar pelos serviços, passou a representar causas de escravos na justiça. Conseguiu a liberdade para 500 africanos, com base no argumento da ilegalidade de sua condição, pois haviam entrado no Brasil após 1831, ano da proibição do tráfico no Atlântico.

Falecido em 1882, Luiz Gama não teve a oportunidade de comemorar o fim da escravidão no Brasil. Em seu funeral, compareceram não só personalidades do mundo político e literário, mas também uma multidão de populares de etnias variadas.

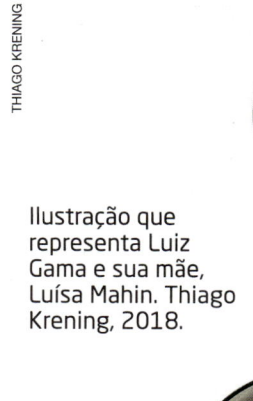

Ilustração que representa Luiz Gama e sua mãe, Luísa Mahin. Thiago Krening, 2018.

QUESTÕES

1. Em quais aspectos da vida e da obra de Luiz Gama você reconhece a presença das atitudes em foco nesta unidade?
   a) Persistir.
   b) Questionar e levantar problemas.
   c) Escutar os outros com atenção e empatia.

2. A trajetória de vida de Luiz Gama exigiu o desenvolvimento de outras atitudes, além das indicadas acima? Para responder, retome a descrição das atitudes, nas páginas 4 e 5, e justifique sua resposta.

3. Em 2015, a Ordem dos Advogados do Brasil (OAB) reconheceu Luiz Gama como advogado. Em 2018, o governo brasileiro inscreveu seu nome no Livro dos Heróis da Pátria, e Gama foi declarado patrono da abolição da escravidão no Brasil. Na sua opinião, qual é a importância dessas homenagens? Por que elas demoraram mais de um século para acontecer?

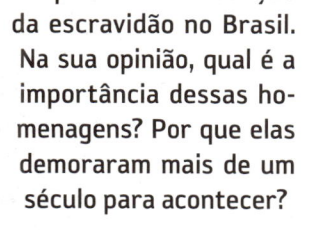

ATIVIDADES

APLICAR

1. No período colonial, a política da Coroa em relação aos indígenas, que admitia a escravização em caso de guerra justa, visava sobretudo à obtenção de mão de obra para as lavouras da colônia. A política indigenista do governo imperial, como mostra o texto a seguir, tinha outro objetivo.

   "[...] Cabe lembrar que o Regulamento de 1845 decretara o direito dos índios à terra nas aldeias, considerando, no entanto, a possibilidade de extingui-las conforme seu estado de decadência, e o regulamento de 1854 estabelecera para os índios o usufruto temporário das terras, até que atingissem o 'estado de civilização', quando o governo imperial poderia incluí-los no pleno gozo dos direitos de todos os cidadãos. Isso significava acabar com seus direitos às terras coletivas. No Rio de Janeiro [...] o presidente da província estabeleceu significativa correspondência com as autoridades municipais [...] para saber se 'existem povoações de índios, qual o estado de seu aldeamento, nação e patrimônio' [...]. Os documentos não deixam dúvidas sobre o interesse das autoridades em extinguir as aldeias. Para isso era preciso constatar seu desaparecimento ou estado de decadência, o que se revela em muitos relatos com referência a antigas aldeias abandonadas muitos anos antes por índios que, de acordo com os informes, viviam dispersos, vagando pelos sertões. Contrariando esses documentos, os índios reivindicavam direitos."

   ALMEIDA, Maria Regina Celestino de. Os índios na história do Brasil no século XIX: da invisibilidade ao protagonismo. Revista *História Hoje*, v. 1, n. 2, 2012. p. 30. Disponível em <http://mod.lk/x62ic>. Acesso em 17 ago. 2018.

   a) Segundo o texto, qual seria o objetivo central da política do governo de D. Pedro II em relação aos indígenas?
   b) Em quais evidências a autora se baseia para afirmar que era esse o objetivo do governo?
   c) O que explicaria esse interesse do governo imperial no contexto econômico brasileiro da segunda metade do século XIX?
   d) Na sua opinião, o objetivo da política imperial em relação aos indígenas foi atingido plenamente? Justifique citando exemplos.

2. Observe o cartaz a seguir.

   Cartaz sobre a abolição dos escravos no Brasil, feito em 1888.

   a) O cartaz mostra uma relação amistosa ou conflituosa entre fazendeiros e ex-escravos?
   b) Com base no que você estudou, o cartaz reflete de fato o processo que levou ao fim da escravidão no Brasil? Por quê?

3. Leia o texto a seguir para responder às questões.

   "Mas nem de longe o fim da escravidão foi algo decidido e encaminhado apenas pelos senhores brancos e doutores do império. Desde que aqui aportaram os primeiros tumbeiros, as autoridades policiais e políticas eram sobressaltadas por fugas e insurreições escravas a comprometerem, dia após dia, os negócios, o sossego e a autoridade senhorial."

   ALBUQUERQUE, Wlamyra R. de. Ouçam Salustiano. *Revista de História da Biblioteca Nacional*, n. 32, maio 2008. p. 18.

a) A quem a autora se refere quando usa as expressões "homens brancos e doutores do império"?

b) Identifique a crítica presente no texto e a contextualize no processo histórico que culminou na abolição.

c) Caracterize o movimento social que lutou pela abolição da escravidão no Brasil no final do século XIX.

4. Com base nas informações do infográfico *Carregando a história nas costas*, nas páginas 180 e 181, o que podemos concluir a respeito da importância das mulas na história do Brasil? Que papel elas cumpriram para a economia brasileira do período imperial? Explique.

5. Diferencie os dois sistemas adotados com os imigrantes nas lavouras cafeeiras do período imperial: parceria e colonato.

6. O Brasil foi o último país do Ocidente a abolir a escravidão. Os efeitos dessa prática se perpetuam até hoje, como o racismo e a desigualdade de renda e de condições de vida entre negros e brancos no nosso país. Visando reparar os danos da escravidão, o Estado brasileiro vem adotando as chamadas políticas afirmativas. Pesquise quais ações têm sido adotadas para promover a inclusão social da população negra no Brasil e escreva um texto expositivo sobre o assunto.

7. Responda às questões-chave da abertura dos temas 3 e 4.
    a) Qual foi a importância do café para a economia brasileira no século XIX?
    b) Qual foi a política do governo imperial em relação aos indígenas, negros escravizados e imigrantes europeus?

Mais questões no livro digital

AUTOAVALIAÇÃO

CONTEÚDOS

1. Ao final dos estudos propostos nesta unidade, como você avalia seu aprendizado? Consulte o livro e suas anotações pessoais sobre os quatro temas estudados para responder às seguintes questões.
    a) Quais conteúdos e/ou atividades considerei mais difíceis? Por quê?
    b) Quais conteúdos e/ou atividades considerei mais fáceis? Por quê?
    c) O que posso fazer para melhorar meu aprendizado?

ATITUDES

2. Marque um X nas frases que expressam situações que você experimentou durante o estudo desta unidade.

    a) ( ) Analisei as tensões que marcaram a regência e refleti sobre as motivações políticas e sociais que propiciaram as revoltas.
    b) ( ) Nos debates, procurei me colocar no lugar dos outros para compreender suas ideias.
    c) ( ) Percebi que as heranças do passado escravista ainda estão presentes em nossa sociedade e que a superação do preconceito e do racismo depende de todos nós.

3. Associe cada uma das frases acima às atitudes priorizadas nesta unidade.
    a) ( ) Persistir.
    b) ( ) Questionar e levantar problemas.
    c) ( ) Escutar os outros com atenção e empatia.

COMPREENDER UM TEXTO

O etnólogo Curt Unckel nasceu na Alemanha em 1883. Ele veio ao Brasil aos 20 anos de idade e dedicou sua vida à militância indigenista. No texto a seguir, ele relata o extermínio dos Oti-Xavante, povo indígena que vivia no Oeste Paulista. Em 1922, Unckel naturalizou-se brasileiro e adotou o sobrenome que lhe fora dado pelos Ñandeva-Guarani: Nimuendajú (que significa "fazer moradia").

O fim do povo Oti

"Foi em fins de 1860, que o mineiro José Theodoro, seus dois genros e demais pessoas de sua família, descobriram a grande faixa de campo [...], à qual deram o nome de 'Campos Novos'. [...]

Pouco além do vau do turbulento Capivara instalou José Theodoro seu novo lar [...].

Nos campos circunjacentes aos rios Capivara, Jaguaretê e Laranja Doce descobriram os colonizadores uma pequena tribo de índios que distinguiam perfeitamente dos selvícolas Coroados e dos Kaioás mansos dos rios; e, como era um povo indestro do campo, os chamaram de 'Chavantes'. [...]

Estes 'Chavantes' dos Campos Novos denominavam-se de 'Oti' [...].

Incauto: pessoa ingênua, sem malícia.

Indestro: relativo ao povo indígena considerado não civilizado pelos europeus.

Selvícola: expressão utilizada pelos colonizadores para se referir aos povos que viviam na selva; sinônimo de selvagem.

Vau: local raso de um rio, mar, lagoa.

Ventura: sorte (boa ou má); fortuna, destino, acaso.

Vivendo os Oti [...] exclusivamente da caça que nos campos não é muito abundante, motivo por que tinham muitas vezes mesa estreita, podemos imaginar a ventura que tiveram quando de súbito, com a chegada dos mineiros, os seus campos ficaram repletos de gado vacum e cavalar, caça esta, que além de ser tão fácil de apanhar-se, ainda tinha a vantagem de uma só peça fartar muito melhor uma família do que um tatu ou algumas lesmas. Então, os Oti até se tornaram gastrônomos; davam preferência à carne de égua sobre qualquer outra [...]. Em 1870 trouxera João da Silva, genro de José Theodoro, uma tropa de 80 éguas para criar nos Campos Novos, e, pouco tempo depois, já os Oti tinham matado e comido a última destas; eles não se incriminavam absolutamente por isto, e tanto é assim, que continuavam a viver despreocupados e tranquilos na vizinhança dos criadores; o prejudicado, porém, planejou vingança; ajuntou com toda a calma 57 homens com os quais investiu uma das principais aldeias [dos Oti].

Os Oti dormiam o sono dos incautos e, além disto, a cerração encobria o inimigo que se aproximava; [...] em poucas horas, se via uma carnificina, igual a tantas outras que pode enumerar a história do nosso sertão. [...]

[...] José Paiva, um dos que fizeram parte do grupo dos assaltantes, disse-me que os mortos estavam em montes sobre o terreno, e outras pessoas me garantiram que o número deles alcançava a 200: no entanto parece exagero.

COMPREENDER UM TEXTO

Depois deste golpe, os Oti tornaram-se mais cautelosos, mudaram-se [...], abandonando por completo toda a metade oriental dos seus campos de caçadas; também construíam agora as suas choças no abrigo das matas e faziam sentinelas.

Não podiam, porém, deixar de roubar gado; de vez em quando na falta de uma ou mais reses, descobriram os criadores, os restos delas nos acampamentos dos índios; novos planos de assaltos foram feitos, e finalmente atiravam aos Oti matando-os aonde quer que fossem encontrados [...].

Posteriormente os criadores chegaram a compreender que, de algum modo, tinham se prejudicado com a exterminação desta tribo, porque enquanto os Oti viviam e dominavam naqueles campos, eles faziam uma sentinela de fronteira contra o inimigo comum, os Coroados, que em nada eram para desprezar. [...]

Por esses diferentes processos de exterminação, estava em 1890 a tribo dos Oti reduzida a umas 50 cabeças."

NIMUENDAJÚ, Curt Unkel. O fim da tribo Oti. *Tellus*, ano 13, n. 24, jan./jun. 2013. p. 275-281. Disponível em <http://mod.lk/fi9qp>. Acesso em 10 jul. 2018.

ATIVIDADES

EXPLORAR O TEXTO

1. O assunto desse texto é:
   a) a produção de gado no sul da então província de São Paulo.
   b) a ausência de direitos dos indígenas durante o Segundo Reinado.
   c) a relação entre colonizadores e o povo indígena Oti.
   d) a vingança dos colonizadores contra os Oti no interior paulista.

2. A partir do texto, caracterize o modo de vida dos Oti.

3. A partir do quinto parágrafo do texto, o autor descreve uma profunda mudança ocorrida no modo de vida dos Oti.
   a) Escreva o que provocou essa mudança.
   b) Levando em consideração o texto como um todo, avalie a postura do autor ao redigir as seguintes passagens: "os Oti até se tornaram gastrônomos" e "continuavam a viver despreocupados e tranquilos na vizinhança dos criadores".

RELACIONAR

4. Observe o mapa "A expansão da cafeicultura no Centro-Sul do Brasil (séculos XIX e XX)", na página 179 do seu livro.
   a) A expansão da cafeicultura atingiu a área habitada pelos Oti? Explique.
   b) Que relação pode ser estabelecida entre o episódio narrado no texto e o mapa?

5. O tipo de situação narrada no texto ainda ocorre com povos indígenas no Brasil? O que a nossa legislação prevê em relação a isso?

REVISANDO

Conflitos e reformas durante a regência

1. Durante a **menoridade** de Pedro de Alcântara, o Império do Brasil foi governado por regentes.
2. Os principais grupos políticos da regência foram os **restauradores**, os **liberais moderados** e os **liberais exaltados**, que se dividiram depois entre **regressistas** e **progressistas**.
3. O **Ato Adicional de 1834** promoveu uma descentralização político-administrativa no império, com a criação das **Assembleias Legislativas Provinciais**.
4. As **rebeliões regenciais** revelaram a fragilidade do Estado nacional brasileiro e as tensões sociais no país.

Política interna e externa no Segundo Reinado

1. O **golpe da maioridade** foi a solução encontrada pelas elites para garantir a estabilidade política e social no país.
2. A criação do **parlamentarismo** contribuiu para conciliar os dois grupos políticos mais fortes do império: os partidos Liberal e Conservador.
3. A Guerra da **Tríplice Aliança** reuniu **Brasil**, **Uruguai** e **Argentina** em um confronto contra o exército do **Paraguai**.
4. O **custo social e financeiro** da guerra foi imenso para o Paraguai. Já o Brasil contraiu dívidas e teve um saldo de 50 mil de mortos.

A hegemonia econômica do café

1. A abundância de terras, a mão de obra escrava disponível e o clima favoreceram a **expansão do café** no Sudeste do Brasil.
2. O primeiro ciclo de expansão das lavouras de café ocorreu no **Vale do Paraíba**; no segundo ciclo, a partir de 1860, os cafezais avançaram em direção ao **Oeste Paulista**.
3. Os resultados do sucesso econômico do café foram a formação de uma **burguesia cafeeira no Sudeste** e a expansão dos **negócios urbanos**.

Indígenas, escravizados e imigrantes europeus

1. D. Pedro II estabeleceu **aldeamentos indígenas**, dirigidos por missionários católicos, com o objetivo de "integrar os nativos à civilização" e de **liberar suas terras** para o avanço da agricultura.
2. Após a pressão da Inglaterra, o Parlamento brasileiro aprovou a lei que proibiu o **tráfico negreiro para o Brasil**, em 1850.
3. A **abolição** no Brasil, em 1888, resultou da **resistência dos escravizados** e da **campanha abolicionista**.
4. O **sistema de colonato**, a **imigração subvencionada** e a **Lei de Terras** foram essenciais para a vinda de imigrantes europeus para o Sudeste e o Sul do Brasil.

Trilha de estudo

Vai estudar? Nosso assistente virtual no *app* pode ajudar! <http://mod.lk/trilhas>

PARA NAVEGAR

- **Movimento abolicionista**

Sinopse

Este OED multimídia traz mais informações sobre a participação dos negros na luta por sua liberdade no Brasil, seja por meio da imprensa, do sistema judiciário, da realização de revoltas ou da formação de quilombos.

O OED e esta unidade

1. Identifique os principais atores do movimento abolicionista.
2. Qual foi o papel de Luiz Gama na luta pela abolição?
3. Compare as ações dos caifazes com a do movimento grevista dos jangadeiros no Ceará.

Multimídia

Use o código QR para acessar o conteúdo. Disponível em <http://mod.lk/gxvxt>.

UNIDADE 7

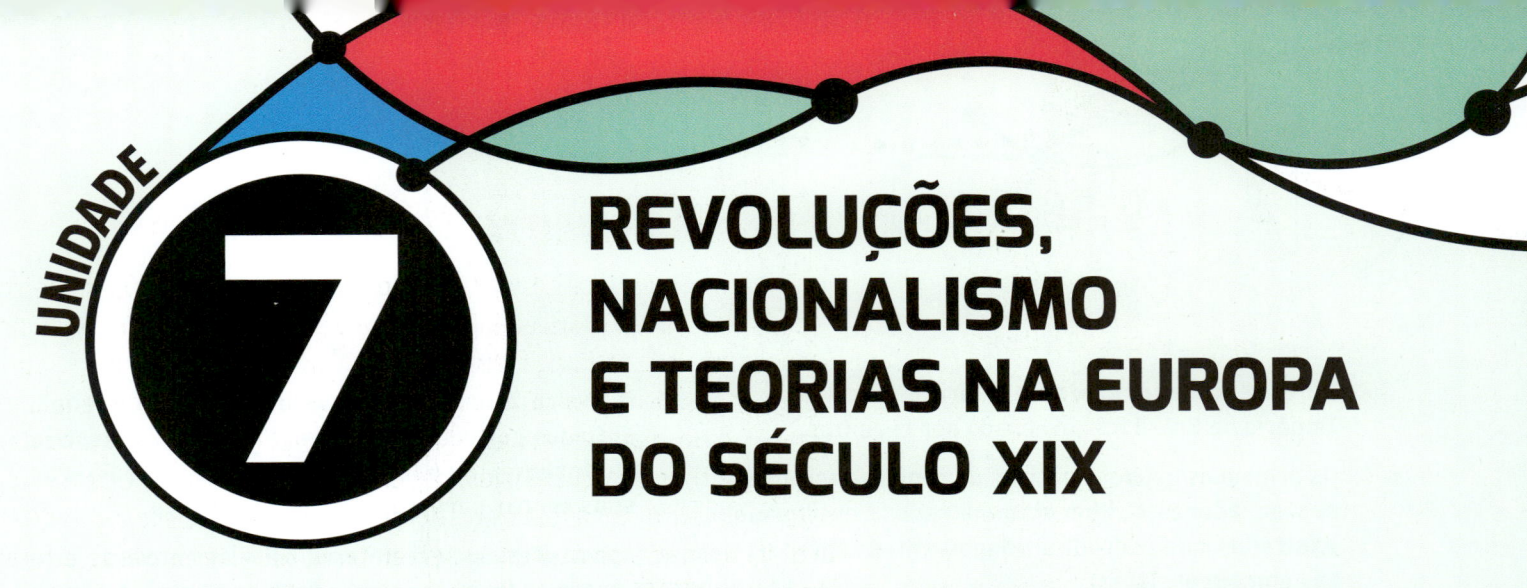

REVOLUÇÕES, NACIONALISMO E TEORIAS NA EUROPA DO SÉCULO XIX

O POVO VAI À LUTA

Imagine que você tenha nascido em Paris, em 1789, primeiro ano da Revolução Francesa. Quando você chegasse aos 65 anos de idade, teria passado por duas monarquias, duas repúblicas, dois impérios, quatro revoluções e sete guerras. Teria presenciado centenas de manifestações, inúmeras execuções de revolucionários e contrarrevolucionários, dezenas de barricadas e tiroteios e, provavelmente, teria participado de alguns deles. Esse é um quadro aproximado do que um europeu pode ter vivido, desde o final do século XVIII e durante todo o século XIX, na Europa.

Apesar das inúmeras conquistas que essas lutas possibilitaram, muitos problemas vividos naquela época não foram superados. Em pleno século XXI, ainda convivemos com desigualdades sociais, tiranias políticas, intolerância e racismo. Agora resta saber como vamos enfrentar essas mazelas.

COMEÇANDO A UNIDADE

1. Elabore hipóteses para explicar a ocorrência de tantas revoltas no decorrer do século XIX.
2. Observe as imagens e leia a legenda. Explique o significado da derrubada da Coluna Vendôme em 1871.
3. Você conhece movimentos de protesto ou de reivindicações no Brasil atual? Se sim, quais? O que eles reivindicam?
4. Você já participou de alguma manifestação? E seus familiares? Compartilhe essa experiência com os colegas.

ATITUDES PARA A VIDA

- Controlar a impulsividade.
- Escutar os outros com atenção e empatia.
- Aplicar conhecimentos prévios a novas situações.
- Pensar e comunicar-se com clareza.

Na imagem maior, *A queda da Coluna de Vendôme*, gravura de 1872. A imagem representa os acontecimentos da Comuna de Paris, em 1871, quando o povo tomou o poder na capital francesa e estabeleceu um governo popular na cidade. Ao lado, a Coluna Vendôme, em Paris, em foto de 2017. O monumento, construído por ordem de Napoleão para celebrar sua vitória na Batalha de Austerlitz, em 1805, foi derrubado durante a Comuna de Paris. Com 45 metros de altura, o monumento foi restaurado em 1875.

TEMA 1
AGITAÇÕES POLÍTICAS E SOCIAIS NA EUROPA DO SÉCULO XIX

Quais foram as mudanças provocadas pela onda revolucionária que varreu a Europa na primeira metade do século XIX?

RESTAURAÇÃO E REVOLUÇÃO

A derrota de Napoleão inaugurou na Europa uma disputa acirrada entre dois modelos de sociedade. De um lado, os que defendiam as bases do Antigo Regime, principalmente o absolutismo monárquico e os privilégios da nobreza e do clero. De outro, os defensores do liberalismo político e de hierarquias sociais decorrentes do mérito individual e não da condição de nascimento.

Os defensores do primeiro modelo predominaram desde o Congresso de Viena até 1830. Nesse período, conhecido como **Restauração**, as monarquias destituídas por Napoleão regressaram ao trono, constituições liberais aprovadas anteriormente foram suprimidas e regimes autoritários foram adotados em grande parte da Europa. Essa restauração conservadora foi em grande parte resultado das pressões da Santa Aliança, formada por Rússia, Áustria e Prússia.

Os líderes do Congresso de Viena também estabeleceram um novo mapa político da Europa. Eles reconheceram algumas conquistas territoriais dos Estados vencedores de Napoleão, fazendo o território da França recuar às fronteiras anteriores às chamadas **guerras revolucionárias** (1792-1802).

Explore

1. O que significa, na caricatura, o czar Alexandre I da Rússia entregando uma coroa a Luís XVIII da França?
2. Por que Napoleão foi representado dessa forma? O que o político inglês poderia estar dizendo a ele?

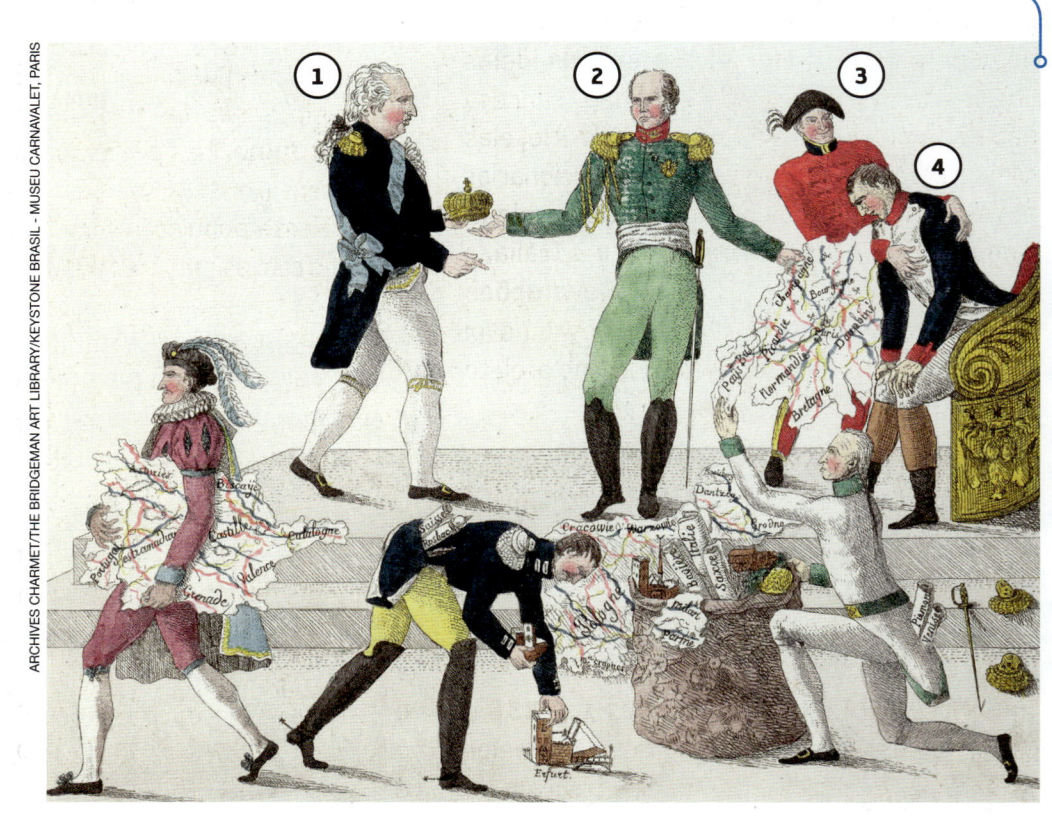

A partilha de territórios, caricatura francesa de 1815. Na imagem foram representados:
1. o rei francês Luís XVIII;
2. o czar Alexandre I;
3. o inglês Castlereagh;
4. Napoleão Bonaparte.

Barricada na Rua St. Antoine, em Paris, 28 de julho de 1830, gravura de 1830. A barricada, símbolo das revoluções de 1830 e 1848, consistia na interdição de ruas com trincheiras improvisadas. Essa gravura representa a revolta da classe média e dos trabalhadores, entrincheirados nas ruas parisienses contra as forças da realeza.

AS REVOLUÇÕES DO SÉCULO XIX

Apesar de as forças restauradoras do Congresso de Viena se empenharem em restabelecer a antiga ordem na Europa, as ideias liberais despertadas pela Revolução Francesa não tinham desaparecido. Pelo contrário, elas alimentaram novos movimentos revolucionários em muitos países do continente, que explodiram em 1820. Tendo como centro a Itália, a Península Ibérica e a Grécia, as **Revoluções de 1820** apresentaram um ingrediente novo: o **nacionalismo**, que se concretizava no projeto de construir um **Estado nacional**.

Na Grécia, as ideias liberais e nacionalistas inspiraram a luta pela independência do domínio otomano, reconhecida em 1829; nos reinos da Itália, o movimento se voltou contra a presença da dinastia francesa dos Bourbon e contra a dominação austríaca.

Contudo, foram as **Revoluções de 1830 e 1848**, pela capacidade de propagação e pelos resultados que produziram, que fizeram do século XIX o mais revolucionário que a Europa havia visto até então.

A onda revolucionária de 1830 começou na França após o rei Carlos X instituir as **Ordenações de Julho**. Elas acabavam com a liberdade de imprensa, dissolviam a Câmara dos Deputados e reduziam a população com direito ao voto. Revoltados com as medidas, nos dias 27, 28 e 29 de julho, os franceses ergueram barricadas pelas ruas de Paris e organizaram violentos protestos. Carlos X abdicou do trono e o movimento atingiu rapidamente outras regiões, como Bélgica, Península Itálica, Estados germânicos e Inglaterra.

Nem sempre as insurreições saíram vitoriosas. Porém, mudanças liberalizantes ocorreram em alguns países. A Bélgica tornou-se independente dos Países Baixos e, na Inglaterra, as agitações produziram reformas que ampliaram o número de eleitores e fizeram entrar em cena o **operariado**, organizado em sindicatos e associações autônomas.

A PRIMAVERA DOS POVOS

Em 1848 ocorreu a principal onda revolucionária do século XIX. Conhecido como **Primavera dos Povos**, o movimento combinou as aspirações liberais da burguesia, os ideais nacionalistas e as reivindicações dos trabalhadores. A mobilização das camadas mais pobres foi impulsionada pela terrível crise econômica que atingiu toda a Europa entre 1846 e 1850, originada das péssimas colheitas agrícolas. O custo de vida se elevou, indústrias dispensaram os operários e fecharam as portas, e empresas ferroviárias interromperam muitas obras.

Assim como na década anterior, a onda revolucionária de 1848 começou na França. Em Paris, os franceses proclamaram a **Segunda República**, pondo fim à monarquia. O novo governo criou fábricas do Estado que geravam emprego aos operários e estabeleceu o sufrágio universal masculino. Porém, nas eleições para a Assembleia Constituinte, a burguesia saiu vitoriosa, derrotando os representantes dos operários. Com isso, as oficinas nacionais foram fechadas e a burguesia se manteve no poder.

Em regiões que futuramente formariam a Itália e a Alemanha, as rebeliões foram derrotadas, mas conseguiram implantar a república em alguns pequenos Estados. O esforço nacionalista nessas regiões caracterizava-se pela tentativa de reunir as unidades políticas dispersas (monarquias ou repúblicas) e formar um Estado nacional unificado.

Nessa época, o Império Austríaco também foi fortemente atingido por agitações liberais e, como resultado, aboliu o trabalho servil no campo. As conquistas liberais estimularam o nacionalismo dos húngaros, que se rebelaram contra a dominação austríaca. No entanto, com o auxílio de tropas russas, o exército austríaco derrotou a Revolução Húngara.

A combinação das ideias liberais com o nacionalismo e as questões sociais significou uma grande inovação nas lutas do período e expressou a revolta de vários grupos sociais com a política conservadora e absolutista da Restauração.

As insurreições das classes populares também mostraram a violência da reação contrarrevolucionária das elites, que tentavam impedir que mudanças profundas acontecessem na maioria dos países europeus.

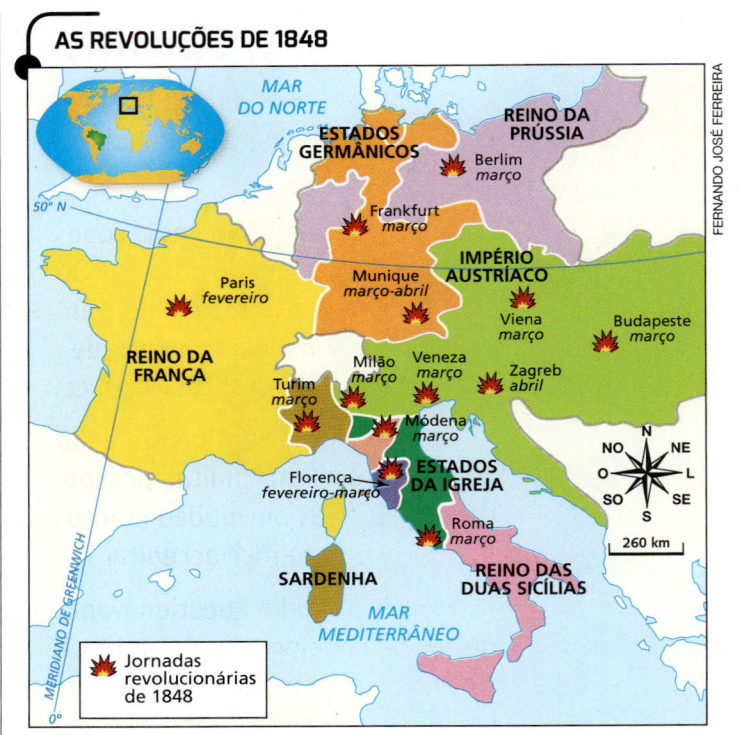

AS REVOLUÇÕES DE 1848

Fonte: DUBY, Georges. *Atlas histórico mundial*. Barcelona: Larousse, 2010. p. 231.

É BOM SABER

A Primavera dos Povos no Brasil

As ideias revolucionárias de 1848 também atingiram o Brasil. Na província de Pernambuco, elas alimentaram a **Revolução Praieira**.

No campo, poucas famílias eram donas de grandes propriedades. Nas cidades, o comércio e as manufaturas eram controlados por portugueses, e faltavam empregos.

A essa situação de desequilíbrio social, somou-se a crise política. Herdeiros de uma longa tradição liberal, os pernambucanos combatiam a extrema centralização política na corte do Rio de Janeiro. O estopim para a revolta foi a nomeação, por parte de D. Pedro II, de um conservador para governar a província. O movimento começou em Olinda, em novembro de 1848, onde recebeu grande adesão popular. Os rebeldes avançaram para o Recife, mas as tropas imperiais impediram que eles tomassem a cidade. A luta dos rebeldes prosseguiu em forma de guerrilha até 1850, quando foram derrotados.

Os praieiros também reivindicavam o voto livre e universal, a liberdade de imprensa, o direito ao trabalho, a nacionalização do comércio de retalhos, o fim do Poder Moderador, entre outras mudanças.

O SURGIMENTO DO NACIONALISMO

Os quinze anos de era napoleônica marcaram profundamente a história europeia. Talvez o maior legado daquele período tenha sido a difusão da ideia de "nação".

Aquela era uma ideia nova, que começou a ser construída no século XVIII e se fortaleceu ao longo do século XIX. Até então, os indivíduos se sentiam súditos de algum rei, por exemplo, "súditos do rei da França", e o elemento que unia os membros daquela comunidade era o fato de estarem todos subordinados à autoridade do rei francês, visto como de origem divina.

Contudo, esse sentimento de união em torno de um monarca deixou de ser compartilhado por muitas pessoas. Alguns não confiavam mais em seus reis, porque eles haviam mudado tanto ao longo do tempo, em trocas políticas e militares, que era difícil acreditar que governavam por vontade e decisão divina.

Muitos também questionavam a capacidade e a legitimidade dos reis de liderar sua comunidade. E, por fim, havia aqueles que viviam no continente americano e não se sentiam representados por um rei que governava do outro lado do Atlântico e só se importava com seus súditos do além-mar para exigir deles que pagassem impostos e servissem ao exército.

À medida que a industrialização avançou, assim como as migrações da Europa para a América e do campo para as cidades, as pessoas perderam seu antigo vínculo com as pequenas comunidades em que viviam. Muitos passaram a se questionar sobre o que os unia, e logo surgiram grupos que passaram a divulgar a ideia de que compartilhar um idioma e uma cultura mais ou menos semelhantes era o que unia as pessoas de um determinado local. A isso, começaram a chamar de "nação".

Poloneses comemoram o Dia da Independência da Polônia, em Warsaw, novembro de 2017. O nacionalismo que se alastra pela Europa atual tem a marca da xenofobia.

A INVENÇÃO DA TRADIÇÃO

Na Europa do século XIX começou a ser construída uma ideia de nação que se ligava à de um território habitado por uma comunidade com língua e um passado em comum, governada por um Estado independente. Para que as pessoas se identificassem com essa ideia, políticos e intelectuais de cada reino começaram a resgatar personagens do passado (quase sempre homens e líderes políticos), convertendo-os em "heróis nacionais", celebrados em feriados, moedas e monumentos públicos.

A escola também cumpriu um papel importante na tarefa de construir a nação. Os alunos deveriam aprender sobre os heróis e os grandes acontecimentos históricos da comunidade para se sentir parte dela e desejar construir juntos uma nação forte e independente. Também tinham de aprender um tipo de idioma definido como "nacional", abandonando dialetos, tradições ou crenças religiosas vistas como regionais.

Cada país trilhou um caminho próprio na transição de um Estado vinculado ao monarca para outro em que os indivíduos se viam como súditos de um Estado-nação. Em alguns territórios se investiu na uniformização da língua (em especial na Europa); em outros, se procurou criar vínculos até então inexistentes, como veremos adiante nos exemplos da Itália e da Alemanha.

O movimento nacionalista da primeira metade do século XIX tinha características liberais e defendia a autodeterminação dos povos contra a opressão estrangeira. Ao longo do século, em especial depois da Primavera dos Povos, o nacionalismo se tornou cada vez mais excludente, com o surgimento de ideias que pregavam a superioridade de uma nação sobre outras.

No século XX, o ideal nacionalista caracterizado pela intolerância em relação a outras nações se aprofundou, levando a guerras entre países, perseguições, campanhas de extermínio e uma série de violências contra quem vem de outras terras, tem outros usos e costumes e fala outra língua. O diferente passou a ser visto como perigoso.

Atualmente, essa face negativa do nacionalismo ainda se expressa no mundo todo, principalmente por meio de manifestações contra os imigrantes.

Dialeto: variedade na forma como uma língua é falada regionalmente; expressão linguística restrita a uma comunidade.

Estado-nação: organização política de um território habitado por uma comunidade unida por laços de identidade linguística e cultural; em outras palavras, é uma sociedade política constituída de um povo, um Estado e um território.

Explore

- De que maneira a pintura valoriza o nacionalismo?

Lutando em frente ao Hotel de Ville, 28 de julho de 1830, pintura de Jean-Victor Schnetz, 1883. Essa pintura representa um dos episódios das Revoluções de 1830 na França.

É BOM SABER

As fissuras do nacionalismo

A ideia de Estado-nação encobre diferenças culturais e conflitos históricos entre povos que vivem em um mesmo território. Para o Estado nacional se consolidar, diferenças internas tiveram de ser apagadas ou reprimidas.

"Ao nos perguntarmos o que é uma nação, logo nos defrontamos com o fato de que tal ideia nem sempre existiu nem existiu em todos os lugares, mas teve um começo e talvez tenha um final. É importante percebermos também o caráter impositivo dessa construção discursiva e política, ou seja, toda nação e todo Estado-nação são fundamentados em uma cultura específica de um grupo dominante que sob a justificativa de que seus valores são os verdadeiramente 'nacionais', de que são os que melhor representam o Estado e o território ao qual pertencem, exclui todas as outras culturas também existentes em seu território. Tal vem acontecendo na história desde a própria origem do Estado nacional. Os exemplos são muitos: a Espanha, durante a Idade Moderna e quase todo o século XX, ao excluir as identidades de bascos, galegos e catalães de sua definição de identidade nacional, afirmando a hegemonia da cultura e do idioma castelhanos como os legítimos valores nacionais do país; Israel, hoje, ao negar aos palestinos uma série de direitos de cidadania; os Estados Unidos, durante o século XIX ao excluir indígenas e negros como membros da nação; o que se repete no Brasil nos séculos XIX e XX. Os exemplos são muitos ao longo da história."

SILVA, Kalina Vanderlei; SILVA, Maciel Henrique. *Dicionário de conceitos históricos*. São Paulo: Contexto, 2009. p. 310.

Explore

- Em grupo, responda à seguinte questão: Por que o idioma nacional do Brasil é o português e não uma das centenas de línguas dos povos indígenas?

Professor indígena ensina seus alunos do Ensino Fundamental em Karib, família linguística à qual pertence a língua do povo Kalapalo. Aldeia Aiha, Parque Indígena do Xingu (MT), em 2018. Nas escolas indígenas do Brasil, os alunos têm aulas da língua falada pelo seu povo e de Língua Portuguesa, além de estudarem as disciplinas tradicionais de uma escola não indígena.

O ROMANTISMO E A REVOLUÇÃO

O **Romantismo** foi um amplo movimento sociocultural que atravessou os últimos anos do século XVIII e as primeiras décadas do século XIX. Influenciado pela Revolução Francesa e pela expansão napoleônica, o movimento captou e reproduziu nas artes em geral as tensões que se abatiam sobre a Europa revolucionária.

Os artistas românticos expressavam em suas obras a exaltação da liberdade contra a opressão do Antigo Regime, bem como o nacionalismo contra a influência estrangeira. A literatura e a música passaram a valorizar o idioma e o folclore nacionais, ao mesmo tempo que exaltavam a pátria diante da agressão estrangeira. Valorizando as tradições nacionais, os artistas românticos transformaram os povos e as nações nos grandes protagonistas da história.

Nas várias expressões da arte, os românticos se caracterizaram pela oposição ao racionalismo iluminista e aos temas da arte neoclássica. Eles propunham uma arte livre, guiada pela imaginação e pela emoção do artista. Defendiam a supremacia da intuição e dos sentimentos sobre a razão, das situações extremas sobre o equilíbrio e a harmonia e a retomada da união do homem com a natureza diante das novidades da sociedade industrial.

Opondo-se à arte neoclássica e ao iluminismo, os românticos valorizavam a época medieval, que para eles simbolizava o retorno à natureza, à religiosidade e às origens das nações. Com o tempo, os autores românticos voltaram-se cada vez mais para si mesmos, procurando representar os dramas e a solidão do indivíduo, que se refugia no sonho e na relação com a natureza.

Dialogando com Língua Portuguesa e Arte

Explore
- De que forma as características do Romantismo expostas no texto podem ser percebidas na pintura de Delacroix? Explique.

A liberdade guiando o povo

Neste audiovisual, acompanhe a análise dos principais elementos do quadro romântico de Delacroix, *A liberdade guiando o povo*, que presta uma homenagem à Revolução de Julho de 1830. Disponível em <http://mod.lk/kmaem>.

A Liberdade guiando o povo, pintura de Eugène Delacroix, 1830.

DE OLHO NA IMAGEM

Um mar de névoa vai deslizando e descortinando, em alguns pontos, picos de montanha antes encobertos.

O homem contempla, totalmente imerso na imensidão do mundo natural, a paisagem de montanhas que se ergue diante dele e se estende ao infinito.

A obra destaca, em primeiro plano, uma figura masculina de pé sobre as rochas e de costas para o espectador.

Note o contraste entre a escuridão das rochas e dos trajes da figura masculina, no plano inferior da pintura, e os tons claros da neblina e do céu, no alto.

Caminhante sobre o mar de névoa, pintura de Caspar David Friedrich, 1818.

O indivíduo contempla o infinito

Nos Estados alemães, floresceu uma estética romântica de conteúdo fortemente intimista, em que o indivíduo buscava na sua solidão um canal de comunicação com a natureza e o divino. Ao contrário dos temas patrióticos que inspiravam os românticos franceses, os autores alemães conduziram sua imaginação para os anseios mais íntimos da alma.

A pintura *Caminhante sobre o mar de névoa*, de Caspar David Friedrich, é a obra que melhor exprime a busca dessa fusão do indivíduo com a natureza e com o infinito que marcou o Romantismo na Alemanha.

QUESTÕES

1. Descreva a figura e a paisagem representadas na pintura.
2. Destaque as características dessa pintura que a identificam com o Romantismo.
3. Compare essa pintura com a tela *A Liberdade guiando o povo*, de Eugène Delacroix, na página anterior. Que diferenças há entre o Romantismo que se manifesta em cada uma das obras?

Iracema, pintura de José Maria de Medeiros, 1884. Note que essa mulher indígena, representada no centro de uma paisagem tropical, tem traços europeus. Sua postura lembra a dos deuses das esculturas gregas.

O ROMANTISMO NO BRASIL

Inspirados nas teorias europeias, os representantes do Romantismo no Brasil procuraram aliar o objetivo de criar uma estética romântica no país à tarefa de fundar uma literatura e uma cultura genuinamente brasileiras. Para isso, os escritores procuraram valorizar aspectos que eram originais do Brasil, como a paisagem natural e o indígena, escolhidos como símbolos da nação brasileira.

Tradicionalmente, a literatura romântica brasileira está dividida em três fases. Veja a seguir.

- **Primeira geração**: representada pelos escritores Gonçalves Dias, José de Alencar e Gonçalves de Magalhães, caracterizou-se pela construção de uma identidade nacional, valorizando o indígena, a natureza, o folclore e o clima do Brasil.

- **Segunda geração**: ficou marcada pelo pessimismo, pelo fascínio em relação à morte e pelo sentimento de inadequação diante do mundo. Os principais expoentes dessa geração foram os poetas Álvares de Azevedo, Casimiro de Abreu e Fagundes Varela.

- **Terceira geração**: também conhecida como "condoreirismo", essa última fase se destaca pela preocupação com temas sociais. A poesia de Castro Alves, seu principal representante, denunciou a violência da escravidão e abraçou a causa abolicionista.

Na pintura, o Romantismo no Brasil combinou aspectos da arte neoclássica e da arte romântica. Alguns autores até mesmo questionam se houve, a rigor, uma pintura romântica brasileira. Os que discordam dessa visão citam as obras de Victor Meirelles, Araújo Porto-Alegre, Pedro Américo e José Maria de Medeiros como exemplos da pintura romântica no país. Acontecimentos e personagens históricos, a natureza brasileira e o indígena são os temas dessa pintura romântica de teor nacionalista.

ORGANIZAR O CONHECIMENTO

1. Circule de azul as palavras que, na Europa do século XIX, remetem às ideias de Restauração e de vermelho as que remetem às ideias de revolução.

> absolutismo   república   Antigo Regime   nacionalismo   nobreza   operariado   privilégios   servidão   direitos   clero   liberalismo   barricada   burguesia   conservadorismo   revolta

2. Elimine do quadro o termo que não se encaixa no grupo e o substitua por outro que faça sentido.

> emoção   subjetividade   valorização da razão   interação com a natureza   Romantismo   nacionalismo   retorno ao passado medieval ou indígena

TEMA 2 — AS UNIFICAÇÕES DA ITÁLIA E DA ALEMANHA

Como a ideologia do nacionalismo esteve presente nos processos de unificação da Itália e da Alemanha?

A ITÁLIA PARA OS ITALIANOS

Na primeira metade do século XIX, a Península Itálica estava dividida em vários reinos. O sul, dominado pelo Reino das Duas Sicílias, era basicamente agrícola. Já a região norte, que havia se industrializado, estava sob a influência direta do Império Austríaco.

Com as insurreições liberais de 1848, houve uma tentativa de unificação da península. Porém, ela fracassou. Primeiro porque os líderes do movimento não partilhavam do mesmo projeto unificador, dividindo-se entre monarquistas liberais e republicanos. Enquanto os monarquistas temiam a participação popular no movimento, os republicanos tentavam mobilizar os habitantes da península. Segundo porque a maioria não estava unida em torno de um sentimento de identidade nacional.

DE NORTE A SUL DA PENÍNSULA

Piemonte-Sardenha, o reino mais industrializado da península e liderado pelos monarquistas liberais, deu início a um novo processo de unificação italiana. Em 1859, seu primeiro-ministro, o conde de Cavour, apoiado por Napoleão III, da França, derrotou as forças austríacas e incorporou diversos territórios ao norte da península.

No sul, o republicano **Giuseppe Garibaldi** organizou os camponeses em um exército que ficou conhecido como **camisas vermelhas**. Em 1860, os camisas vermelhas desembarcaram em Marsala e, sob o comando de Garibaldi, apossaram-se do Reino das Duas Sicílias.

Com essa vitória, em 1861, o país foi unificado e **Vítor Emanuel II** foi proclamado rei da Itália. Em 1866, Veneza foi incorporada à nova nação. Roma, anexada em 1870, tornou-se capital da Itália, apesar do interesse da Igreja Católica em manter a cidade independente e separada do novo reino.

Mapa interativo

A UNIFICAÇÃO ITALIANA

Legenda:
- Reino do Piemonte-Sardenha
- Ducados
- Estados da Igreja
- Território do Império Austríaco
- Reino das Duas Sicílias
- Territórios sob influência austríaca
- Reino Lombardo-Veneziano
- Principais batalhas
- Insurreições populares
- Avanço do exército piemontês
- Expedição de Garibaldi e os mil camisas vermelhas

Revolução de 1848
- Movimentos revolucionários anteriores a 1848
- Insurreições de 1848

Fonte: DUBY, Georges. *Atlas histórico mundial.* Barcelona: Larousse, 2010. p. 234.

A FORMAÇÃO DA ALEMANHA

A história da unificação alemã teve muitas semelhanças com a experiência italiana. Assim como na Itália e em outras regiões europeias, as invasões napoleônicas despertaram o nacionalismo alemão. A principal diferença foi que muitos alemães estavam espalhados e misturados a outros povos em toda a Europa Central.

Desde o término do Congresso de Viena, em 1815, a Alemanha estava dividida em vários Estados, reunidos na **Confederação Germânica**. Essa associação era dominada pelo Império Austríaco e pela Prússia.

O reino prussiano era industrializado e estava em busca de novos mercados consumidores para seus produtos. Em 1834, a Prússia criou o *Zollverein*, um acordo comercial que suprimia as barreiras alfandegárias entre os Estados alemães. Essa união alfandegária, porém, excluía a Áustria.

O *Zollverein* impulsionou o desenvolvimento da indústria, do comércio e das comunicações de grande parte dos Estados germânicos. Com o potencial industrial crescendo, os grupos favoráveis à unificação se fortaleceram entre os alemães, principalmente porque a unificação representava a possibilidade de competir com os produtos ingleses.

Nas Revoluções de 1848, já havia ocorrido na Prússia um movimento por uma Alemanha unida e liberal, que reuniu burgueses, pequeno-burgueses e operários e obteve várias conquistas democráticas, como o sufrágio universal. A reação da nobreza conservadora, porém, pôs fim à revolução e revogou as conquistas liberais obtidas. Depois disso, a grande burguesia prussiana, temendo a mobilização popular, aliou-se à nobreza para conduzir a unificação sem a participação popular.

Em 1862, por escolha de Guilherme I, rei da Prússia, **Otto von Bismarck** assumiu o cargo de chanceler. Um dos principais líderes da Restauração conservadora de 1848, Bismarck transformou-se na figura mais importante da unificação alemã. O objetivo do chanceler era estimular o nacionalismo como estratégia para alcançar a unificação dos Estados germânicos.

Chanceler: cargo equivalente ao de primeiro-ministro.

Pintura que representa as barricadas em Berlim, em 18 de março de 1848. Nessa data, as Revoluções de 1848 estouraram em Berlim, onde os rebeldes exigiam o fim da censura e a convocação de um Parlamento prussiano. Mesmo levantando barricadas para impedir o avanço dos soldados, 270 revolucionários morreram nos confrontos, a maior parte deles artesãos.

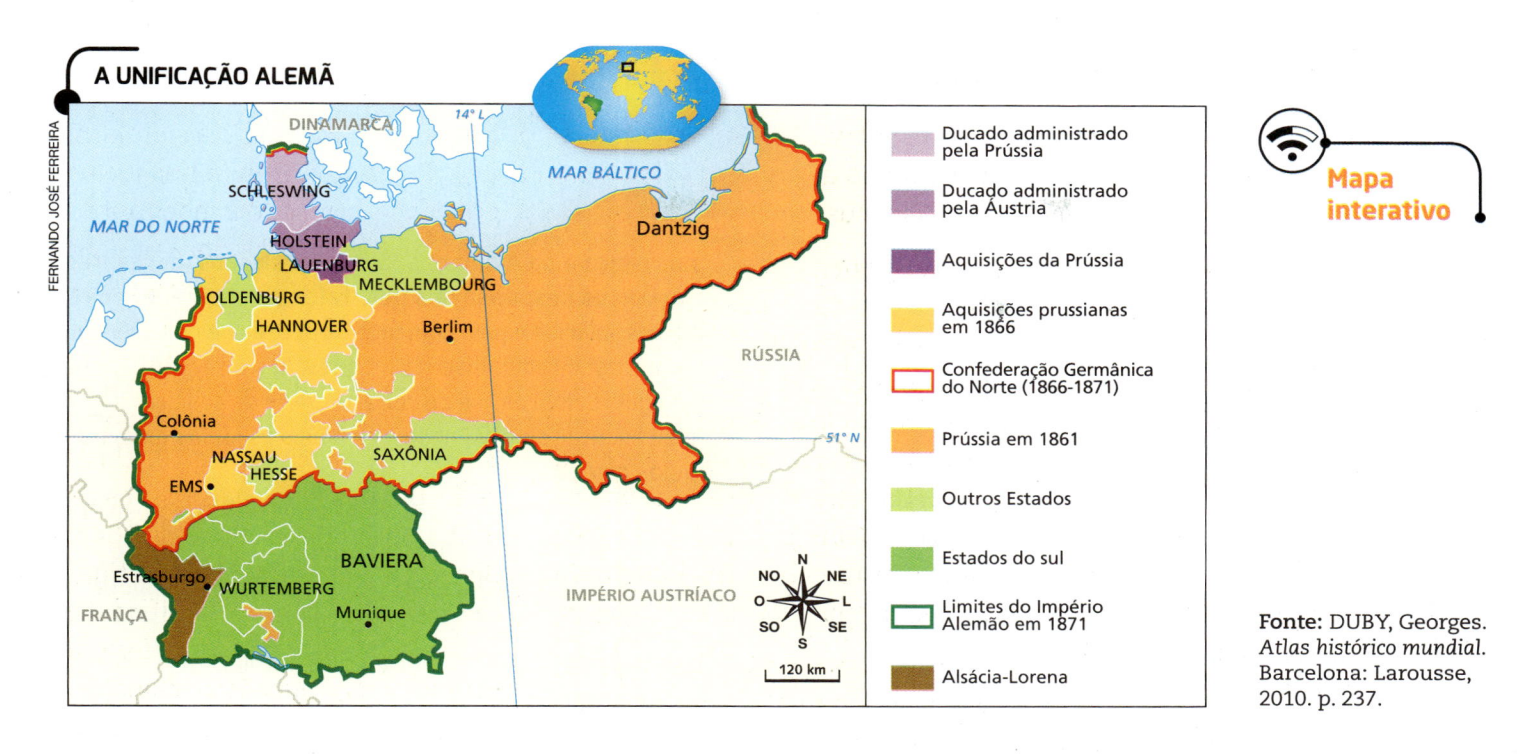

A UNIFICAÇÃO ALEMÃ

Fonte: DUBY, Georges. *Atlas histórico mundial*. Barcelona: Larousse, 2010. p. 237.

A UNIDADE CONSTRUÍDA POR MEIO DA GUERRA

Bismarck escolheu o caminho da guerra para despertar (ou criar) o sentimento nacional nos alemães. Para isso, equipou e modernizou o exército prussiano, tornando-o a força armada mais poderosa da Europa. Seu primeiro movimento foi aliar-se aos austríacos e declarar guerra à Dinamarca em 1864, que dominava regiões ao norte.

Dois anos mais tarde, o chanceler alemão aliou-se à Itália e declarou guerra à Áustria, avançando sobre o seu território. Vitorioso, ele conseguiu reunir, em 1867, todos os Estados do norte na chamada **Confederação Germânica do Norte**, liderada pela Prússia. A unificação caminhava a passos largos, mas ainda faltavam os Estados do sul.

Depois de uma série de provocações e atos hostis, Bismarck conseguiu o que planejava: Napoleão III, da França, declarou guerra à Prússia em 1870. A **Guerra Franco-Prussiana**, como ficou conhecida, não durou muito, pois o exército prussiano era uma grande potência militar, muito superior ao da França. Com a derrota, os franceses perderam a cobiçada região da **Alsácia-Lorena**, rica em carvão.

Em janeiro de 1871, Guilherme I foi coroado imperador da Alemanha, e Bismarck tornou-se chefe militar do país. É importante ressaltar que, apesar da importante liderança de Bismarck, a unificação alemã não foi uma obra individual. Ela resultou do desenvolvimento industrial da Prússia, da integração econômica de grande parte do território alemão e da expansão de uma cultura nacional e belicista.

ORGANIZAR O CONHECIMENTO

- Complete o esquema sobre o processo de unificação da Itália e da Alemanha indicando o acontecimento equivalente a cada data.

    a) **Itália:**
    (1848) Primeira tentativa de unificação
    (1859) _____
    (1860) _____
    (1861) _____
    (1866) _____
    (1870) _____

    b) **Alemanha:**
    (1815) Estados independentes reunidos na Confederação Germânica
    (1834) _____
    (1848) _____
    (1864) _____
    (1866) _____
    (1867) _____
    (1870) _____

ATIVIDADES

APLICAR

1. Quais foram as influências da Revolução Francesa na eclosão das revoluções de 1820, 1830 e 1848?

2. O texto a seguir apresenta uma reflexão sobre a ideia de Estado-nação e nacionalismo. Leia-o atentamente para responder às questões.

   "Havia uma diferença fundamental entre o movimento para fundar Estados-nações e o 'nacionalismo'. O primeiro era um programa para construir um artifício político que dizia basear-se no segundo. Não há dúvida de que muitos daqueles que se consideravam 'alemães' por alguma razão achavam que isso não implicava necessariamente um Estado alemão único [...]. Um caso extremo de divergência entre nacionalismo e nação-Estado era a Itália [...]. No momento da unificação [italiana], em 1860, estimou-se que não mais de 2,5% de seus habitantes falavam a língua italiana no dia a dia [...]. Não é de admirar que Massimo d'Azeglio (1792-1866) exclamasse em 1860: 'Fizemos a Itália; agora precisamos fazer os italianos'."

   HOBSBAWM, Eric. *A era do capital*: 1848-1875. 5. ed. Rio de Janeiro: Paz e Terra, 200. p. 133-134.

   a) Por que, segundo o autor, é preciso diferenciar o nacionalismo do movimento para fundar Estados-nações na Europa?

   b) Explique o significado da frase de Massimo d'Azeglio citada no texto.

   c) Nem toda nação está organizada em um Estado nacional, ou seja, está assentada em um território sob as leis de um Estado soberano. Considerando esta afirmação, cite pelo menos duas nações atuais que não estão organizadas em um Estado nacional e uma nação que está dividida em dois Estados.

3. Guerra, perseguições políticas e fome são as principais razões para o agravamento da crise dos refugiados no mundo, a maior parte deles originária da Síria, Afeganistão, Sudão do Sul, Myanmar e Somália. A maioria desses refugiados vive nos países vizinhos e não na Europa, como muitos pensam. Mesmo assim, grupos nacionalistas hostis aos imigrantes e aos refugiados têm crescido nos países europeus. Partidos nacionalistas que defendem barreiras contra a imigração já são a segunda ou a terceira força política na Hungria, Áustria, Polônia, Holanda, Bulgária, Suécia e crescem na França e na Alemanha. Segundo eles, os imigrantes seriam os responsáveis pela falta de emprego, pelos baixos salários e pelo aumento da pobreza e da violência. Sobre esse tema, discuta as questões a seguir com os colegas. Lembrem-se de refletir antes de solicitar a fala e de escutar com atenção e respeito as ideias expostas pelos colegas.

   a) Essa atitude hostil aos imigrantes é um desrespeito aos direitos humanos? Por quê?

   b) Que medidas poderiam ser tomadas para diminuir o preconceito contra os imigrantes?

   c) No Brasil também há casos de intolerância com os imigrantes? Se sim, explique.

4. Observe a imagem e responda às questões.

   A confissão: Otto von Bismarck com a morte, charge de Fortune Louis Meaulle e Henri Meyer, publicada no *Le Petit Journal*, em 17 de dezembro de 1892.

   a) Como Bismarck foi caracterizado nessa charge?

   b) A imagem foi publicada em um jornal francês do final do século XIX. Qual teria sido a intenção da publicação francesa em representar o chanceler alemão dessa forma?

RETOMAR

5. Responda às questões-chave da abertura dos temas 1 e 2.

   a) Quais foram as mudanças provocadas pela onda revolucionária que varreu a Europa na primeira metade do século XIX?

   b) Como a ideologia do nacionalismo esteve presente nos processos de unificação da Itália e da Alemanha?

TEMA 3

A EXPANSÃO INDUSTRIAL NA EUROPA E AS NOVAS TEORIAS CIENTÍFICAS

Quais foram os desdobramentos da industrialização na Europa do século XIX?

AS CONDIÇÕES SOCIOECONÔMICAS NA EUROPA

Ao longo do século XIX, a Revolução Industrial se expandiu pelo continente europeu, ao mesmo tempo que o processo de urbanização se intensificou e novas fábricas foram instaladas em vários países. O crescimento industrial se ligou à expansão comercial e à livre concorrência, marca típica do **liberalismo**.

Nesse período, contudo, a presença da população trabalhadora nas grandes fábricas ainda era minoritária. Em 1831, nas ilhas britânicas, por exemplo, havia mais de 12,5 milhões de trabalhadores, mas apenas 500 mil deles trabalhavam nas fábricas. Anos depois, em 1851, a Inglaterra tinha mais ferreiros que operários siderúrgicos. Como as grandes fábricas geravam menos postos de trabalho, a **produção artesanal** continuou absorvendo a maior parte da mão de obra urbana.

Mesmo nessas circunstâncias, as cidades industriais tornaram-se cada vez mais superpovoadas e marcadas pelo contraste entre o florescimento de uma rica burguesia e a pobreza do operariado. Isso podia ser percebido no próprio espaço urbano, que foi ocupado de diferentes formas: de um lado, havia escritórios, lojas, habitações e vias embelezadas; de outro, bairros mal iluminados, casebres e cortiços, lixo e esgoto espalhados pelas ruas.

Apesar desses contrastes, o desenvolvimento técnico-científico e a produção maciça de bens de consumo no período, mesmo que beneficiando uma parcela pequena da população, contribuiu de certa forma para melhorar e facilitar os afazeres do dia a dia. Essas conquistas materiais favoreceram a visão positiva das elites europeias em relação à ciência e à tecnologia.

Dudley Street, Seven Dials, ilustração do francês Gustave de Doré representando um cortiço em Londres da era vitoriana, publicada na obra *Londres, uma peregrinação*, em 1872.

O interior do Palácio de Cristal, construído para a Exposição Universal de 1851, em Londres. Ilustração de 1854. O edifício, de 92.000 m², foi construído com ferro fundido e vidro.

A VALORIZAÇÃO DO MUNDO TÉCNICO-CIENTÍFICO

O constante desenvolvimento científico e tecnológico possibilitado pela Revolução Industrial passou a ser celebrado em grandes eventos conhecidos como **exposições universais**. Essas feiras se converteram em grandes vitrines do mundo inventivo e produtivo da burguesia europeia.

As exposições caracterizavam-se por exibir e comercializar os mais variados produtos da atividade humana, da agricultura à metalurgia, dos instrumentos científicos aos novos materiais didáticos, das utilidades em geral às artes plásticas.

Além disso, as exposições universais demonstravam a solidez do capitalismo, o triunfo da "civilização" europeia e o poder de intervenção e de domínio do ser humano sobre a natureza. Entretanto, esse otimismo do novo mundo das máquinas ocultava as péssimas condições de trabalho dos operários.

A Inglaterra, pioneira da industrialização, foi escolhida para sediar a primeira exposição universal, realizada em 1851. Para abrigar o evento, foi construído na cidade de Londres o grande Palácio de Cristal.

A suntuosa construção privilegiava a entrada da luz solar e valorizava a iluminação natural. O evento contou com mais de 14 mil expositores de 28 países e, nos 140 dias em que esteve aberto, recebeu mais de 6 milhões de visitantes. Devido ao grande sucesso do evento, as exposições universais são realizadas até os dias de hoje.

PARA LER

- **Le Chevalier e a Exposição Universal**
  Autor: A. Z. Cordenonsi
  Porto Alegre: Avec, 2016

  O livro explora uma narrativa de aventura e suspense, tendo como cenário a cidade de Paris durante os preparativos para a Quarta Exposição Universal, que seria realizada em 1867. Elementos como o nacionalismo e a competição entre as grandes potências são abordados na trama, assim como a ameaça representada pela Confederação Germânica, que planejava sabotar o evento.

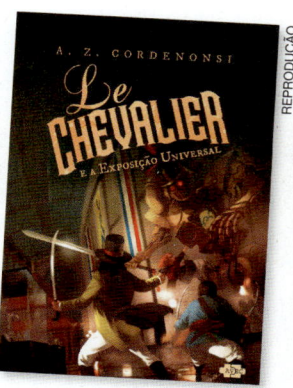

A RAZÃO *VERSUS* A FÉ

A atividade científica procurava mostrar que o mundo natural era governado por leis físicas. A ciência podia explicar os fenômenos da natureza sem precisar recorrer aos textos bíblicos, ao poder de deuses ou de espíritos sobrenaturais.

Nesse contexto, o desenvolvimento de uma mentalidade científica foi acompanhado de uma progressiva secularização da sociedade. Isso significou a perda da influência política das igrejas e a separação entre Igreja e Estado na legislação de muitos países. A redução do poder das igrejas, de certa forma, libertou a ciência para explorar assuntos que entravam em choque com as crenças religiosas, entre eles a origem da vida.

Sobre esse tema, no início do século XIX, o naturalista francês Jean-Baptiste de Lamarck (1744-1829) defendeu a ideia da **evolução das espécies por uso e desuso**. Ele propunha que os seres vivos se transformam por dois mecanismos:

1. Quando um ser vivo começa a usar um órgão do corpo mais do que fazia no passado, esse órgão tende a se desenvolver, enquanto um órgão menos usado tende a ser atrofiado.

2. Os descendentes desse ser vivo herdariam também órgãos com as mesmas características, mais desenvolvidos ou mais atrofiados.

Mais tarde, o pesquisador Alfred Russel Wallace (1823-1913) defendeu a hipótese de que os seres mais bem adaptados ao ambiente sobrevivem.

Essas e outras teorias influenciaram as pesquisas do naturalista inglês Charles Darwin (1809-1882). Segundo Darwin, os indivíduos de uma mesma espécie apresentam grande variação entre si. Um grupo com determinadas características pode tornar-se mais bem adaptado ao ambiente e às suas variações do que outros da mesma espécie, tendo, portanto, mais chances de obter os recursos de que precisa para sobreviver e deixar descendentes, que herdarão as mesmas características. Darwin chamou esse processo de **seleção natural**.

Segundo a seleção natural, dependendo da cor, os besouros podem ser mais ou menos adaptados ao ambiente.
Em um ambiente de folhagens secas (**A**), por exemplo, os de cor marrom chamam menos a atenção dos predadores (**B**) que os de cor verde. Logo, eles têm mais chances de sobreviver, de se reproduzir e de transmitir as mesmas características genéticas aos seus descendentes (**C**).

 # Dialogando com Ciências

GIF

AS IDEIAS DO DARWINISMO SOCIAL

Ao longo do século XIX, pensadores procuraram aplicar a teoria da seleção natural de Darwin às sociedades humanas, criando assim o **darwinismo social**. O sociólogo inglês Herbert Spencer (1820-1903) foi o principal representante desse pensamento. Ele defendia que os seres humanos são naturalmente desiguais. Assim como ocorre na natureza, os indivíduos competem entre si para sobreviver. Nessa competição, apenas os mais fortes, talentosos e capazes vencem e progridem na vida.

Nessa visão, a pobreza era explicada pela incapacidade natural dos indivíduos de competir por sua sobrevivência. Como esses indivíduos eram fracos, tinham de ser eliminados mais cedo para não deixar descendentes. Por isso, os darwinistas sociais combatiam, por exemplo, os programas de ajuda aos pobres e às pessoas com deficiência.

As ideias pseudocientíficas do darwinismo social foram utilizadas para hierarquizar racialmente os povos, dividindo-os em superiores e inferiores. Os europeus e sua cultura foram adotados como modelo de superioridade. Quanto mais distante um povo se encontrasse dos padrões físicos e culturais europeus, mais baixo ele estaria na hierarquia criada sob a influência do darwinismo social.

RACISMO, EUGENIA E MISCIGENAÇÃO

Aprofundando as ideias do darwinismo social, alguns teóricos europeus defenderam que as raças humanas se dividiam em superiores (arianos) e inferiores (judeus, negros, aborígenes australianos, indígenas americanos, entre outras). Esses teóricos procuraram criar um racismo "científico"; em outras palavras, foram buscar na genética humana características para defender a superioridade de uma raça sobre as demais.

Com base nas mesmas ideias racistas, o inglês Francis Galton, primo de Darwin, criou em 1883 a **eugenia**, teoria que propunha a criação de uma raça humana superior por meio do controle da reprodução.

> "[A eugenia] Preconizava o favorecimento, pelo Estado, da formação de uma elite genética por meio do controle científico da procriação humana, onde os inferiores (os menos aptos) seriam ou eliminados ou desencorajados de procriar. Visava essencialmente o aperfeiçoamento da raça."
>
> BOLSANELLO, Maria Augusta. Darwinismo social, eugenia e racismo "científico": sua repercussão na sociedade e na educação brasileira. *Educar em Revista*. Curitiba, n. 12, jan./dez. 1996. Disponível em <http://mod.lk/u9kaf>. Acesso em 22 ago. 2018.

Pseudocientífico: aquilo que aparenta ser científico, mas não se utiliza do rigor da metodologia de pesquisa da ciência.

Explore
- Qual é a crítica implícita nas palavras escritas no quadro da foto?

A fotógrafa Larissa Isis (na imagem) lançou em 2015 o projeto *Cansei*, que expõe situações vivenciadas constantemente por pessoas negras. Segundo ela, "as pessoas têm certo receio em usar a palavra NEGRA quando vão se referir ao meu tom de pele. Acredite em mim, você me chateia mais ao me chamar de morena. Eu SOU NEGRA. Você não me ofende ao dizer isso".
Foto de Bruna Moraes, 2015.

Em nome da eugenia, ao longo do século XX programas de controle da reprodução humana nos Estados Unidos promoveram a esterilização de cerca de 70 mil indivíduos, entre eles pessoas com deficiência física e mental, epilépticos, mendigos, prostitutas, negros e chineses. A política de eugenia aplicada pelo regime nazista de Hitler na Alemanha (1933-1945), que causou o extermínio de milhões de pessoas, inspirou-se também na experiência estadunidense.

O darwinismo social e a eugenia tiveram forte influência na elite intelectual do império e do início da república no Brasil. Intelectuais como Sílvio Romero (1851-1914) e Raimundo Nina Rodrigues (1862-1906) defendiam que os problemas socioeconômicos do Brasil tinham como causa a presença de indígenas e negros na formação dos brasileiros. Como solução, eles pregavam o incentivo à imigração de europeus e sua **miscigenação** com os brasileiros. Na visão racista dessa elite, só o branqueamento contínuo da população promoveria o desenvolvimento do país.

Na atualidade, essas teorias racistas estão desacreditadas. Pesquisas comprovam que a constituição genética dos seres humanos é muito semelhante, existindo apenas uma "raça" humana. Apesar de a ciência ter superado a ideia de superioridade ou inferioridade racial, o racismo é uma realidade concreta, fruto da apropriação indevida da ciência para justificar a dominação de um povo sobre outro.

No colo das mães, os bebês Henry Beekman, Ada Cohen e Marie Danaher, vencedores do concurso "Bebê Perfeito". Nova York (EUA), 1914. Nos Estados Unidos, os defensores da política de eugenia também estimulavam a realização de concursos que premiavam as famílias ou as crianças perfeitas, segundo a ideologia da superioridade branca.

ORGANIZAR O CONHECIMENTO

1. Relacione cada cientista à sua respectiva teoria.
    a) (   ) Charles Darwin.   1. Eugenia.
    b) (   ) Jean-Baptiste Lamarck.   2. Darwinismo social.
    c) (   ) Herbert Spencer.   3. Seleção natural.
    d) (   ) Francis Galton.   4. Evolução por uso e desuso.

2. Explique como as ideias racistas do darwinismo social foram assimiladas e aplicadas pela elite intelectual do Império Brasileiro.

219

O ANARQUISMO: A NEGAÇÃO DO ESTADO

O anarquismo não pode ser compreendido como uma corrente teórica única, pois teve diversas características e formas de atuação. No entanto, as ideias anarquistas tinham pontos centrais em comum.

Os anarquistas combatiam qualquer forma de dominação política, religiosa e social. Por isso, defendiam a abolição do Estado, que deveria ser substituído por formas de organização cooperativas construídas a partir da **autogestão**. Também eram anticlericais e opunham-se aos partidos políticos e à atuação eleitoral.

A luta dos anarquistas sempre primou pela ação direta como meio de difundir suas ideias. Organizando sindicatos, greves e outras formas de luta dos trabalhadores, os anarquistas exerceram forte influência no movimento operário mundial até a década de 1920.

Os principais expoentes do anarquismo nos séculos XIX e XX foram o francês Pierre-Joseph Proudhon, os russos Mikhail Bakunin e Piotr Kropotkin e a francesa Louise Michel.

A COMUNA DE PARIS

Entre 18 de março e 28 de maio de 1871, a capital francesa viveu a experiência da **Comuna de Paris**, considerada por **Marx** a primeira **experiência socialista** da história. O movimento teve à sua frente trabalhadores, teóricos socialistas de várias correntes e anarquistas.

Essa experiência de governo teve origem a partir da crise agravada pela Guerra Franco-Prussiana. Desde setembro de 1870, as tropas prussianas cercavam a cidade de Paris. O povo, disposto a resistir, formou o Comitê da Guarda Nacional. Porém, a situação na cidade se tornou extremamente difícil: escassez de alimentos, epidemias e revoltas populares eram muito frequentes.

Em janeiro de 1871, o governo republicano de Adolphe Thiers rendeu-se às tropas prussianas e entregou as armas aos inimigos. Em março de 1871, os populares de Paris e a Guarda Nacional, armada, tomaram as ruas, levantaram barricadas e forçaram os governantes a fugir. Dias depois nascia a Comuna de Paris.

Barricada erguida pelos revolucionários na Avenida Champs-Élysées, durante a Comuna de Paris, na França. Foto de março de 1871.

O governo da Comuna instituiu medidas de caráter socialista, como a tomada de decisões pela população em reuniões regulares e o congelamento dos preços de gêneros de primeira necessidade e dos aluguéis. Além disso, criou creches e escolas para os filhos dos trabalhadores e passou o comando das fábricas abandonadas para os operários. A ideia da igualdade entre homens e mulheres, pela primeira vez, foi colocada em ação.

A Comuna de Paris, no entanto, foi esmagada pelo exército francês com apoio das tropas prussianas. Cerca de 20 mil *comunardos* foram assassinados e outros 40 mil foram presos ou deportados para as colônias francesas. Após o fim da Comuna, uma reforma urbana destruiu os bairros onde foram levantadas as barricadas. A curta experiência da Comuna foi incorporada na memória coletiva dos trabalhadores como modelo de governo revolucionário e popular.

Mapa localizador

ORGANIZAR O CONHECIMENTO

1. Copie e complete, no caderno, o quadro sobre as teorias políticas do século XIX.

	Socialismo utópico	Socialismo científico	Anarquismo
Autores			
Ideias			

2. Escreva um pequeno texto sobre a Comuna de Paris com as palavras do quadro abaixo.

| gestão popular   operários   governo republicano |
| socialistas   anarquistas   tropas prussianas   decisões |
| rendição   Guarda Nacional   repressão |

Fotomontagem de mulheres acusadas de participar da Comuna de Paris encarceradas na prisão de Chantiers, em Versalhes, na França, em agosto de 1871.

ATIVIDADES

APLICAR

1. (Fuvest). As revoluções de 1848 na Europa:
   a) tentaram impor o retorno do absolutismo, anulando as conquistas da Revolução Francesa.
   b) foram marcadas pelo caráter nacionalista e liberal, incluindo propostas socialistas.
   c) provocaram a união das tropas de Bismarck e Napoleão III para destruir o governo revolucionário.
   d) conduziram Luís Felipe ao trono da França e deram origem à Bélgica como Estado independente.
   e) foram vitoriosas e completaram as unificações nacionais na Itália e Alemanha.

2. Analise a charge a seguir e responda às questões.

   # Dialogando com Ciências

   Realidade checada, charge de Dave Whamond, 2017.

   a) A charge dialoga com uma explicação para a origem das espécies. Identifique-a e relacione-a com a charge.
   b) Qual é a crítica presente nessa charge? Você concorda com essa visão? Por quê?

- Leia o texto a seguir para responder às questões 3 e 4.

   "No passado, a crença de que 'raças' humanas possuíam diferenças biológicas substanciais e bem demarcadas contribuiu para justificar discriminação, exploração e atrocidades. Recentemente, porém, os avanços da genética molecular e o sequenciamento do genoma humano permitiram um exame detalhado da correlação entre a variação genômica humana, a ancestralidade biogeográfica e a aparência física das pessoas, e mostraram que os rótulos previamente usados para distinguir 'raças' não têm significado biológico. Pode parecer fácil distinguir fenotipicamente um europeu de um africano ou de um asiático, mas tal facilidade desaparece completamente quando procuramos evidências dessas diferenças 'raciais' no genoma das pessoas. Apesar disso, o conceito de 'raças' persiste, *qua* construção social e cultural, como forma de privilegiar culturas, línguas, crenças e diferenciar grupos com interesses econômicos diferentes."

   PENA, Sérgio D. J.; BIRCHAL, Telma S. A inexistência biológica *versus* a existência social de raças humanas: pode a ciência instruir um etos social? *Revista USP*, n. 68, dez./fev. 2005-2006. Disponível <http://mod.lk/wjcac>. Acesso em 20 jun. 2018.

3. De acordo com o texto, qual tem sido a utilidade, no passado e no presente, do uso do conceito de "raças" humanas?

4. Assinale a afirmativa correta sobre o texto.
   a) Os estudos científicos da atualidade comprovam a existência biológica de diferentes raças humanas, com base na variação genômica dos indivíduos.
   b) A comprovação científica da existência de diferentes raças humanas não justifica a história de discriminação e opressão de povos em decorrência das diferenças genéticas entre eles.
   c) A ideia de que existem "raças" humanas parece ter longa duração, mesmo após a ciência ter comprovado que as diferenças físicas entre as pessoas desaparecem nos estudos genômicos.
   d) O darwinismo social do século XIX deturpou a teoria da seleção natural de Charles Darwin e manipulou as descobertas que vieram à tona com o sequenciamento do genoma humano.
   e) As diferentes características físicas entre os indivíduos também foram identificadas nos estudos genômicos humanos, mostrando a correlação entre aparência física e diferenças biológicas.

5. Responda às questões sobre as teorias políticas do século XIX.
   a) O que diferencia o socialismo utópico do socialismo científico?
   b) Segundo Marx e Engels, como funciona o mecanismo da "mais-valia"?
   c) Quais são as semelhanças e as diferenças entre o socialismo científico e o anarquismo?

RETOMAR

6. Responda às questões-chave da abertura dos temas 3 e 4.
   a) Quais foram os desdobramentos da industrialização na Europa do século XIX?
   b) De que forma as teorias políticas do século XIX propunham transformar a sociedade?

Mais questões no livro digital

AUTOAVALIAÇÃO

CONTEÚDOS

1. Ao final dos estudos propostos nesta unidade, como você avalia seu aprendizado? Consulte o livro e suas anotações pessoais sobre os quatro temas estudados para responder às seguintes questões.
   a) Quais conteúdos e/ou atividades considerei mais difíceis? Por quê?
   b) Quais conteúdos e/ou atividades considerei mais fáceis? Por quê?
   c) O que posso fazer para melhorar meu aprendizado?

ATITUDES

2. Marque com um **X** as frases que expressam situações que você experimentou durante o estudo desta unidade.
   a) (   ) Refleti sobre as revoluções do século XIX com base nas experiências que tive participando ou presenciando protestos na atualidade.
   b) (   ) Entendi as diferenças entre socialismo utópico, socialismo científico e anarquismo.
   c) (   ) Ao discutir temas polêmicos em sala de aula, como nacionalismo, identidade, racismo e eugenia, expus a minha opinião apenas após refletir sobre a situação apresentada, bem como respeitei a fala e o ponto de vista dos colegas.
   d) (   ) Compreendi determinados conceitos e conteúdos após discuti-los com os colegas.
   e) (   ) Recorri a temas que estudei anteriormente para compreender novas questões e aprofundá-las.

3. Associe cada uma das frases acima às atitudes priorizadas nesta unidade.
   a) (   ) Controlar a impulsividade.
   b) (   ) Escutar os outros com atenção e empatia.
   c) (   ) Aplicar conhecimentos prévios a novas situações.
   d) (   ) Pensar e comunicar-se com clareza.

4. Na sua opinião, em qual dessas atitudes você tem mais desenvoltura? Qual delas você considera que precisaria desenvolver mais? Por quê?

COMPREENDER UM TEXTO

Nacionalismos que envenenaram a Europa

Como era a vida das pessoas antes da criação dos países? Essa pergunta pode soar quase absurda nos nossos dias, pois estamos tão acostumados a pertencer a um Estado-nação que parece que nunca um ser humano viveu fora de um Estado nacional. O texto a seguir trata do nacionalismo, que vem sendo remodelado ao longo do tempo.

"Toda a história da Europa se move em um sentido: a construção de Estados em que os direitos sejam políticos e, portanto, correspondam a todas as pessoas, frente às nações em que os direitos dependem do pertencimento a uma ideia, etnia, língua e religião. E não foi fácil chegar até aqui. O caminho foi uma longa sucessão de desastres e cataclismos, das guerras de religião nos séculos XVI e XVII aos conflitos que provocaram centenas de milhares de mortos [no] [...] século passado. [...]

O Mundo de ontem, as memórias do escritor judeu Stefan Zweig, se transformou [em] um canto inesgotável à sabedoria desse continente, mas também [em] um alerta sobre a fragilidade de suas conquistas. Zweig se suicidou no Brasil em 1942 quando pensava que já não existia nenhuma esperança à Europa e que a vitória de Hitler era inevitável. Isso é o que escreve sobre o nacionalismo: 'Pela minha vida galoparam todos os corcéis amarelados do apocalipse, a revolução e a fome, a inflação e o terror, as epidemias e a emigração; vi [...] a pior de todas as pestes: o nacionalismo, que envenena a flor de nossa cultura europeia'.

A frase de Zweig deve ser aplicada com cautela à situação atual: não [...] há na Europa nada parecido a Hitler [...]. Mas quando o escritor coloca o nacionalismo como o pior dos males, como um veneno, se refere à exclusão que representa para todos os que ficam de fora. Sua idealização do Império Austro-Húngaro se deve ao fato de ter sido uma entidade na qual puderam viver sob uma mesma lei e direitos povos, línguas e religiões totalmente diferentes.

Cerca dividindo a fronteira entre Tijuana, no México, e San Diego, nos Estados Unidos. Foto de 2017. A criação de fronteiras e o nacionalismo não são exclusivos da Europa. Seus valores estão presentes em muitas sociedades contemporâneas.

A queda daquele império provocou o levantamento de fronteiras que sempre deixavam alguém de fora, porque se os limites são traçados baseando-se em imaginários direitos nacionais alguém sempre estará excluído – os húngaros da Romênia e os romenos da Hungria, os italianos e os eslovenos de Trieste e assim até o infinito. Não existem nações uniformes. [...]

Como a de Zweig, a peripécia pessoal do sociólogo alemão Norbert Elias pode servir para resumir o século XX: veterano da Primeira Guerra Mundial, fugiu da Alemanha por ser judeu [...], viveu na Inglaterra, onde foi deportado à ilha de Man por ser alemão, e depois trabalhou em universidades da Alemanha e Holanda [...]. Elias explica que a Europa no século XV tinha 5 mil unidades políticas independentes [...]; 500 no começo do século XVII; 200 [...] no começo do século XIX; e menos de 30 em 1953."

ALTARES, Guillermo. Nacionalismos que envenenaram a Europa. El País, 19 out. 2017. Disponível em <http://mod.lk/9i36o>. Acesso em 20 jun. 2018.

ATIVIDADES

EXPLORAR O TEXTO

1. No primeiro parágrafo do texto, o autor opõe duas formas de determinação de direitos nos Estados-nação. Quais são essas formas?

2. Na opinião do autor, as fronteiras territoriais estabelecidas com base em direitos nacionais imaginários têm como resultado:
    a) a exclusão de grupos diferentes do grupo nacional que impôs sua hegemonia sobre aquela base territorial.
    b) a incapacidade histórica de resolver conflitos e reconhecer os direitos universais das populações.
    c) a liberdade de circulação entre as fronteiras que colocam em risco a perda de controle sobre as riquezas nacionais.
    d) a multiplicação do número de Estados europeus desde o século XV, levando à fragmentação do continente.

3. A história do sociólogo alemão Norbert Elias, segundo o autor, resume o século XX.
    a) De que maneira o nacionalismo afetou a vida desse sociólogo?
    b) O autor defende em seu texto que o nacionalismo tem atuado como uma ideologia excludente. Justifique esse posicionamento do autor, relacionando-o com a história de Norbert Elias.

RELACIONAR

4. O nacionalismo emergiu como uma força política significativa na Europa no início do século XIX.
    a) Em que sentido o nacionalismo do século XX, abordado pelo autor, se assemelha ao nacionalismo do início do século XIX, estudado nesta unidade?
    b) Atualmente, a Europa tem vivido momentos de crise relacionados ao nacionalismo e às fronteiras entre os países do continente. O que tem motivado esse contexto de crise?

REVISANDO

Agitações políticas e sociais na Europa do século XIX

1. A Europa que surgiu do **Congresso de Viena**, em 1815, foi marcada pela **Restauração conservadora**.
2. As **Revoluções de 1820, 1830 e 1848** apresentaram um elemento novo: o **nacionalismo**, o desejo de muitos povos de libertar-se do domínio estrangeiro e construir um Estado nacional.
3. O **Romantismo** expressou as paixões da Europa revolucionária. Os artistas valorizavam a **emoção**, a **dramaticidade** e a **relação com a natureza**.
4. O **Romantismo no Brasil** caracterizou-se pelo projeto de fundar uma literatura e uma cultura genuinamente nacionais. Os escritores românticos elegeram o **indígena** e a **natureza** como símbolos da nação.

As unificações da Itália e da Alemanha

1. A unificação da **Itália** foi conduzida pelas elites do **Reino do Piemonte-Sardenha**; no sul, ela ficou a cargo dos **camisas vermelhas**.
2. A **unificação alemã** foi conduzida pela **Prússia**, sob a direção do chanceler **Otto von Bismarck**, e expressava os interesses da Prússia de impulsionar o desenvolvimento econômico da Alemanha.

A expansão industrial na Europa e as novas teorias científicas

1. A expansão da **Revolução Industrial** na Europa não significou a melhoria das condições de vida dos **trabalhadores**.
2. O **progresso técnico e científico** fortaleceu a crença na capacidade da ciência de explicar os fenômenos naturais e promover a felicidade humana.
3. As **exposições universais** celebravam o desenvolvimento científico e tecnológico, a prosperidade do capitalismo e o triunfo da civilização europeia.
4. A **teoria da evolução por seleção natural**, proposta por Darwin e Wallace, revolucionou o conhecimento sobre a origem das espécies.
5. O **darwinismo social** e a **eugenia** procuraram naturalizar as desigualdades sociais e criar uma raça superior por meio do controle da reprodução humana.

O socialismo, o anarquismo e a Comuna de Paris

1. Saint-Simon, Owen e Fourier foram chamados de **socialistas utópicos** por não apresentarem meios de superar efetivamente o capitalismo.
2. **Marx e Engels** atribuíam ao operariado a tarefa de destruir o capitalismo por meio de uma revolução, instaurar a **ditadura do proletariado** e construir as bases para o **comunismo**.
3. O **anarquismo** defendia a **destruição do Estado**, base de toda a desigualdade social, e a criação de formas de **organização livres e cooperativas**.
4. A **Comuna de Paris** foi a primeira experiência de **governo socialista** na história.

Trilha de estudo

Vai estudar? Nosso assistente virtual no *app* pode ajudar! <http://mod.lk/trilhas>

PARA LER

Os miseráveis
Autor: Victor Hugo; adaptação: Walcyr Carrasco
São Paulo: Moderna, 2012

Sinopse

Adaptação do livro *Os miseráveis*, do escritor francês Victor Hugo, a obra narra a história de Jean Valjean, preso e condenado a trabalhos forçados por quase vinte anos. Após ser libertado, Valjean reinicia sua vida e muda-se para Paris, cidade convulsionada pela restauração monárquica de 1815 e pela Revolução de 1830.

O livro e esta unidade

1. Que motivo levou Jean Valjean a cometer seu primeiro crime? Sua pena foi proporcional ao delito cometido.
2. Descreva os personagens Jean Valjean, Marius Pontmercy e o senhor Gillenormand, procurando relacioná-los ao que você estudou nesta unidade.

UNIDADE 8

O IMPERIALISMO NO SÉCULO XIX

UMA TRAGÉDIA DO NOSSO TEMPO

Observe a imagem desta página. Ela vale mais do que mil palavras? Quantos sonhos cabem em um bote lotado de seres humanos em algum lugar do Mar Mediterrâneo? Quantas histórias podem ser recuperadas a partir do drama vivido por seus passageiros? O que os levou até ali, àquele instante, eternizado pelas lentes do fotógrafo?

Desnutridas e doentes, essas pessoas buscam fugir de guerras, da fome e da falta de trabalho que marcam grande parte dos países africanos atuais. A dominação europeia no continente, no século XIX, produziu efeitos tão duradouros que ainda hoje podem ser notados nas condições de vida de milhões de africanos. Esta unidade propõe recuperar o passado para olharmos essa fotografia e compreendermos a história que ela nos conta.

Refugiados africanos são resgatados pela organização franco-alemã SOS Mediterrâneo. Foto de 2016.

▶ COMEÇANDO A UNIDADE

1. Para você, qual é o significado da expressão "dominação imperialista"? Quem seriam os dominadores? E os dominados?

2. Você tem notícias a respeito da recepção dada aos imigrantes que chegam atualmente à Europa vindos de antigas colônias europeias na África?

3. Você conhece outros grandes fluxos populacionais em direção à Europa na atualidade? Quais são as motivações para esses deslocamentos e que efeitos eles acarretam?

ATITUDES PARA A VIDA

- Aplicar conhecimentos prévios a novas situações.
- Escutar os outros com atenção e empatia.
- Pensar com flexibilidade.
- Questionar e levantar problemas.

TEMA 1: A SEGUNDA REVOLUÇÃO INDUSTRIAL

Quais inovações tecnológicas marcaram a Segunda Revolução Industrial? Como elas revolucionaram a sociedade?

Vista da Ponte do Brooklin, em Nova York, nos Estados Unidos. Foto de 2017. Essa ponte começou a ser construída em 1869, tornando-se um ícone do desenvolvimento técnico-científico do período.

UM MUNDO EM RÁPIDA TRANSFORMAÇÃO

O século XIX foi um período de intensas inovações tecnológicas na Europa. Inventos na área dos transportes, das comunicações e da produção de energia possibilitaram encurtar as distâncias, acelerar a veiculação de notícias e criar novas indústrias. Aos olhos das elites, parecia que a civilização europeia tinha instaurado o reino da ciência e do progresso. A crença na capacidade de a ciência explicar o mundo, dominar as forças da natureza e promover o progresso geral das sociedades humanas é o que chamamos de **cientificismo**.

O desenvolvimento científico no período foi marcado pela aliança entre ciência, técnica e indústria, criando-se meios para produzir mais investindo menos, em menor tempo e com menos gasto de energia. Um exemplo dessa aliança foram os conhecimentos teóricos produzidos na área do eletromagnetismo, aplicados na fabricação de motores elétricos, transformadores e lâmpadas.

Esse novo processo de avanços técnico-científicos, com impactos em toda a sociedade, ficou conhecido como **Segunda Revolução Industrial**. Veja as principais inovações tecnológicas que marcaram esse período.

- **Processo Bessemer.** Em 1856, o inventor inglês Henry Bessemer descobriu que a injeção de um jato de ar frio no minério de ferro em fusão permitia retirar as impurezas dele e obter o **aço**. A descoberta de Bessemer tornou o aço mais barato e incentivou novos investimentos na indústria siderúrgica.
- **Motores de combustão interna.** A partir da década de 1870, foram inventados e aperfeiçoados os primeiros motores de combustão interna, uma máquina que transforma energia térmica em energia mecânica por meio da queima de combustíveis. Aos poucos, invenções como essa possibilitaram a substituição do gás natural pelos derivados de petróleo, como a gasolina e o óleo diesel, usados em larga escala.
- **Dínamo.** Criado por volta de 1870, o dínamo é um dispositivo que transforma energia mecânica em energia elétrica. A **eletricidade** gerada pelo dínamo passou a ser empregada nas fábricas, nos transportes e na iluminação pública.

Assim, enquanto o carvão e o ferro foram associados à industrialização inglesa do século XVIII, o aço, o motor de combustão interna e a eletricidade se transformaram em símbolos da Segunda Revolução Industrial.

TRANSPORTES E COMUNICAÇÕES

O uso do aço, da eletricidade e do motor de combustão interna permitiu a expansão das estradas de ferro e a criação de novos inventos, como o automóvel e o telefone. Eles revolucionaram os transportes e as comunicações, fortalecendo a crença na capacidade infinita da ciência e da sociedade industrial.

Em 1860, havia por volta de 50 mil quilômetros de trilhos em todo o mundo; trinta anos depois, apenas Alemanha, Estados Unidos e Grã-Bretanha, os países mais industrializados na época, somavam 250 mil quilômetros de trilhos construídos.

Em 1885, o engenheiro alemão Karl Benz produziu o primeiro veículo motorizado para fins comerciais, instalando um motor de combustão interna em uma carruagem. Anos depois, em 1908, a criação do **modelo Ford T**, nos Estados Unidos, popularizou o invento e revolucionou a indústria automobilística.

Nas comunicações, a invenção de um aparelho capaz de converter o som em impulsos elétricos, patenteado em 1876, marcou o nascimento do **telefone**.

Esses avanços técnicos facilitaram e aceleraram não só a comunicação entre os povos, mas a circulação de informações e o deslocamento de pessoas e de mercadorias.

Explore

- A energia elétrica faz parte do nosso cotidiano. Como ela é produzida? Como seria a sua vida se um dia ela acabasse? Isso seria possível?
Você conhece ou já ouviu falar de alguma comunidade nos dias de hoje que não utiliza energia elétrica? Discuta o assunto com os colegas.

País das maravilhas, pintura de Adelaide Claxton, c. 1870.

O progresso da civilização no Japão, gravura publicada no *The Illustrated London News*, em março de 1875. Na imagem, podemos observar japoneses usando trajes ocidentais, que passaram a ser incorporados durante a era Meiji.

A INDUSTRIALIZAÇÃO JAPONESA

A revolução nos transportes e na produção industrial não ficou restrita aos países da Europa e aos Estados Unidos. Países asiáticos, como o Japão, também experimentaram, no final do século XIX, importante processo de modernização política e econômica.

Antes de 1860, o Japão vivia uma situação semelhante à da Europa medieval. Havia um imperador, mas sua figura era simbólica, pois quem detinha de fato o poder eram os *daimios*, grandes senhores de terra. Contudo, essa situação mudou com a **Revolução Meiji**, na década de 1860, quando o poder foi centralizado na figura do imperador.

Sob o comando do imperador Mutsuhito Meiji, uma série de reformas transformou o Japão na maior potência econômica da Ásia. O governo assinou tratados comerciais com países do Ocidente e realizou uma ampla reforma educacional visando acabar com o analfabetismo e qualificar a mão de obra. Além disso, os capitais estrangeiros que entraram no país foram transferidos para grandes grupos econômicos, chamados de *zaibatsu*. Controlados por algumas poucas famílias, os zaibatsu investiram na agricultura, na indústria metalúrgica e na rede de transportes.

Nessas condições, o Japão pôde dar sua arrancada industrial, também promovida pela iniciativa estatal. Assim, por volta de 1910, o país tinha mais de 10 mil quilômetros de estradas de ferro, grandes bancos, poderosas companhias de navegação e mineração, e sua produção têxtil era uma das maiores do mundo.

TRABALHO E MORADIA NA NOVA ERA INDUSTRIAL

Durante a Segunda Revolução Industrial, as novas fábricas expandiram sua capacidade de produção, atraindo um fluxo crescente de trabalhadores para as cidades industriais. Contudo, mesmo com todos os avanços tecnológicos que permitiram elevar a produtividade e os lucros, os operários continuavam trabalhando em condições precárias e sem nenhuma proteção legal.

Era comum a presença de crianças nas atividades fabris, trabalhando até a exaustão em jornadas que podiam chegar a dezesseis horas diárias. Muitas começavam a trabalhar aos seis anos de idade e recebiam cerca de um quarto do salário pago aos homens adultos. Relatos do período mostram, ainda, que as crianças trabalhadoras eram castigadas por dormir durante o expediente ou por não darem conta das tarefas exigidas pela produção.

> **É BOM SABER**
>
> ### Aprendizes recrutados nos abrigos
>
> Leia o trecho a seguir, escrito por um filho de industrial e crítico da exploração do trabalho durante a Segunda Revolução Industrial.
>
> "Desde o princípio da nova indústria, estas [as crianças] foram empregadas nas fábricas. De início e devido às pequenas dimensões das máquinas (que mais tarde se tornaram mais importantes), eram quase somente as crianças que nelas trabalhavam; iam procurá-las nas casas de assistência, que as alugavam aos industriais como 'aprendizes', em grandes grupos e por muitos anos. Eram alojadas e vestidas coletivamente e tornavam-se, bem entendido, escravas dos seus patrões, que as tratavam com uma brutalidade e barbaridade extremas."
>
> ENGELS, Friedrich. *A situação da classe trabalhadora na Inglaterra*. São Paulo: Global, 1985. p. 171-172.

Crianças operárias em indústria têxtil na Carolina do Sul, nos Estados Unidos. Foto de 1908.

Os chefes do Senado, ilustração de Joseph Keppler publicada na revista estadunidense *Puck*, em 1889.

A ERA DO CAPITALISMO FINANCEIRO

As transformações que marcaram a Segunda Revolução Industrial também ocorreram no próprio funcionamento da economia capitalista. Até meados do século XIX, muitas empresas começavam a funcionar sem grandes recursos e se expandiam à medida que seus donos reinvestiam na própria empresa parte dos lucros obtidos com a comercialização dos produtos. Por essa razão, predominavam as pequenas empresas familiares. Como os recursos que alimentavam a produção eram obtidos pela dinâmica da própria indústria, essa fase é conhecida como a era do **capitalismo industrial**.

A partir dos anos 1870, com a Segunda Revolução Industrial, as novas atividades econômicas exigiam grandes investimentos, que não podiam ser obtidos apenas com recursos individuais. Para instalar uma empresa siderúrgica, por exemplo, se exigia um volume maior de capitais do que para montar uma fábrica têxtil da Primeira Revolução Industrial. Por essa razão, as instituições bancárias assumiram um papel central nesse período, financiando a produção (industrial, agrícola e mineral) e controlando, por meio da aquisição de ações, empresas de diferentes setores e atividades. Começava a era do **capitalismo financeiro**.

A grande concentração do capital, nesse período, alterou o perfil das empresas nas principais economias do mundo industrializado. Essa mudança foi um dos resultados da primeira grande crise do capitalismo, iniciada em 1873. Em um contexto de grandes dificuldades, pequenas empresas foram eliminadas, enquanto as mais fortes criaram formas de associação para combater a concorrência e aumentar os lucros.

Charge que critica os trustes, publicada na revista estadunidense *The Veredict*, julho de 1899. Observe que os trustes foram representados pela figura de um macaco, que sequestra os Estados Unidos, representados por uma mulher vestindo a bandeira do país.

Veja a seguir os principais modelos de organização empresarial surgidos no período.

- **Truste.** Associação de empresas de um mesmo ramo que se fundem com o objetivo de controlar os preços, a produção e o mercado.
- **Cartel.** Agrupamento de empresas concorrentes que estabelecem acordos ocasionais com o propósito de dividir o mercado e combater os concorrentes.
- *Holding.* Empresa que controla uma série de outras empresas, do mesmo ramo ou de setores diferentes, mediante a posse majoritária das ações dessas empresas.

As organizações empresariais promoveram uma imensa concentração de capital nas mãos de grupos econômicos, os chamados oligopólios, em prejuízo das pequenas empresas e da livre concorrência. Esse processo deu origem às **transnacionais**, grandes corporações empresariais com filiais em diversos países. Apesar de estarem presentes em várias regiões, essas empresas mantinham fortes vínculos com seu país de origem. Além disso, o surgimento das transnacionais motivou um novo movimento de colonização, dessa vez nos territórios da África e da Ásia.

Oligopólio: situação, na economia capitalista, em que poucas empresas detêm o controle da maior parte do mercado.

ORGANIZAR O CONHECIMENTO

1. No caderno, complete as sentenças abaixo com as palavras do quadro.

   | ferrovia | automóvel | a vapor |
   | ciência | eletricidade | Bessemer |

   a) Entre as muitas inovações do período, podemos citar o processo _____, que permitiu a produção de aço.

   b) Enquanto a energia _____ se transformou no símbolo da Primeira Revolução Industrial, na Segunda Revolução Industrial esse papel foi assumido pela _____.

   c) A associação entre _____, técnica e indústria revolucionou os transportes e as comunicações.

   d) A _____ está para a Primeira Revolução Industrial assim como o _____ está para a Segunda Revolução Industrial.

2. Escreva **T** para truste, **C** para cartel ou **H** para *holding*.

   a) ( ) A Opep é uma organização de países exportadores de petróleo criada em 1960 com o objetivo de controlar a oferta do produto no mercado e evitar a queda de preços.

   b) ( ) Em 1882, o estadunidense John Rockefeller fundou a Standard Oil Company, reunindo quarenta empresas produtoras de petróleo.

   c) ( ) Em 1883, na Alemanha, foi fundada uma empresa química que logo diversificou suas atividades, passando a controlar a produção de fotografias, medicamentos, armas químicas e borracha sintética. Hoje, ela também atua na produção de sementes, agrotóxicos etc.

TEMA 2 — A EXPANSÃO IMPERIALISTA NA ÁFRICA

Como o imperialismo transformou as relações sociais e políticas no continente africano?

Do Cabo ao Cairo, desenho de Udo J. Keppler, 1902. A ilustração mostra a personagem Britânia carregando uma bandeira branca, na qual está escrito "civilização". Ela conduz soldados e colonizadores contra um grupo de nativos, que carregam a bandeira com o termo "barbarismo".

A CONFERÊNCIA DE BERLIM E A PARTILHA DA ÁFRICA

Até meados do século XIX, a presença dos europeus no continente africano se limitava a algumas feitorias e colônias posicionadas no litoral, geralmente em locais estratégicos para o comércio. Assim, a maior parte do continente encontrava-se sob o poder das sociedades africanas, governadas por reis, imperadores ou conselhos de anciões.

Contudo, essa situação mudou a partir dos últimos anos do século XIX. Em pouco tempo, quase toda a África (à exceção da Etiópia e da Libéria) passou a ser dominada pelas potências europeias, que investiam em uma nova expansão colonial, conhecida como **neocolonialismo**, ou seja, novo colonialismo. Esse conceito é utilizado para diferenciar a nova expansão colonial do século XIX da colonização do período das grandes navegações.

A nova expansão colonial foi motivada, principalmente, pelo interesse em superar a grave crise econômica que estourou em 1873 e perdurou até 1896. Essa crise havia sido provocada pela grande concorrência entre as potências industriais, que as levou a ampliar os investimentos em tecnologias para diminuir os custos de produção, reduzindo a oferta de empregos. A produção de mercadorias cresceu, mas o mercado consumidor, afetado pelo desemprego e pelos baixos salários, não foi capaz de absorvê-la, o que levou muitas empresas à falência. A saída encontrada pelos europeus foi conquistar novos mercados para os seus produtos, novas fontes de matérias-primas e áreas para investir capitais excedentes. Portanto, essa nova expansão colonial visava atender às demandas do capital industrial e financeiro, sendo mais conhecida como **imperialismo**.

A divisão dos territórios africanos entre as nações europeias aconteceu entre 1884 e 1885, na **Conferência de Berlim**, onde se reuniram representantes de Grã-Bretanha, Alemanha, França, Portugal, Bélgica, entre outros países. A partir dessa data até o final do século XIX, cada uma dessas nações construiu o seu império colonial na África, obedecendo ao princípio de áreas de influência. Isso significava que, uma vez estabelecida no litoral de uma região, a nação estrangeira teria o direito de ocupar a zona do interior.

POLÍTICAS DE COLONIZAÇÃO NA ÁFRICA

O domínio colonial exercido pelos países europeus na África não foi o mesmo em todo o continente, variando conforme os interesses do colonizador e as características do território colonizado.

De maneira geral, foram aplicadas duas políticas coloniais: de **assimilação** e de **diferenciação**. A primeira, adotada pelos impérios Português, Francês e Belga, baseava-se no ensino da língua da metrópole, da religião, da moral cristã e do modo de vida europeu, procurando criar, entre os nativos, uma elite de colaboradores locais.

Os impérios Britânico e Alemão adotaram a política de diferenciação. Os colonizadores recorriam a lideranças locais para cuidar da administração colonial, aproveitando os conflitos internos e a estrutura de poder que já existiam. Essas lideranças se tornavam representantes dos colonizadores e defendiam seus interesses nas áreas dominadas.

O IMPÉRIO BRITÂNICO NA ÁFRICA

A entrada oficial da Grã-Bretanha no continente africano ocorreu em 1875, com a compra da parte egípcia do Canal de Suez. A outra parte desse canal continuou sendo propriedade da França.

O Canal de Suez, inaugurado em 1869, tinha importância estratégica na região, pois ligava o Mar Vermelho ao Mar Mediterrâneo, facilitando a navegação e o comércio entre a África, a Ásia e a Europa. Buscando assegurar o seu domínio sobre o Canal e afastar a presença da França, os ingleses estabeleceram, em 1883, um protetorado no Egito. Em seguida, conquistaram os territórios que viriam a ser o Sudão egípcio, a Rodésia, a Nigéria e a África Oriental Britânica.

Nas terras que correspondem hoje à África do Sul, os britânicos, interessados no ouro e nas pedras preciosas abundantes da região, empreenderam uma guerra contra os **bôeres**, descendentes de holandeses que colonizaram a região no século XVII. A guerra teve início em 1899 e durou até 1902, quando a Grã-Bretanha, vitoriosa, anexou o território aos seus domínios.

Com isso, a Grã-Bretanha se consolidou como o maior império colonial na África.

Proterorado: território ou país que tem certos atributos de um Estado independente, mas que, nas questões essenciais, está subordinado à autoridade de uma potência estrangeira.

PARA ASSISTIR

● **As montanhas da Lua**
Direção: Bob Rafelson
País: Estados Unidos
Ano: 1990
Duração: 136 min

O filme conta a história das expedições dos britânicos Richard Burton e John Speke em busca da nascente do Rio Nilo. Essas viagens tinham como principal objetivo mapear os recursos da África Central que poderiam ser explorados pelo Império Britânico.

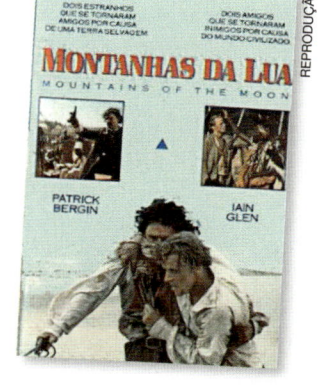

A ÁFRICA FRANCESA

Além do domínio sobre uma parte do Canal de Suez, a colonização francesa avançou para o interior da África partindo de suas antigas feitorias situadas na costa Atlântica. Entre os séculos XVI e XIX, a região tinha sido um verdadeiro armazém de negros escravizados.

Assim ocorreu com as feitorias situadas na Senegâmbia, região que compreende a bacia dos rios Senegal e Gâmbia. Partindo dessas feitorias e acompanhando o curso do Rio Níger, os franceses formaram a África Ocidental Francesa. A esses domínios somavam-se a África Equatorial Francesa (atual Gabão e parte do Congo) e possessões no norte da África (Marrocos e Tunísia), além da Argélia, onde os franceses estavam estabelecidos desde 1830, e de Madagascar, conquistada em 1897.

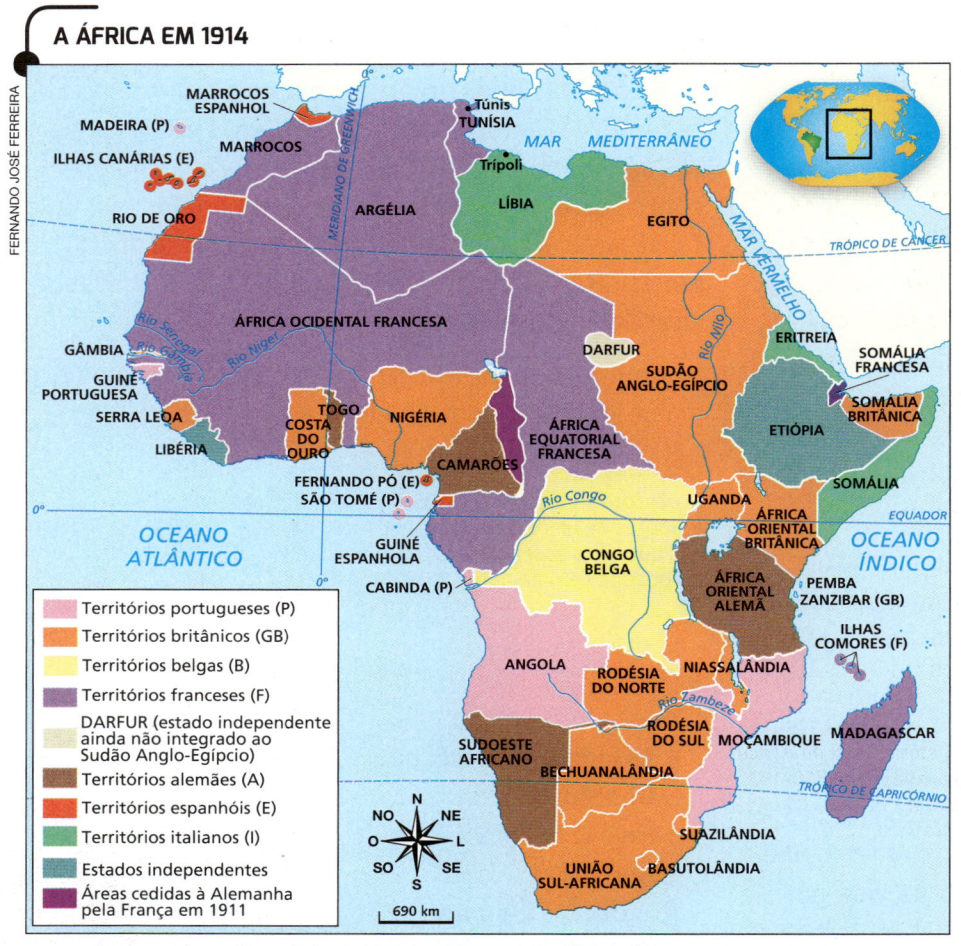

A ÁFRICA EM 1914

Fonte: BOAHEN, Albert Adu (Ed.). *História geral da África*: África sob dominação colonial, 1880-1935. 3. ed. São Paulo: Cortez; Brasília: Unesco, 2011. v. 7. p. 50. (Coleção História geral da África).

Explore

1. Que países europeus dominavam o continente africano em 1914?
2. Observando a ocupação europeia na África em 1914 e considerando os seus conhecimentos, avalie qual teria sido o impacto da partilha do continente na vida dos diferentes povos africanos.

PORTUGUESES, BELGAS E ALEMÃES

A partir de suas antigas colônias de Angola e Moçambique, Portugal conquistou as terras que formaram a Guiné Portuguesa, na costa ocidental africana.

Na região equatoriana, vizinha a Angola, grande parte da Bacia do Rio Congo converteu-se numa espécie de propriedade particular do rei Leopoldo II, da Bélgica.

O Estado alemão, mesmo entrando tardiamente na disputa colonial, obteve sua parte na divisão da África, conquistando territórios que deram origem às colônias do Togo e de Camarões, à África Oriental Alemã e ao Sudoeste Africano.

A RESISTÊNCIA AO IMPERIALISMO EUROPEU

A expansão europeia na África a partir da Conferência de Berlim criou, no continente, duas realidades que se chocavam: de um lado, o poder tecnológico e militar das potências industrializadas indicava que sua vitória era certa; de outro, a reação dos povos africanos revelava que eles estavam determinados a resistir. As duas tendências se confirmaram: a resistência dos africanos e o triunfo dos colonizadores.

Ao contrário do que afirmavam os defensores do colonialismo, os africanos não viam os europeus como libertadores ou como uma espécie de ponte para a modernidade e a civilização. Povos tradicionalmente rivais chegaram a se aproximar com o intuito de unir forças para derrotar o conquistador. É o que mostra esta mensagem, datada de 1904, enviada por Samuel Maherero, líder da resistência do povo herero, a um antigo inimigo:

> "Meu desejo é que nós, nações fracas, nos levantemos contra os alemães [...]. Que a África inteira combata os alemães, e antes morrer juntos que em consequência de sevícias, de prisões ou de qualquer outra maneira."
>
> In: BOAHEN, Albert Adu (Ed.). *História geral da África*: África sob dominação colonial, 1880-1935. 3. ed. São Paulo: Cortez; Brasília: Unesco, 2011. v. 7. p. 57. (Coleção História geral da África)

O movimento de resistência do povo herero ocorreu no Sudoeste Africano Alemão, atual Namíbia. O governo alemão respondeu com brutal violência, em uma ação que é considerada o primeiro **genocídio** do século XX. Outros movimentos, como na região dos atuais Egito, Somália e Sudão, além de expressar forte capacidade de organização, prolongaram-se por vários anos.

Batalha entre o povo herero e soldados alemães, ilustração publicada no jornal francês *Le Petit Journal*, em fevereiro de 1904.

Explore

1. Pesquise sobre o local onde ocorreu o conflito tratado no documentário e descubra quais estados independentes existem hoje na antiga África Oriental Alemã.
2. Quais razões motivaram a Rebelião Maji-maji? Qual foi o desfecho do movimento?

Colônias alemãs: a África em chamas

Veja no trecho do documentário como os nativos reagiram à exploração e à violência praticadas pelos brancos na Rebelião Maji-maji. Disponível em <http://mod.lk/saplb>.

A REBELIÃO ASHANTI

A **Rebelião Ashanti** foi uma das revoltas mais importantes contra o domínio britânico na África. Ela ocorreu entre 1890 e 1900 na antiga Costa do Ouro, atual Gana.

A cultura do povo ashanti baseava-se em uma longa tradição de nações guerreiras e em uma história de mulheres orgulhosas e respeitadas. Os tambores, importante objeto da tradição cultural ashanti, eram usados para a comunicação a longa distância.

A rebelião explodiu quando autoridades britânicas, seguindo a estratégia imperialista de dividir para dominar, depuseram um grande número de chefes tradicionais, medida que foi interpretada como uma violação da cultura ashanti. Em seguida, os britânicos nomearam outros líderes locais e instituíram o pagamento de uma indenização pelas revoltas anteriores. Por fim, o governo britânico exigiu que seu representante ocupasse o **Tamborete de Ouro**, uma espécie de trono destinado aos líderes sagrados do povo ashanti.

A combinação dessas medidas levou o povo ashanti a enfrentar os ingleses em sangrentas batalhas, que culminaram, em 1900, com a prisão e a deportação de sua líder Yaa Asantewaa, rainha de Edeweso, e de vários generais ashantis. Mesmo diante da resistência africana, no final do século XIX o poder das potências europeias no continente já era uma realidade.

Explore

- A gravura retrata a guerra sob o ponto de vista dos ashanti ou dos britânicos? Por quê? A que público essa imagem se destinaria? Justifique suas respostas.

A derrota dos ashanti pelo exército britânico comandado pelo coronel Sutherland em 11 de julho de 1824, gravura de Denis Dighton, 1825.

É BOM SABER

A resistência zulu

A região do Transvaal, na atual África do Sul, foi invadida e colonizada pelos bôeres. Eles haviam penetrado o território zulu, ocupando fazendas e se apossando do gado, e, por essa razão, viviam em conflito com os nativos. Em 1877, os britânicos anexaram essa região, apoiando os bôeres. Em 11 de janeiro de 1879, o exército britânico invadiu o território zulu e foi derrotado. Contudo, ele voltou à batalha em 4 de julho, vencendo a guerra. A nação zulu foi então dividida, e o poder disperso entre inúmeras famílias.

ORGANIZAR O CONHECIMENTO

1. Escreva o nome da nação colonizadora em cada frase a seguir.
   a) Foi o primeiro país a ter possessões coloniais na África.
   b) Tinha o maior império colonial na África.
   c) Seu território colonial no continente africano não tinha saída para o mar.
   d) País que tinha algumas colônias, mas nenhuma banhada pelo Atlântico.

2. Elimine do quadro o termo que não faz parte do grupo e o substitua por outro que faça sentido.

resistência	herero	
assimilação	ashanti	zulu

ATIVIDADES

Dialogando com Língua Portuguesa

APLICAR

1. A charge abaixo promove uma leitura crítica da sociedade contemporânea, ao mesmo tempo que nos remete a um assunto estudado nesta unidade.

Charge de Tom Wilson, 2018.

a) A crítica feita nessa charge se refere a um conteúdo estudado nesta unidade. Qual? Justifique a sua resposta.

b) A charge contém um paradoxo, figura de linguagem que reúne ideias contraditórias no mesmo contexto, usada neste caso para expressar ironia. Aponte o paradoxo que há nessa imagem e a crítica irônica feita por ela.

2. (PUC-Rio). Ao longo do século XIX, diversos países praticaram uma política de expansionismo imperialista que interferiu na trajetória histórica de sociedades em todos os continentes. Sobre esse processo, assinale a única alternativa correta.

a) O expansionismo, nesse momento, estava associado ao desenvolvimento da industrialização e à expansão do capital financeiro, o que significava ampliar o mercado consumidor, garantir o controle sobre áreas fornecedoras de matérias-primas estratégicas e encontrar novas áreas de investimento.

b) A principal justificativa desse expansionismo foi a ideia de civilização, tendo os povos conquistados acolhido os conquistadores como seus salvadores frente a um destino de pobreza e miséria.

c) A relação econômica entre a metrópole e a colônia estava baseada na prática do monopólio comercial que os primeiros exerciam sobre os segundos.

d) O controle das áreas coloniais nesse momento obedecia a uma lógica econômica e, por isso, não houve significativos deslocamentos de população entre as regiões metropolitanas e coloniais.

e) A resistência ao colonialismo no século XIX foi vitoriosa, pois as populações locais conseguiram articular alianças políticas e militares que impediram a vitória das potências industriais.

3. Por que a Conferência de Berlim é considerada um marco do novo colonialismo na África?

RETOMAR

4. Responda às questões-chave da abertura dos temas 1 e 2.
a) Quais inovações tecnológicas marcaram a Segunda Revolução Industrial? Como elas revolucionaram a sociedade?
b) Como o imperialismo transformou as relações sociais e políticas no continente africano?

ATIVIDADES

APLICAR

1. No Sudoeste Africano Alemão, em 1904, os alemães promoveram o primeiro genocídio do século XX. Veja como isso aconteceu.

   "A Alemanha devolveu os restos de africanos mortos durante um genocídio na Namíbia colonial há mais de cem anos. Uma delegação do governo da Namíbia recebeu os crânios em uma missa na capital, Berlim.

   Os ossos haviam sido enviados à Alemanha para a realização de pesquisas, hoje desacreditadas, para provar a superioridade racial dos europeus brancos. [...]

   O genocídio começou em 1904 depois que os hereros e os namas se rebelaram contra a expropriação de suas terras e rebanhos em benefício dos alemães. [...]

   Os hereros e os namas foram forçados a entrar no deserto e qualquer um que fosse encontrado tentando retornar à sua terra era morto ou levado a campos de concentração.

   Acredita-se que 75% do povo herero e metade da população de nama tenham sido mortas [cerca de 100 mil pessoas]. [...]

   Em 2016, a Alemanha disse que estava preparada para se desculpar, mas ainda está negociando com o governo da Namíbia a forma como esse pedido de perdão será feito e como lidar com o legado desse genocídio. [...]

   Os descendentes das vítimas, porém, estão insatisfeitos por ainda não terem recebido um pedido de desculpas nem acordos de reparação."

   Alemanha devolve crânios de vítimas de genocídio na Namíbia. *BBC News*, 29 ago. 2018. Disponível em <http://mod.lk/jk3jS>. Acesso em 31 ago. 2018. (tradução nossa)

   Crânios de africanos levados à Alemanha para estudos "raciais" são devolvidos a uma delegação oficial da Namíbia. Berlim, 29 de agosto de 2018.

   a) Localize no texto e anote em seu caderno:
      - local onde ocorreu a revolta.
      - povos que se rebelaram.
      - motivação para a revolta.
      - desfecho do movimento.
   b) Relacione a decisão alemã de levar os crânios dos africanos mortos para pesquisas na Europa com as teorias pseudocientíficas do século XIX, assunto que você estudou na unidade 7.

2. Até agosto de 2018, o governo alemão tinha realizado três entregas de restos mortais de africanos à sua antiga colônia, mas ainda relutava em fazer um pedido oficial de desculpas ao país.

   a) Em grupo, pesquisem algumas atitudes que fazem parte das "políticas de perdão", quando chefes de Estado, autoridades eclesiásticas ou soberanos formalizam um pedido de desculpas pelos erros do passado.
   b) Pesquisem e anotem pedidos oficiais de perdão ocorridos nas últimas décadas.
   c) Elaborem uma ou mais hipóteses para explicar a relutância do governo da Alemanha em pedir perdão ao povo namíbio.
   d) Debatam na classe a importância simbólica e material dos pedidos de perdão.

3. Analise o texto e observe a imagem a seguir para responder às questões.

   "A conquista pelos ingleses de grandes áreas da Índia deu o impulso inicial à produção e venda organizada de ópio. [...] A Companhia das Índias Orientais obteve o monopólio da compra do ópio indiano e depois vendeu licenças para mercadores selecionados, conhecidos como 'mercadores nativos', preferindo esse meio indireto de lucro ao envolvimento direto com o transporte do narcótico. Depois de vender ópio na China, esses mercadores depositavam a prata que recebiam por ele com agentes da companhia em Cantão, em troca de cartas de crédito; a companhia, por sua vez, usava a prata para comprar chá, porcelana e outros artigos que seriam vendidos na Inglaterra. Desse modo, desenvolveu-se um comércio triangular da Inglaterra para Índia, da Índia para a China e da China para a Inglaterra, com altos lucros em cada etapa."

   SPENCE, Jonathan D. *Em busca da China moderna*. São Paulo: Companhia das Letras, 1996. p. 143.

A Guerra do Ópio, charge publicada em um jornal dos Estados Unidos, em 1864, representando o inglês John Bull forçando a China a aceitar o ópio.

a) Identifique no texto as principais atividades econômicas realizadas pelos imperialistas britânicos.

b) Explique o seguinte trecho do texto: "Desse modo, desenvolveu-se um comércio triangular da Inglaterra para Índia, da Índia para a China e da China para a Inglaterra, com altos lucros em cada etapa".

c) Como você descreveria a situação representada na charge? De que forma ela está relacionada ao texto?

RETOMAR

4. **Responda às questões-chave da abertura dos temas 3 e 4.**

   a) Quais eram os interesses das potências imperialistas na Ásia?

   b) Quais foram as principais razões para a eclosão da Guerra Civil Americana?

Mais questões no livro digital

AUTOAVALIAÇÃO

CONTEÚDOS

1. Ao final dos estudos propostos nesta unidade, como você avalia seu aprendizado? Consulte o livro e suas anotações pessoais sobre os quatro temas estudados para responder às seguintes questões.

   a) Quais conteúdos e/ou atividades considerei mais difíceis? Por quê?

   b) Quais conteúdos e/ou atividades considerei mais fáceis? Por quê?

   c) O que posso fazer para melhorar meu aprendizado?

ATITUDES

2. **Marque com um X as frases que expressam situações que você experimentou durante o estudo desta unidade.**

   a) ( ) Recuperei meus conhecimentos sobre a Revolução Industrial inglesa para compreender a Segunda Revolução Industrial.

   b) ( ) Discuti os impactos do colonialismo europeu sobre o continente africano, respeitando a fala e as opiniões dos colegas.

   c) ( ) Questionei os motivos que levaram à expansão imperialista na Ásia e compreendi as estratégias dos movimentos de resistência das populações locais.

   d) ( ) Consegui avaliar os problemas enfrentados por afrodescendentes e indígenas nos Estados Unidos do século XIX.

   e) ( ) Compreendi as relações entre a Segunda Revolução Industrial e a expansão imperialista europeia.

3. **Associe cada uma das frases acima às atitudes priorizadas nesta unidade.**

   a) ( ) Escutar os outros com atenção e empatia.

   b) ( ) Pensar com flexibilidade.

   c) ( ) Aplicar conhecimentos prévios a novas situações.

   d) ( ) Questionar e levantar problemas.

EM FOCO

A MARCHA PARA O OESTE E CONTRA OS INDÍGENAS

A expansão do território dos Estados Unidos

Após a independência do domínio britânico, as treze colônias originais se transformaram em estados. Ao longo dos anos, novos territórios foram incorporados e, ao terminar o século XIX, a área ocupada pelos Estados Unidos havia crescido onze vezes, passando de 835 mil km² para 9,3 milhões km².

Mas não foi apenas o território estadunidense que se expandiu. De 1780 a 1850, sua população cresceu consideravelmente: passou de 5 milhões para 23 milhões de pessoas. Esse crescimento demográfico deveu-se principalmente à imigração de europeus, a maior parte deles vinda da Inglaterra e da Irlanda.

Visando atrair imigrantes europeus para a ocupação do oeste, em 1862 o Congresso dos Estados Unidos promulgou o **Homestead Act**, a Lei de Terras dos Estados Unidos. Por meio dela, o governo concedia um lote de terra para qualquer família ou cidadão maior de 21 anos que estivesse disposto a migrar para o oeste e cultivar as terras recebidas durante um prazo mínimo de cinco anos. A lei significou um novo estímulo à ocupação das terras a caminho do Pacífico.

A expansão dos Estados Unidos foi tão rápida quanto violenta e deixou dois saldos opostos. De um lado, representou o nascimento da nação que se tornaria a maior potência mundial no século XX. De outro, provocou a dizimação da maioria dos indígenas que viviam nas regiões anexadas aos Estados Unidos.

Indígenas hopi na aldeia Oraibi, estado do Arizona (EUA), em foto de 1903. Fundada por volta de 1100, a aldeia Oraibi, segundo os arqueólogos, é uma das mais antigas povoações indígenas habitadas continuamente nos Estados Unidos.

O massacre indígena como política de Estado

Desde o início do século XIX, vários grupos indígenas haviam se deslocado de suas terras originais em direção ao oeste dos Estados Unidos, pressionados pelas constantes invasões de suas terras, ora por agentes do Estado, ora por exploradores e agricultores.

A cobiça por novos territórios para atender à expansão agrícola e populacional dos Estados Unidos, aliada à descoberta de ouro no norte do estado da Geórgia, contribuiu para a expulsão desses povos.

Em maio de 1830, o então presidente Andrew Jackson sancionou o **Ato de Remoção Indígena** (*Indian Removal Act*). A lei autorizava o governo dos Estados Unidos a remover os povos indígenas de suas terras originais, obrigando-os a se estabelecer em reservas indígenas criadas em regiões muito distantes da costa leste, a oeste do Rio Mississipi.

Os indígenas resistiram à decisão do governo estadunidense com as armas que possuíam e lutando na Justiça para reivindicar o direito às suas terras ancestrais.

O impacto dessa lei sobre as populações indígenas foi desastroso. Os cherokees, por exemplo, estavam distribuídos pelos estados do Tennessee, Carolina do Norte, Alabama, Geórgia e Virgínia. Entre 1835 e 1918, cerca de 2 mil se deslocaram voluntariamente, enquanto outros se refugiaram em abrigos nas montanhas ou pereceram no deslocamento para o oeste, vítimas de doenças e da fome. De uma população de 17 mil pessoas, em apenas três anos mais de 8 mil cherokees haviam morrido vítimas da política de remoção indígena promovida pelo governo.

A Trilha das Lágrimas, pintura de Max D. Stanley, de 1995. A tela representa o impacto da política de deslocamento forçado para os povos indígenas dos Estados Unidos.

Fonte 1

A razão da insurreição indígena, charge do século XIX que satiriza os lucros obtidos pelas elites econômicas dos Estados Unidos com a ocupação das terras indígenas do oeste.

EM FOCO

A RETRAÇÃO DOS TERRITÓRIOS INDÍGENAS NOS ESTADOS UNIDOS

Entre 1600 e 1900, milhões de imigrantes europeus seguiram para a América do Norte. No século XIX, o avanço desses imigrantes rumo ao interior dos Estados Unidos, muitos deles incentivados pelas políticas governamentais de ocupação do oeste do país, repeliu os povos nativos, confinando-os em territórios cada vez menores.

■ Territórios indígenas

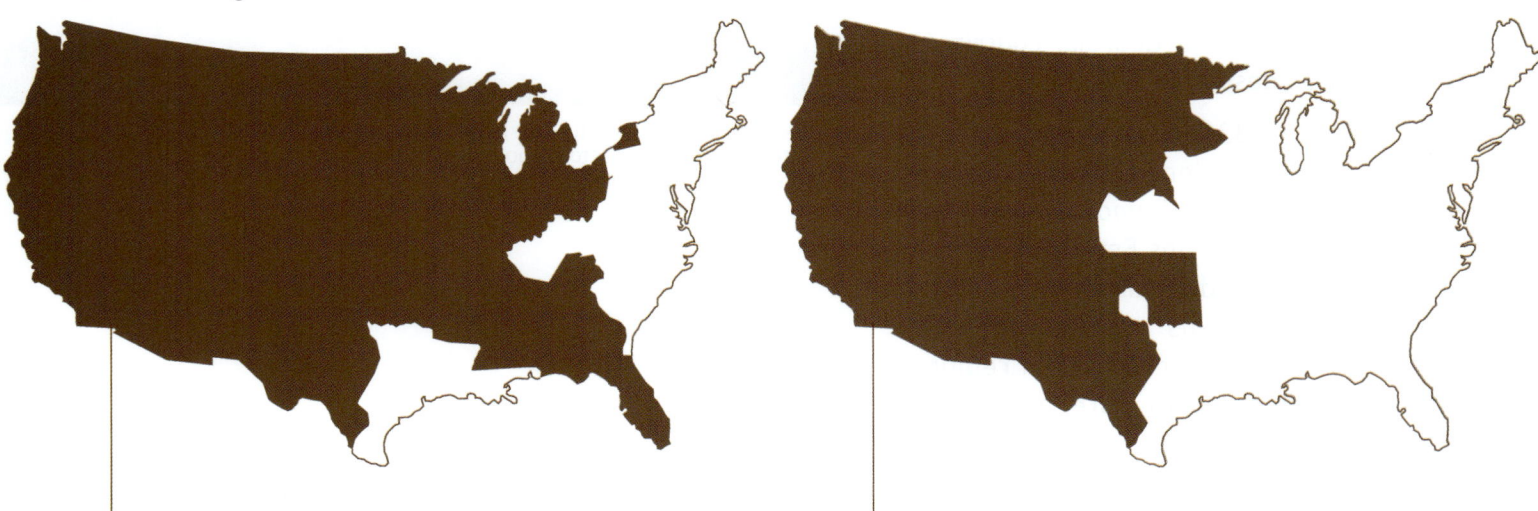

Anos 1700

Era comum o estabelecimento de áreas de confinamento para os indígenas "amistosos" e a oferta de recompensas pela captura de nativos considerados hostis.

1776
Após a independência dos Estados Unidos, o governo de George Washington autorizou campanhas contra os indígenas que lutaram ao lado dos britânicos.

1779
A campanha Sullivan levou à destruição de mais de quarenta aldeias iroquesas.

De 1800 a 1860

A primeira metade do século XIX inaugurou a grande expansão territorial dos Estados Unidos através da compra e da anexação de terras.

1830
Aprovou-se uma lei de remoção dos nativos para uma reserva a oeste do Rio Mississipi. A maior parte dos povos foi removida de forma violenta, e muitos indígenas morreram durante a marcha forçada.

> Apesar dos acordos com povos nativos aliados, as terras indígenas continuaram sofrendo investidas do Estado norte-americano.

1. O censo de 1890 foi o primeiro que contabilizou toda a população indígena dos Estados Unidos.
2. Desde 1997, o censo dos Estados Unidos segue os padrões do Escritório de Administração e Orçamento (OMB) sobre raça e etnia, que identifica cinco grupos: branco, negro ou afro-americano, índio americano ou nativo do Alasca, asiático, e nativo do Havaí ou de outras ilhas do Pacífico.

Fontes: OGUNWOLE, Stella (Org.). *We the people*: american indians and Alaska natives in the United States. Disponível em <http://mod.lk/fa98p>; *Bureau Indian Affairs*. Disponível em <http://mod.lk/uzwds>; *Stats for Stories:* Native American Heritage Day. Disponível em <http://mod.lk/hib7e>; LEWY, Guenter. Were american indians the victims of genocide? *History News Network*. George Washington University. Disponível em <http://mod.lk/obkf5>; *American Fact Finder*. Disponível em <http://mod.lk/xnv1i>. Acessos em 15 maio 2018.

População indígena dos Estados Unidos
(inclui os povos nativos das Ilhas Aleutas e do Alasca)

Ano	População
1890[1]	248.253
1910	265.683
1930	332.397
1950	343.410
1970	827.255
1990	1.959.234
2000[2]	2.475.956
2010	2.553.566
2016	2.676.399

O aumento da população indígena nos Estados Unidos, no século XX, foi consequência de políticas governamentais que reconheceram direitos indígenas e procuraram garantir a preservação de suas terras.

Reservas indígenas no território continental dos Estados Unidos.

Alasca

567 povos
229 povos estão no Alasca
338 povos estão espalhados em 34 estados da federação americana.

De 1860 a 1900

Após a descoberta do ouro na Califórnia, em 1848, as investidas armadas pela ocupação de terras indígenas continuaram impunemente.

1862
O fluxo de imigrantes para os Estados Unidos aumentou ainda mais depois da aprovação da Lei da Propriedade Rural (*Homestead Act*), que determinou a concessão de terras a todos que as cultivassem por um tempo mínimo de cinco anos.

Entre 1861 e 1865
Com o final da Guerra de Secessão, a expansão das ferrovias e os incentivos do *Homestead Act*, o fluxo de colonos para o oeste aumentou, acirrando as pressões sobre os territórios indígenas.

1887
O Congresso dos Estados Unidos aprovou a lei que permitiu o loteamento de terras das reservas indígenas entre os membros dos povos indígenas. Essa medida incentivou novas investidas em direção às terras habitadas pelos nativos.

Anos 1900 e 2000

1930
A partir desta década, verificou-se uma mudança na política do governo estadunidense, que passou a adotar medidas de ampliação e manutenção das reservas indígenas.

1946
Após a Segunda Guerra Mundial (1939–1945), fundou-se a Indian Claims Commission, comissão encarregada de atender às reivindicações dos indígenas e de representá-los na Justiça dos Estados Unidos. Essa comissão obteve milhões de dólares em indenização para os povos nativos.

1975
Foi aprovada a lei que deu aos indígenas maior autonomia no uso dos recursos governamentais, um passo importante no processo de reconhecimento da soberania desses povos.

2010
A população indígena nos Estados Unidos correspondia a 2,5 milhões de pessoas, o equivalente a cerca de 1% do total de habitantes do país. Essa população está distribuída em 326 reservas administradas pelo Departamento para Assuntos Indígenas (Bureau of Indian Affairs – BIA).

ILUSTRAÇÕES: LUIZ IRIA

EM FOCO

• Um rastro de lágrimas e sangue

Nesse deslocamento forçado, os indígenas cruzaram a pé os territórios que correspondem aos dos atuais estados de Kentucky, Illinois, Missouri e Arkansas, uma distância de mais de 1.500 quilômetros. A experiência dramática vivida pelos indígenas, nesse processo, foi marcada por resistência, fome, sofrimento e morte.

No século XIX, os cherokees traduziram esse processo traumático na expressão *The Trail of Tears* (A Trilha das Lágrimas), ainda viva na memória coletiva. Entrevistas realizadas com descendentes dos cherokees, nos anos 1930, mostram como o trauma gerado pela perda do território e pelo deslocamento marcou a memória histórica desse povo. Leia alguns trechos dessas entrevistas na Fonte 2.

Fonte 2

Vozes da nação cherokee

1. "O alimento no caminho de lágrimas era muito ruim e escasso, e os indígenas marcharam por dois ou três dias sem água, que eles só obtinham apenas ao encontrar um córrego ou um rio, visto não existirem poços de onde retirá-la."

Entrevista com Lilian Anderson, 20 de agosto de 1937.

2. "Quando ficavam muito doentes para caminhar, eles eram colocados em carroças e carregados até morrer. Os médicos indígenas não encontravam as ervas que costumavam usar e também não reconheciam as que achavam pelo caminho. Logo, eles não conseguiam tratar os doentes como fariam se estivessem em casa."

Entrevista com Rachel Dodge, 14 de maio de 1937.

CASEBEER, Kenneth M. Subaltern Voices. Citado em The Trail of Tears: Cognition and Resistance of the Cherokee Nation to Removal in Building American Empire. In: *U. Miami Race & Soc. Just. L. Rev. 1* (2014). Disponível em <http://mod.lk/vi28m>. Acesso em 19 jul. 2018. (tradução nossa)

A exclusão dos povos indígenas

A liberdade e a igualdade dos homens perante a lei, princípios consagrados pela Revolução Americana, foram colocadas de lado na expansão para o oeste. Muitas terras foram tomadas dos povos indígenas para a exploração de minérios, para a agricultura ou, ainda, para abrigar os novos imigrantes, como mostra o relato do indígena sioux Mahpiua Luta:

> "De quem foi a voz que primeiro soou nesta terra? A voz do povo vermelho, que só tinha arcos e flechas... O que foi feito em minha terra, eu não quis, nem pedi; os brancos percorrendo minha terra... Quando o homem branco vem ao meu território, deixa uma trilha de sangue atrás dele [...]."

BROWN, Dee. *Enterrem meu coração na curva do rio:* índios contam o massacre de sua gente. São Paulo: Melhoramentos, 1986. p. 77.

Nuvem Vermelha, ou Mahpiua Luta, líder do povo indígena oglala dakota (sioux), em foto de 1890.

Fonte 3

Pôster anunciando terras baratas em Nebraska e Iowa, meio-oeste dos Estados Unidos, 1872. Uma propriedade agrícola em terras próximas à ferrovia tinha grande valor, pois o deslocamento da produção estaria garantido. Por isso, muitos imigrantes se dirigiram para essas áreas, o que também foi facilitado pelo *Homestead Act*.

Os sioux e os apaches resistiram à ocupação de seus territórios. Porém, no final do século XIX, eles já tinham sido dizimados. Uma das principais medidas tomadas pelos estadunidenses para derrotar os nativos foi acabar com os búfalos existentes na região, pois a carne desse animal era um alimento essencial na dieta desses povos.

Apache: povo indígena que habitava originalmente o sudoeste dos Estados Unidos.

Sioux: povo indígena, também conhecido como dakota, que vivia nas planícies situadas entre os rios Mississipi e Ohio.

ATIVIDADES

ORGANIZAR O CONHECIMENTO

1. Quais foram as principais motivações para a expansão do território dos Estados Unidos no século XIX?

2. Com base nas informações do infográfico das páginas 260 e 261, relacione a expansão do território dos Estados Unidos com a retração das áreas ocupadas originalmente pelos indígenas.

3. Utilizando os dados apresentados no infográfico, elabore uma cronologia dos principais acontecimentos relacionados às terras indígenas nos Estados Unidos dos séculos XIX ao XXI.

ANALISAR AS FONTES

4. **Fonte 1** Que relação pode ser estabelecida entre essa charge e a expansão dos Estados Unidos para o oeste no século XIX?

5. **Fonte 2** Como os indígenas foram afetados pelo deslocamento forçado para regiões distantes de suas terras de origem?

6. **Fonte 3** Relacione o conteúdo do pôster com o processo de retração dos territórios indígenas.

POR UMA CONDUTA CIDADÃ

7. A cultura indígena foi excluída do ideal de nação estadunidense. Porém, as tradições dos povos indígenas ainda se mantêm vivas na memória e na prática social daqueles que se identificam com sua cultura ancestral. Dividam-se em grupos e sigam os passos abaixo.

   a) Pesquisem informações a respeito da situação atual das populações indígenas nos Estados Unidos: onde as reservas indígenas estão localizadas; se a maior parte dos indígenas vive nas reservas ou nas cidades; se há povos indígenas que ainda habitam suas terras tradicionais; qual povo é mais numeroso; e quais ações existem para a preservação da memória indígena no país.

   b) Organizem uma apresentação com os resultados e reflitam sobre a seguinte questão: qual é a importância da diversidade cultural na formação de uma nação?

REVISANDO

A Segunda Revolução Industrial

1. O **processo Bessemer** e a invenção do **dínamo** e do **motor de combustão interna** revolucionaram a indústria com a geração de **eletricidade**, a produção **siderúrgica** e a fabricação de **automóveis**.

2. As inovações tecnológicas da Segunda Revolução Industrial não melhoraram as condições vida e de trabalho dos **operários** e dos **camponeses**. Para fugir da pobreza, milhões de trabalhadores europeus emigraram para a **América**.

3. A Segunda Revolução Industrial inaugurou o **capitalismo financeiro**, com a formação de **trustes**, **cartéis** e *holdings*.

O imperialismo na África

1. Os critérios para a **partilha da África** foram estabelecidos na **Conferência de Berlim**, que formalizou a **expansão imperialista** das potências europeias.

2. A maior parte do continente africano foi colonizada por **britânicos** e **franceses**, que adotaram diferentes formas de administrar o território colonial.

3. **Portugueses**, **belgas** e **alemães** também ocuparam ou ampliaram seus domínios em terras africanas, em busca de **minérios** e outros recursos.

4. Os **ashantis**, os **hereros** e os **zulus** são exemplos de povos nativos que resistiram aos colonizadores.

Impérios europeus na Ásia

1. A atuação da **Companhia Britânica das Índias Orientais** desestruturou a **produção e o comércio de tecidos** na Índia.

2. Na **Revolta dos Sipaios**, os indianos se rebelaram contra a presença britânica na Índia.

3. O vasto **mercado consumidor chinês** atraiu os interesses imperialistas, sobretudo dos **britânicos**, que buscavam ampliar o **comércio do ópio**.

4. Apoiada pela imperatriz Cixi, a **Sociedade dos Punhos Harmoniosos e Justiceiros** resistiu à presença britânica promovendo a **Guerra dos Boxers**.

Guerra civil e expansão dos Estados Unidos

1. A divisão dos Estados Unidos entre estados industriais e antiescravistas (**norte**) e estados agrícolas e escravistas (**sul**) levou à **Guerra de Secessão**.

2. O **fim da escravidão** não significou o fim do racismo nem da segregação racial nos Estados Unidos. Exemplo disso foram as chamadas **Leis Jim Crow** e a atuação da **Ku Klux Klan**.

3. A **expansão territorial dos Estados Unidos** começou no início do século XIX e resultou na conquista das **terras indígenas** e na anexação de metade do **território mexicano**.

Trilha de estudo

Vai estudar? Nosso assistente virtual no *app* pode ajudar! <http://mod.lk/trilhas>

PARA LER

- **Enterrem meu coração na curva do rio**
  Autor: Dee Brown
  Porto Alegre: L&PM, 2003

Sinopse

Por meio de depoimentos e documentos oficiais, o livro apresenta a história da expansão para o oeste dos Estados Unidos sob o ponto de vista de diferentes grupos indígenas, como os sioux, os cheyennes e os apaches. Sugerimos a leitura do capítulo "O único índio bom é um índio morto", entre as páginas 113 e 135.

O livro e esta unidade

1. Como deveria ocorrer a remoção dos indígenas na visão do general Sherman? Quais eram as condições do tratado proposto pela comissão de paz?

2. De que maneira a frase pronunciada por Sheridan, em diálogo com Tosawi, explica as intenções dos estadunidenses em relação aos povos indígenas?

PREPARANDO-SE PARA O ENEM

As questões a seguir foram extraídas de provas do Enem (Exame Nacional do Ensino Médio). Para resolvê-las, siga o roteiro.

- Leia com atenção a questão inteira: os materiais que ela apresenta para sua reflexão (textos, mapas, gráficos, figuras etc.), o enunciado e todas as alternativas.
- Identifique o tema (assunto) abordado e o problema que você precisa resolver.
- Examine com atenção cada uma das alternativas antes de escolher aquela que você considera correta e de registrá-la em seu caderno.
- É importante que você siga esses passos para poder relacionar os elementos da questão com os conhecimentos que adquiriu em seus estudos.
- Deixe para consultar os conteúdos do seu livro ou pedir ajuda somente após responder a todas as questões.

---

1. (Enem-MEC/2012).

"Após o retorno de uma viagem a Minas Gerais, onde Pedro I fora recebido com grande frieza, seus partidários prepararam uma série de manifestações a favor do imperador no Rio de Janeiro, armando fogueiras e luminárias na cidade. Contudo, na noite de 11 de março, tiveram início os conflitos que ficaram conhecidos como a Noite das Garrafadas, durante os quais os 'brasileiros' apagavam as fogueiras dos 'portugueses' e atacavam as casas iluminadas, sendo respondidos com cacos de garrafas jogados das janelas."

VAINFAS, Ronaldo (Org.). *Dicionário do Brasil imperial*.
Rio de Janeiro: Objetiva, 2008. (adaptado)

Os anos finais do Primeiro Reinado (1822-1831) se caracterizam pelo aumento da tensão política. Nesse sentido, a análise dos episódios descritos em Minas Gerais e no Rio de Janeiro revela:

a) estímulos ao racismo.
b) apoio ao xenofobismo.
c) críticas ao federalismo.
d) repúdio ao republicanismo.
e) questionamentos ao autoritarismo.

> **Orientações para a resposta**

O texto relata alguns acontecimentos relacionados à crise do governo de D. Pedro I como imperador do Brasil que o levaram a abdicar do trono em 1831. O enunciado oferece mais informações que ajudam a identificar o contexto em foco na questão: cita a época e o clima de tensão política entre "portugueses" e "brasileiros". Você deverá escolher a alternativa que melhor representa esses conflitos do período.

2. (Enem-MEC/2013).

"A escravidão não há de ser suprimida no Brasil por uma guerra servil, muito menos por insurreições ou atentados locais. Não deve sê-lo, tampouco, por uma guerra civil, como o foi nos Estados Unidos. Ela poderia desaparecer, talvez, depois de uma revolução, como aconteceu na França, sendo essa revolução obra exclusiva da população livre. É no Parlamento e não em fazendas ou quilombos do interior, nem nas ruas e praças das cidades, que se há de ganhar, ou perder, a causa da liberdade."

NABUCO, J. *O abolicionismo*. Rio de Janeiro: Nova Fronteira;
São Paulo: Publifolha, 2000. (adaptado)

No texto, Joaquim Nabuco defende um projeto político sobre como deveria ocorrer o fim da escravidão no Brasil, no qual:

a) copiava o modelo haitiano de emancipação negra.
b) incentivava a conquista de alforrias por meio de ações judiciais.
c) optava pela via legalista de libertação.
d) priorizava a negociação em torno das indenizações aos senhores.
e) antecipava a libertação paternalista dos cativos.

> **Orientações para a resposta**

De acordo com o enunciado, você deverá escolher a alternativa que está de acordo com as ideias defendidas por Joaquim Nabuco no texto introdutório, de sua autoria. Note que ele cita vários exemplos de processos que colocaram fim à escravidão (como os casos haitiano e estadunidense) antes de defender o que considerava ser

265

melhor para o Brasil. Por isso, é fundamental ler com muita atenção suas palavras e compará-las com as alternativas.

3. **(Enem-MEC/2012).**

"É verdade que nas democracias o povo parece fazer o que quer; mas a liberdade política não consiste nisso. Deve-se ter sempre presente em mente o que é independência e o que é liberdade. A liberdade é o direito de fazer tudo o que as leis permitem; se um cidadão pudesse fazer tudo o que elas proíbem, não teria mais liberdade, porque os outros também teriam tal poder."

MONTESQUIEU. *Do espírito das leis*.
São Paulo: Nova Cultural, 1997. (adaptado)

A característica de democracia ressaltada por Montesquieu diz respeito.

a) ao *status* de cidadania que o indivíduo adquire ao tomar as decisões por si mesmo.

b) ao condicionamento da liberdade dos cidadãos à conformidade das leis.

c) à possibilidade de o cidadão participar do poder e, nesse caso, livre da submissão às leis.

d) ao livre-arbítrio do cidadão em relação àquilo que é proibido, desde que ciente das consequências.

e) ao direito do cidadão exercer sua vontade de acordo com seus valores pessoais.

> **Orientações para a resposta**

No texto, Montesquieu, um representante do pensamento iluminista, discute as ideias de democracia, independência e liberdade dos cidadãos. Note que ele se preocupa em definir com clareza o significado de liberdade política. Essas ideias, revolucionárias para a época (século XVIII), permanecem atuais. O enunciado pede que você escolha a alternativa que interpreta corretamente o texto.

4. **(Enem-MEC/2008).**

"William James Herschel, coletor do governo inglês, iniciou na Índia seus estudos sobre as impressões digitais ao tomar as impressões digitais dos nativos nos contratos que firmavam com o governo. Essas impressões serviam de assinatura. Aplicou-as, então, aos registros de falecimentos e usou esse processo nas prisões inglesas, na Índia, para reconhecimento dos fugitivos. Henry Faulds, outro inglês, médico de hospital em Tóquio, contribuiu para o estudo da datiloscopia. Examinando impressões digitais em peças de cerâmica pré-histórica japonesa, previu a possibilidade de se descobrir um criminoso pela identificação das linhas papilares e preconizou uma técnica para a tomada de impressões digitais, utilizando-se de uma placa de estanho e de tinta de imprensa."

Disponível em <www.fo.usp.br>.
(adaptado)

Que tipo de relação orientava os esforços que levaram à descoberta das impressões digitais pelos ingleses e, posteriormente, à sua utilização nos dois países asiáticos?

a) De fraternidade, já que ambos visavam aos mesmos fins, ou seja, autenticar contratos.

b) De dominação, já que os nativos puderam identificar os ingleses falecidos com mais facilidade.

c) De controle cultural, já que Faulds usou a técnica para libertar os detidos nas prisões japonesas.

d) De colonizador-colonizado, já que, na Índia, a invenção foi usada em favor dos interesses da Coroa inglesa.

e) De médico-paciente, já que Faulds trabalhava em um hospital de Tóquio.

> **Orientações para a resposta**

Para responder a esta questão, identifique primeiro quais eram os objetivos de Herschel e de Faulds ao desenvolver a técnica de identificação por meio das impressões digitais. Depois, note que o enunciado requer que você caracterize uma relação, mas que as alternativas oferecem, também, uma justificativa para explicar a natureza dessa relação.

REFERÊNCIAS BIBLIOGRÁFICAS

ALBUQUERQUE, Wlamyra R. de. Ouçam Salustiano. *Revista de História da Biblioteca Nacional*, n. 32, maio 2008.

ALMEIDA, Maria Regina Celestino de. Os índios na história do Brasil no século XIX: da invisibilidade ao protagonismo. Revista *História Hoje*, v. 1, n. 2, 2012.

ANDREWS, Georges Reid. *América afro-latina, 1800-2000*. São Carlos: Edufscar, 2007.

ANTONIL, André João. *Cultura e opulência do Brasil*. 3. ed. Belo Horizonte: Itatiaia; São Paulo: Edusp, 1982.

AQUINO, Rubim et al. *História das sociedades*: das sociedades modernas às sociedades atuais. Rio de Janeiro: Ao Livro Técnico, 2003.

ARRUDA, José Jobson de Andrade. Perspectivas da Revolução Inglesa. *Revista Brasileira de História*, v. 4, n. 7, 1983.

AZEVEDO, João Lúcio de. *Cartas*. Coimbra: Sá da Costa, 1925. v. 1.

BARBOSA, Waldemar de Almeida. *Dicionário histórico geográfico de Minas Gerais*. 2. ed. Belo Horizonte: Itatiaia, 1995.

BEER, Max. *História do socialismo e das lutas sociais*. São Paulo: Expressão Popular, 2006.

BEIGUELMAN, Paula. *A crise do escravismo e a grande imigração*. São Paulo: Brasiliense, 1981. (Coleção Tudo é história)

BERNARDES, Denis Antônio de Mendonça. *O patriotismo constitucional*: Pernambuco, 1820-1822. São Paulo: Hucitec; Recife: Editora da UFPE, 2006.

BERTANI, Roberto (Org.). *Imagem e identidade*: um olhar sobre a história. São Paulo: Instituto Cultural Banco Santos, 2002. (Coleção Museu Nacional de Belas Artes)

BETHELL, Leslie. *História da América Latina*: da independência a 1870. São Paulo: Edusp, 2001.

BOAHEN, Albert Adu (Ed.). *História geral da África*: África sob dominação colonial, 1880-1935. 3. ed. São Paulo: Cortez; Brasília: Unesco, 2011. v. 7. (Coleção História geral da África)

BOBBIO, Norberto; MATTEUCCI, Nicola; PASQUINO, Gianfranco. *Dicionário de política*. Brasília: Editora da UnB, 1992. v. 2.

BOLSANELLO, Maria Augusta. Darwinismo social, eugenia e racismo "científico": sua repercussão na sociedade e na educação brasileira. *Educar*, n. 12, 1996.

BOTO, Carlota. *A escola do homem novo*: entre o iluminismo e a Revolução Francesa. São Paulo: Editora Unesp, 1996.

BOXER, Charles R. *A idade do ouro do Brasil*: dores de crescimento de uma sociedade colonial. Rio de Janeiro: Nova Fronteira, 2000.

BRANDÃO, Ambrósio Fernandes. *Diálogos das grandezas do Brasil*. 3. ed. Recife: Massangana, 1997.

BRAUDEL, Fernand. *Civilização material, economia e capitalismo*: séculos XV-XVIII. São Paulo: Martins Fontes, 1995. v. 1.

BRESCIANI, Maria Stella Martins. *Londres e Paris no século XIX*: o espetáculo da pobreza. São Paulo: Brasiliense, 1982.

BROWN, Dee. *Enterrem meu coração na curva do rio*: índios contam o massacre de sua gente. São Paulo: Melhoramentos, 1986.

BRUIT, Héctor H. *O imperialismo*. São Paulo: Atual; Campinas: Editora da Unicamp, 1986. (Coleção Discutindo a história)

BUBER, Martin. *O socialismo utópico*. São Paulo: Perspectiva, 1971.

BURKE, Edmund. *Reflexões sobre a revolução em França*. Brasília: Editora da UnB, 1982.

CAMPOS, Bruno de. *Índia*: de colônia britânica ao desenvolvimento econômico nacional. XI Congresso Brasileiro de História Econômica, set. 2015.

CANÊDO, Letícia Bicalho. *A Revolução Industrial*: tradição e ruptura – adaptação da economia e da sociedade rumo a um mundo industrializado. 2. ed. São Paulo: Atual; Campinas: Editora da Unicamp, 1986. (Coleção Discutindo a história)

CARNIER JR., Plínio. *Imigrantes*: viagem, trabalho, integração. São Paulo: FTD, 2000.

CARVALHO, Flavio Viana (análise e tradução). *O direito de resistir*. São Paulo: Discurso Editorial, 2017.

CARVALHO, José Murilo de. *D. Pedro II*. São Paulo: Companhia das Letras, 2007.

CASTRO, Jeanne Berrance de. *A milícia cidadã*: a Guarda Nacional de 1831 a 1850. São Paulo: Nacional, 1977.

CHIAVENATTO, Julio José. *Genocídio americano*: a Guerra do Paraguai. São Paulo: Brasiliense, 1982.

COELHO, José João Teixeira. *Instrução para o governo da capitania de Minas Gerais*. Belo Horizonte: Fundação João Pinheiro, 1994.

CONRAD, Robert E. *Os últimos anos da escravatura no Brasil, 1850-1888*. Rio de Janeiro: Civilização Brasileira, 1975.

_____. *Tumbeiros*: o tráfico de escravos para o Brasil. São Paulo: Brasiliense, 1985.

COSTA, Caio Túlio. *O que é o anarquismo*. São Paulo: Brasiliense, 1988. (Coleção Primeiros passos)

COSTA, Emília Viotti da. *Da monarquia à república*: momentos decisivos. São Paulo: Grijalbo, 1977.

_____. *Da senzala à colônia*. São Paulo: Editora Unesp, 1997.

DAVIDSON, Basil. *A descoberta do passado de África*. Lisboa: Sá da Costa, 1981.

DELLON, Charles. *A Inquisição de Goa (1687)*. São Paulo: Phoebus, 2014.

DISCURSO histórico e político sobre a sublevação, que nas Minas houve no ano de 1720. Belo Horizonte: Fundação João Pinheiro, 1994.

DORATIOTO, Francisco. *Maldita guerra*: nova história da Guerra do Paraguai. São Paulo: Companhia das Letras, 2002.

DUARTE, Constância Lima. *Nísia Floresta*: uma mulher à frente de seu tempo. Brasília: Mercado Cultural, 2006.

DUBY, Georges; PERROT, Michelle (Org.). *História das mulheres no Ocidente*: o século XIX. Porto: Edições Afrontamento, 1995. v. 4.

ELEY, Geoff. *Forjando a democracia*: a história da esquerda na Europa, 1850-2000. São Paulo: Fundação Perseu Abramo, 2005.

ENGELS, Friedrich. *A situação da classe trabalhadora em Inglaterra* [1845]. Lisboa: Presença, 1975.

_____. *Do socialismo utópico ao socialismo científico*. São Paulo: Global, 1985.

FALCÃO, Antônio César. *História no vestibular*. Rio de Janeiro: Ciência Moderna, 2003.

FARTHING, Stephen. *Tudo sobre arte*. Rio de Janeiro: Sextante, 2011.

FAUSTO, Boris. *História do Brasil*. 2. ed. São Paulo: Edusp/FDE, 1995.

FERREIRA, Rodrigo de Almeida. *O descaminho dos diamantes*: relações de poder e sociabilidade na demarcação diamantina no período dos contratos (1740-1771). Belo Horizonte: Fumarc/Letra & Voz, 2009.

FLORENZANO, Modesto. *As revoluções burguesas*. São Paulo: Brasiliense, 1981.

_____. Sobre as origens e o desenvolvimento do Estado moderno no Ocidente. *Lua Nova*, n. 71, 2007.

FONSECA, Cláudia Damasceno. *Arraiais e vilas d'el rei*: espaço e poder nas Minas setecentistas. Belo Horizonte: Editora da UFMG, 2011.

FOUCAULT, Michel. *Vigiar e punir*: história da violência nas prisões. Petrópolis: Vozes, 1997.

FURET, François; OZOUF, Mona (Org.). *Dicionário crítico da Revolução Francesa*. Rio de Janeiro: Nova Fronteira, 1989.

FURTADO, Celso. *Formação econômica do Brasil*. São Paulo: Publifolha, 2000. (Coleção Grandes nomes do pensamento brasileiro)

FURTADO, Júnia Ferreira. *Chica da Silva e o contratador de diamantes*: o outro lado do mito. São Paulo: Companhia das Letras, 2003.

GARCIA, Elisa Frühauf. *As diversas formas de ser índio*: políticas indígenas e políticas indigenistas no extremo sul da América portuguesa. Tese de doutorado apresentada ao Programa de Pós-graduação em História da UFF. Niterói, 2007.

GONZÁLES, Horácio. *A Comuna de Paris*: os assaltantes do céu. São Paulo: Brasiliense: 1989. (Coleção Tudo é história)

GORENDER, Jacob. O épico e o trágico na história do Haiti. *Estudos Avançados*. São Paulo, jan./abr. 2004.

_____. *O escravismo colonial*. São Paulo: Ática, 2001.

GORZ, André. *Crítica da divisão social do trabalho*. São Paulo: Martins Fontes, 1980.

HERNANDEZ, Leila Leite. *A África na sala de aula*: visita à história contemporânea. São Paulo: Selo Negro, 2004.

HILL, Christopher. *A Revolução Inglesa de 1640*. São Paulo: Companhia das Letras, 1987.

_____. *O mundo de ponta-cabeça*: ideias radicais durante a Revolução Inglesa de 1640. São Paulo: Companhia das Letras, 1987.

_____ (Ed.). *Winstanley*: The Law of Freedom and Other Writings. Cambridge: Cambridge University Press, 2006.

HOBBES, Thomas. *Leviatã* [1651]. São Paulo: Abril Cultural, 1983. (Coleção Os pensadores)

HOBSBAWM, Eric J. *A era das revoluções*. 25. ed. São Paulo: Paz e Terra, 2009.

_____. *A era do capital (1848-1875)*. São Paulo: Paz e Terra, 2010.

HOBSBAWM, Eric J. *As origens da Revolução Industrial*. São Paulo: Global, 1979.

_____. *Era dos extremos. O breve século XX: 1914-1991*. São Paulo: Companhia das Letras, 1995.

_____. *Nações e nacionalismo de 1870*: programa, mito e realidade. São Paulo: Paz e Terra, 2013.

HOLANDA, Sérgio Buarque de (Org.). *Caminhos e fronteiras*. 3. ed. São Paulo: Companhia das Letras, 1994.

_____. *História geral da civilização brasileira*. São Paulo: Bertrand Brasil, 1997.

_____. *Visão do paraíso*: os motivos edênicos no descobrimento e colonização do Brasil. 2. ed. São Paulo: Nacional, 1969.

IGLÉSIAS, Francisco. *A Revolução Industrial*. 7. ed. São Paulo: Brasiliense, 1986.

JUNQUEIRA, Mary Anne. *Estados Unidos*: a consolidação da nação. São Paulo: Contexto, 2007.

KARNAL, Leandro; PURDY, Sean; FERNANDES, Luiz; MORAIS, Marcus. *História dos Estados Unidos*: das origens ao século XXI. São Paulo: Contexto, 2007.

KENT, George O. *Bismarck e seu tempo*. Brasília: Editora da UnB, 1982.

KHALED Jr., Salah H. *Horizontes identitários*: a construção da narrativa nacional brasileira pela historiografia do século XIX. Porto Alegre: EDIPUCRS, 2010.

KODAMA, Kaori. *Os índios no império do Brasil*: a etnografia do IHGB entre as décadas de 1840 e 1860. Rio de Janeiro: Fiocruz; São Paulo: Edusp, 2009.

KOSELLECK, R. *Futuro passado*. Rio de Janeiro: PUC-RJ/Contraponto, 2005.

LAPA, José Roberto do Amaral. *A economia cafeeira*. 5. ed. São Paulo: Brasiliense, 1993. (Coleção Tudo é história)

LIMA, Heitor Ferreira. *História político-econômica e industrial do Brasil*. São Paulo: Nacional, 1976.

LOCKE, John. *Segundo tratado sobre o governo*. São Paulo: Abril Cultural, 1983. (Coleção Os pensadores)

LOPES, Marcos Antônio. Declínio e ascensão da história política. *Síntese Nova Fase*, v. 22, n. 71, 1995.

MALERBA, Jurandir. *A corte no exílio*: civilização e poder no Brasil às vésperas da independência (1808 a 1821). São Paulo: Companhia das Letras, 2000.

MAQUIAVEL, Nicolau. *O príncipe* [1532]. São Paulo: Abril Cultural, 1983. (Coleção Os pensadores)

MARQUES, Leonardo. A participação norte-americana no tráfico transatlântico de escravos para os Estados Unidos, Cuba e Brasil. *História*: Questões & Debates. Curitiba, n. 52, jan./jun. 2010.

MARTINS, Oliveira. *História de Portugal*. Lisboa: IN/CM, 1988.

MARTINS, Paulo César Garcez. *Através da rótula*: sociedade e arquitetura urbana no Brasil, séculos XVII a XX. São Paulo: Humanitas, 2001.

MARX, Karl. *O anarquismo*. São Paulo: Acadêmica, 1987.

_____. *A revolução antes da revolução*. São Paulo: Expressão Popular, 2008.

MARX, Karl; ENGELS, Friedrich. *Manifesto comunista* [1848]. São Paulo: Boitempo, 1998.

_____. *Obras escolhidas*. São Paulo: Alfa-Omega, s/d. v. 3.

MATOS, Raimundo José da Cunha. *Corografia histórica da província de Minas Gerais (1837)*. Belo Horizonte: Itatiaia; São Paulo: Edusp, 1981. v. 2.

MATTOS, Claudia Valladão de; OLIVEIRA, Helena Salles de (Org.). *O brado do Ipiranga*. São Paulo: Edusp, 1999.

MATTOSO, Kátia M. de Queirós. *Textos e documentos para o estudo da história contemporânea (1789-1963)*. São Paulo: Hucitec/Edusp, 1977.

MAXWELL, Kenneth. *A devassa da devassa*: a Inconfidência Mineira. Rio de Janeiro: Paz e Terra, 1978.

_____. Conjuração Mineira: novos aspectos. *Estudos Avançados*, v. 3, n. 6, maio/ago. 1989.

_____. *Marquês de Pombal*: paradoxo do iluminismo. São Paulo: Paz e Terra, 1997.

MELLO, Priscilla Leal. *Leitura, encantamento e rebelião*: o islão negro no Brasil (século XIX). Tese de doutorado em História apresentada ao Instituto de Ciências Humanas e Filosofia da Universidade Federal Fluminense. Niterói, 2011.

MICHELET, Jules. *História da Revolução Francesa*: da queda da Bastilha à festa da federação. São Paulo: Companhia das Letras, 1989.

MILTON, John. *Escritos políticos*. São Paulo: Martins Fontes, 2005.

MONTEIRO, Hamilton M. *Brasil império*. 3. ed. São Paulo: Ática, 1994. (Série Princípios)

MONTEIRO, John Manuel. *Negros da terra*: índios e bandeirantes nas origens de São Paulo. São Paulo: Companhia das Letras, 1994.

MONTESQUIEU. Do espírito das leis. In: *Montesquieu*. São Paulo: Nova Cultural, 1973. (Coleção Os pensadores)

MORIN, Tania Machado. Revolução Francesa e feminina. *Revista de História da Biblioteca Nacional*, n. 63, 8 dez. 2010.

MOTA, Carlos G. *Viagem incompleta:* a experiência brasileira. São Paulo: Senac, 2000.

MOURA, Clóvis Steiger de Assis. *Dicionário da escravidão negra no Brasil*. São Paulo: Edusp, 2004.

NICOLET, Claude. *L'Idée Républicaine em France (1789-1924)*. Paris: Gallimard, 1994.

NOGARET-CHAUSSINAND, Guy. *A queda da Bastilha*: o começo da Revolução Francesa. Rio de Janeiro: Jorge Zahar, 1989.

NOVAES, Carlos Eduard; LOBO, César. *Cidadania para principiantes*: a história dos direitos do homem. São Paulo: Ática, 2003.

NOVAIS, Fernando A. *Portugal e Brasil na crise do antigo sistema colonial (1777-1808)*. 6. ed. São Paulo: Hucitec, 1995.

_____. (Coord.). *História da vida privada no Brasil*: império. São Paulo: Companhia das Letras, 1997. v. 2.

OLIVEIRA, Vinicius Pereira de; SALAINI, Cristian Jobi. Guerreiros descartáveis. *Revista de História da Biblioteca Nacional*, n. 58, jul. 2010.

PAIVA, Eduardo França. *Escravidão e universo cultural na colônia*: Minas Gerais, 1716-1789. Belo Horizonte: Editora da UFMG, 2001.

_____. *Escravos e libertos nas Minas Gerais do século XVIII*: estratégias de resistência através dos testamentos. 3. ed. São Paulo: Annablume; Belo Horizonte: PPGH-UFMG, 2009.

PAOLO, Pasquale di. *Cabanagem*: a revolução popular da Amazônia. Pará: Cejup, 1986.

PARRON, Tâmis Peixoto. *A política da escravidão na era da liberdade*: Estados Unidos, Brasil e Cuba (1787-1846). Tese de doutorado apresentada ao Departamento de História da FFLCH da Universidade de São Paulo, 2015.

PASSETTI, Gabriel. De Asunción ao Rio Negro: as "Campanhas do Deserto" e o genocídio indígena na Argentina (1870-1885). *Anais do XVIII Encontro Regional de História*: o historiador e seu tempo. Anpuh: São Paulo; Unesp: Assis, 24-28 jul. 2006. CD-Rom.

_____. *Indígenas e criollos*: política, guerra e traição nas lutas no sul da Argentina (1852-1885). São Paulo: Edusp, 2005.

PEDREIRA, Jorge; COSTA, Fernando Dores. *D. João VI, um príncipe entre dois continentes*. São Paulo: Companhia das Letras, 2008.

PENA, Sérgio D. J.; BIRCHAL, Telma S. A inexistência biológica *versus* a existência social de raças humanas: pode a ciência instruir um etos social? *Revista USP*, n. 68, dez./fev. 2005-2006.

PEREIRA, Nilton Mullet. O ensino na Idade Média. *Revista do Instituto Humanitas Unisinos*, ed. 198, 2 out. 2006.

PÉRONNET, Michel. *Revolução Francesa em 50 palavras-chaves*. São Paulo: Brasiliense, 1988.

PERROT, Michelle. *Os excluídos da história*: operários, mulheres e prisioneiros. 4. ed. Rio de Janeiro: Paz e Terra, 2006.

PINSKY, Jaime et al (Org.). *História da América através de textos*. São Paulo: Contexto, 2000.

PINTO, Virgílio Noya. *O ouro brasileiro e o comércio anglo-português*. São Paulo: Nacional, 1979.

POCOCK, John. *The Machiavellian Moment*. Princeton: Princeton University Press, 1975.

POE, Edgar Allan. *O homem da multidão*. In: *Contos*. São Paulo: Cultrix, 1986.

POMER, Leon. *As independências na América Latina*. São Paulo: Brasiliense, 1981.

_____. *Guerra do Paraguai*: a grande tragédia rio-platense. São Paulo: Global, 1981.

PRADO JR., Caio. *História econômica do Brasil*. 30. ed. São Paulo: Brasiliense, 1984.

PRIORE, Mary del (Org.). *Revisão do Paraíso*: os brasileiros e o Estado em 500 anos de história. Rio de Janeiro: Campus, 2000.

RESENDE, Maria Efigênia Lage de; VILLALTA, Carlos. *As Minas setecentistas*. Belo Horizonte: Autêntica; Companhia do Tempo, 2007. v. 1 e 2.

Revista Educação em Questão. *Rapport de Condorcet* [Relatório de Condorcet – 1792]. Natal, v. 21, n. 7, p. 234-245, set./dez. 2004.

ROCHE, Daniel. *O povo de Paris*: ensaio sobre a cultura popular no século XVIII. São Paulo: Edusp, 2004.

ROMEIRO, Adriana; BOTELHO, Angela Vianna. *Dicionário histórico das Minas Gerais. Período colonial*. 3. ed. Belo Horizonte: Autêntica, 2013.

ROSANVALLON, Pierre. *La Contre-décmocratie: la politique à l'âge de la défiance*. Paris: Seuil, 2006.

ROSANVALLON, Pierre. *Le Sacre de Citoyen*. Paris: Gallimard, 1992.

ROUSSEAU, Jean-Jacques. *Do contrato social*. São Paulo: Abril Cultural, 1983. (Coleção Os pensadores)

_____. *Emílio ou da educação*. 2. ed. São Paulo: Difel, 1973.

SALIBA, Elias Thomé. *As utopias românticas*. São Paulo: Brasiliense, 1991.

SAMPAIO, Teodoro; SANTANA, José C. Barreto de (Org.). *O Rio São Francisco e a Chapada Diamantina*. São Paulo: Companhia das Letras, 2002. (Coleção Retratos do Brasil)

SANTOS, Boaventura de Sousa. *Para além do pensamento abissal*: das linhas globais a uma ecologia de saberes. São Paulo: Novos estudos Cebrap, 2007.

SANTOS, Maria J. Vilela. *A Balaiada e a insurreição de escravos no Maranhão*. São Paulo: Ática, 1983.

SCHAMA, Simon. *O desconforto da riqueza*. São Paulo: Companhia das Letras, 2002.

SCHWARCZ, Lilia Moritz. *As barbas do imperador*: D. Pedro II, um monarca dos trópicos. 2. ed. São Paulo: Companhia das Letras, 1998.

_____. *A longa viagem da biblioteca dos reis*: do terremoto de Lisboa à independência do Brasil. São Paulo: Companhia das Letras, 2002.

_____. *O sol do Brasil*: Nicolas-Antoine Taunay e as desventuras dos artistas franceses na corte de D. João. São Paulo: Companhia das Letras, 2008.

SELLERS, Charles; MAY, Henry; McMILLEN, Neil R. *Uma reavaliação da história dos Estados Unidos*. Rio de Janeiro: Jorge Zahar, 2001.

SILVA, Edson. Índios organizados, mobilizados e atuantes: história indígena em Pernambuco nos documentos do Arquivo Público. *Revista de Estudos e Pesquisas*. Brasília: Funai, v. 3, n. 1/2, jul./dez. 2006.

SILVA, Kalina Vanderlei; SILVA, Maciel Henrique. *Dicionário de conceitos históricos*. São Paulo: Contexto, 2009.

SILVA, Rodrigo da. Monções revisitadas: patrimônio e cultura material. *Revista de História da Arte e Arqueologia*, n. 7, jan./jun. 2007.

SILVA, Sergio. *Expansão cafeeira e origens da indústria no Brasil*. 6. ed. São Paulo: Alfa-Ômega, 1985.

SIMONSEN, Roberto. *História econômica do Brasil*. São Paulo: Nacional, 1978.

SKINNER, Quentin. *As fundações do pensamento político moderno*. São Paulo: Companhia das Letras, 1999.

SLEMIAN, Andréa. *Vida política em tempo de crise*. São Paulo: Hucitec, 2006.

SLEMIAN, Andréa; PIMENTA, João Paulo G. *O "nascimento político" do Brasil (1808-1825)*. Rio de Janeiro: DP&A, 2003.

SOARES, Gabriela P.; COLOMBO, Sylvia. *Reforma liberal e lutas camponesas na América Latina*: México e Peru nas últimas décadas do século XIX e princípios do XX. São Paulo: Humanitas, 1999.

SOBOUL, Albert. *A Revolução Francesa*. 3. ed. São Paulo/Rio de Janeiro: Difel, 1979.

SOËTARD, Michel (Org.). *Jean-Jacques Rousseau*. Brasília: MEC; Recife: Fundação Joaquim Nabuco/Massangana, 2010. (Coleção Educadores)

SOUZA, Laura de Mello e. *Desclassificados do ouro*: a pobreza mineira no século XVIII. Rio de Janeiro: Graal, 1982.

_____ (Org.). *História da vida privada no Brasil*: cotidiano e vida privada na América portuguesa. São Paulo: Companhia das Letras, 1997.

_____. *Opulência e miséria das Minas Gerais*. São Paulo: Brasiliense, 1997. (Coleção Tudo é história)

SPENCE, Jonathan D. *Em busca da China moderna*. São Paulo: Companhia das Letras, 1996.

STAROBINSKI, Jean. *1789: os emblemas da razão*. São Paulo: Companhia das Letras, 1988.

STENDHAL. *Lucien Lewen*. Rio de Janeiro: Francisco Alves, 1983.

_____. *Napoleão*. São Paulo: Boitempo, 1995.

SZMRECSÁNYI, Tamás (Org.). *História econômica do período colonial*. São Paulo: Edusp/Hucitec, 2002.

TEIXEIRA, F. M. P. *As guerras de independência da América Latina*. São Paulo: Ática, 1996.

_____. *As guerras napoleônicas*. São Paulo: Ática, 1996.

TENGARRINHA, José (Org.). *História de Portugal*. Bauru: Edusc; São Paulo: Unesp; Portugal: Instituto Camões, 2001.

THOMPSON, E. P. *A formação da classe operária inglesa*. Rio de Janeiro: Paz e Terra, 1987. v. 1 e 2.

_____. *Costumes em comum*: estudos sobre a cultura popular tradicional. São Paulo: Companhia das Letras, 1998.

VAINFAS, Ronaldo (Dir.). *Dicionário do Brasil imperial (1822--1889)*. Rio de Janeiro: Objetiva, 2002.

VENTURI, Franco. *Utopia e reforma no iluminismo*. Bauru: Edusc, 2003.

VIEIRA FILHO, Dalmo; WEISSHEIMER. *Roteiros nacionais de imigração*: Santa Catarina. Brasília/DF: Iphan, 2011.

VILLALTA, Luiz Carlos. *1789-1808: o império luso-brasileiro e os brasis*. São Paulo: Companhia das Letras, 2000. (Coleção Virando séculos)

VOVELLE, Michel. *Breve história da Revolução Francesa*. 2. ed. Lisboa: Presença, 1994.

_____ (Org.). *França revolucionária (1789-1799)*. São Paulo: Brasiliense, 1989.

ZAHRAN FILHO, Geraldo Nagib. *A tradição liberal dos Estados Unidos e sua influência nas reflexões sobre política externa*. Dissertação de mestrado apresentada ao Programa de Pós-graduação em Relações Internacionais da Pontifícia Universidade Católica do Rio de Janeiro (PUC-Rio), 2005.

WOODCOCK, George. *Anarquismo*: uma história das ideias e movimentos libertários. Porto Alegre: L&PM, 1983. v. 2.

ATITUDES PARA A VIDA

ATITUDES PARA A VIDA

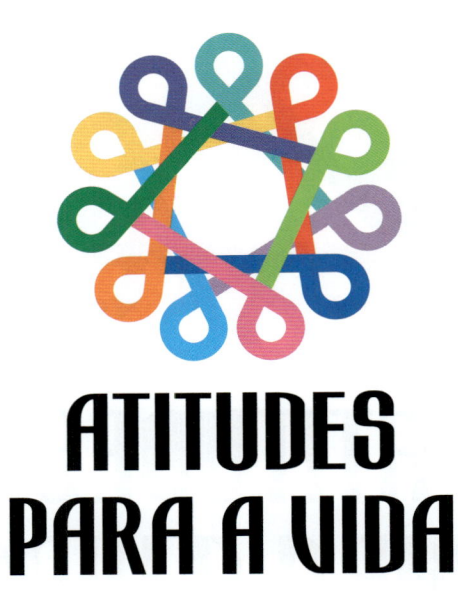

As *Atitudes para a vida* são comportamentos que nos ajudam a resolver as tarefas que surgem todos os dias, desde as mais simples até as mais desafiadoras. São comportamentos de pessoas capazes de resolver problemas, de tomar decisões conscientes, de fazer as perguntas certas, de se relacionar bem com os outros e de pensar de forma criativa e inovadora.

As atividades que apresentamos a seguir vão ajudá-lo a estudar os conteúdos e a resolver as atividades deste livro, incluindo as que parecem difíceis demais em um primeiro momento.

Toda tarefa pode ser uma grande aventura!

PERSISTIR

Muitas pessoas confundem persistência com insistência, que significa ficar tentando e tentando e tentando, sem desistir. Mas persistência não é isso! Persistir significa buscar estratégias diferentes para conquistar um objetivo.

Antes de desistir por achar que não consegue completar uma tarefa, que tal tentar outra alternativa?

Algumas pessoas acham que atletas, estudantes e profissionais bem-sucedidos nasceram com um talento natural ou com a habilidade necessária para vencer. Ora, ninguém nasce um craque no futebol ou fazendo cálculos ou sabendo tomar todas as decisões certas. O sucesso muitas vezes só vem depois de muitos erros e muitas derrotas. A maioria dos casos de sucesso é resultado de foco e esforço.

Se uma forma não funcionar, busque outro caminho. Você vai perceber que desenvolver estratégias diferentes para resolver um desafio vai ajudá-lo a atingir os seus objetivos.

CONTROLAR A IMPULSIVIDADE

Quando nos fazem uma pergunta ou colocam um problema para resolver, é comum darmos a primeira resposta que vem à cabeça. Comum, mas imprudente.

Para diminuir a chance de erros e de frustrações, antes de agir devemos considerar as alternativas e as consequências das diferentes formas de chegar à resposta. Devemos coletar informações, refletir sobre a resposta que queremos dar, entender bem as indicações de uma atividade e ouvir pontos de vista diferentes dos nossos.

Essas atitudes também nos ajudarão a controlar aquele impulso de desistir ou de fazer qualquer outra coisa para não termos que resolver o problema naquele momento. Controlar a impulsividade nos permite formar uma ideia do todo antes de começar, diminuindo os resultados inesperados ao longo do caminho.

Atitudes para a vida

ESCUTAR OS OUTROS COM ATENÇÃO E EMPATIA

Você já percebeu o quanto pode aprender quando presta atenção ao que uma pessoa diz? Às vezes recebemos importantes dicas para resolver alguma questão. Outras vezes, temos grandes ideias quando ouvimos alguém ou notamos uma atitude ou um aspecto do seu comportamento que não teríamos percebido se não estivéssemos atentos.

Escutar os outros com atenção significa manter-nos atentos ao que a pessoa está falando, sem estar apenas esperando que pare de falar para que possamos dar a nossa opinião. E empatia significa perceber o outro, colocar-nos no seu lugar, procurando entender de verdade o que está sentindo ou por que pensa de determinada maneira.

Podemos aprender muito quando realmente escutamos uma pessoa. Além do mais, para nos relacionar bem com os outros — e sabemos o quanto isso é importante —, precisamos prestar atenção aos seus sentimentos e às suas opiniões, como gostamos que façam conosco.

PENSAR COM FLEXIBILIDADE

Você conhece alguém que tem dificuldade de considerar diferentes pontos de vista? Ou alguém que acha que a própria forma de pensar é a melhor ou a única que existe? Essas pessoas têm dificuldade de pensar de maneira flexível, de se adaptar a novas situações e de aprender com os outros.

Quanto maior for a sua capacidade de ajustar o seu pensamento e mudar de opinião à medida que recebe uma nova informação, mais facilidade você terá para lidar com situações inesperadas ou problemas que poderiam ser, de outra forma, difíceis de resolver.

Pensadores flexíveis têm a capacidade de enxergar o todo, ou seja, têm uma visão ampla da situação e, por isso, não precisam ter todas as informações para entender ou solucionar uma questão. Pessoas que pensam com flexibilidade conhecem muitas formas diferentes de resolver problemas.

ESFORÇAR-SE POR EXATIDÃO E PRECISÃO

Para que o nosso trabalho seja respeitado, é importante demonstrar compromisso com a qualidade do que fazemos. Isso significa conhecer os pontos que devemos seguir, coletar os dados necessários para oferecer a informação correta, revisar o que fazemos e cuidar da aparência do que apresentamos.

Não basta responder corretamente; é preciso comunicar essa resposta de forma que quem vai receber e até avaliar o nosso trabalho não apenas seja capaz de entendê-lo, mas também que se sinta interessado em saber o que temos a dizer.

Quanto mais estudamos um tema e nos dedicamos a superar as nossas capacidades, mais dominamos o assunto e, consequentemente, mais seguros nos sentimos em relação ao que produzimos.

QUESTIONAR E LEVANTAR PROBLEMAS

Não são as respostas que movem o mundo, são as perguntas.

Só podemos inovar ou mudar o rumo da nossa vida quando percebemos os padrões, as incongruências, os fenômenos ao nosso redor e buscamos os seus porquês.

E não precisa ser um gênio para isso, não! As pequenas conquistas que levaram a grandes avanços foram — e continuam sendo — feitas por pessoas de todas as épocas, todos os lugares, todas as crenças, os gêneros, as cores e as culturas. Pessoas como você, que olharam para o lado ou para o céu, ouviram uma história ou prestaram atenção em alguém, perceberam algo diferente, ou sempre igual, na sua vida e fizeram perguntas do tipo "Por que será?" ou "E se fosse diferente?".

Como a vida começou? E se a Terra não fosse o centro do universo? E se houvesse outras terras do outro lado do oceano? Por que as mulheres não podiam votar? E se o petróleo acabasse? E se as pessoas pudessem voar? Como será a Lua?

E se...? (Olhe ao seu redor e termine a pergunta!)

APLICAR CONHECIMENTOS PRÉVIOS A NOVAS SITUAÇÕES

Esta é a grande função do estudo e da aprendizagem: sermos capazes de aplicar o que sabemos fora da sala de aula. E isso não depende apenas do seu livro, da sua escola ou do seu professor; depende da sua atitude também!

Você deve buscar relacionar o que vê, lê e ouve aos conhecimentos que já tem. Todos nós aprendemos com a experiência, mas nem todos percebem isso com tanta facilidade.

Devemos usar os conhecimentos e as experiências que vamos adquirindo dentro e fora da escola como fontes de dados para apoiar as nossas ideias, para prever, entender e explicar teorias ou etapas para resolver cada novo desafio.

PENSAR E COMUNICAR-SE COM CLAREZA

Pensamento e comunicação são inseparáveis. Quando as ideias estão claras em nossa mente, podemos nos comunicar com clareza, ou seja, as pessoas nos entendem melhor.

Por isso, é importante empregar os termos corretos e mais adequados sobre um assunto, evitando generalizações, omissões ou distorções de informação. Também devemos reforçar o que afirmamos com explicações, comparações, analogias e dados.

A preocupação com a comunicação clara, que começa na organização do nosso pensamento, aumenta a nossa habilidade de fazer críticas tanto sobre o que lemos, vemos ou ouvimos quanto em relação às falhas na nossa própria compreensão, e poder, assim, corrigi-las. Esse conhecimento é a base para uma ação segura e consciente.

IMAGINAR, CRIAR E INOVAR

Tente de outra maneira! Construa ideias com fluência e originalidade!

Todos nós temos a capacidade de criar novas e engenhosas soluções, técnicas e produtos. Basta desenvolver nossa capacidade criativa.

Pessoas criativas procuram soluções de maneiras distintas. Examinam possibilidades alternativas por todos os diferentes ângulos. Usam analogias e metáforas, se colocam em papéis diferentes.

Ser criativo é não ser avesso a assumir riscos. É estar atento a desvios de rota, aberto a ouvir críticas. Mais do que isso, é buscar ativamente a opinião e o ponto de vista do outro. Pessoas criativas não aceitam o *status quo*, estão sempre buscando mais fluência, simplicidade, habilidade, perfeição, harmonia e equilíbrio.

ASSUMIR RISCOS COM RESPONSABILIDADE

Todos nós conhecemos pessoas que têm medo de tentar algo diferente. Às vezes, nós mesmos acabamos escolhendo a opção mais fácil por medo de errar ou de parecer tolos, não é mesmo? Sabe o que nos falta nesses momentos? Informação!

Tentar um caminho diferente pode ser muito enriquecedor. Para isso, é importante pesquisar sobre os resultados possíveis ou os mais prováveis de uma decisão e avaliar as suas consequências, ou seja, os seus impactos na nossa vida e na de outras pessoas.

Informar-nos sobre as possibilidades e as consequências de uma escolha reduz a chance do "inesperado" e nos deixa mais seguros e confiantes para fazer algo novo e, assim, explorar as nossas capacidades.

PENSAR DE MANEIRA INTERDEPENDENTE

Nós somos seres sociais. Formamos grupos e comunidades, gostamos de ouvir e ser ouvidos, buscamos reciprocidade em nossas relações. Pessoas mais abertas a se relacionar com os outros sabem que juntos somos mais fortes e capazes.

Estabelecer conexões com os colegas para debater ideias e resolver problemas em conjunto é muito importante, pois desenvolvemos a capacidade de escutar, empatizar, analisar ideias e chegar a um consenso. Ter compaixão, altruísmo e demonstrar apoio aos esforços do grupo são características de pessoas mais cooperativas e eficazes.

Estes são 11 dos 16 Hábitos da mente descritos pelos autores Arthur L. Costa e Bena Kallick em seu livro *Learning and leading with habits of mind*: 16 characteristics for success.

Acesse http://www.moderna.com.br/araribaplus para conhecer mais sobre as *Atitudes para a vida*.

CHECKLIST PARA MONITORAR O SEU DESEMPENHO

Reproduza para cada mês de estudo o quadro abaixo. Preencha-o ao final de cada mês para avaliar o seu desempenho na aplicação das *Atitudes para a vida*, para cumprir as suas tarefas nesta disciplina. Em *Observações pessoais*, faça anotações e sugestões de atitudes a serem tomadas para melhorar o seu desempenho no mês seguinte.

Classifique o seu desempenho de 1 a 10, sendo 1 o nível mais fraco de desempenho, e 10, o domínio das *Atitudes para a vida*.

Atitudes para a vida	Neste mês eu...	Desempenho	Observações pessoais
Persistir	Não desisti. Busquei alternativas para resolver as questões quando as tentativas anteriores não deram certo.		
Controlar a impulsividade	Pensei antes de dar uma resposta qualquer. Refleti sobre os caminhos a escolher para cumprir minhas tarefas.		
Escutar os outros com atenção e empatia	Levei em conta as opiniões e os sentimentos dos demais para resolver as tarefas.		
Pensar com flexibilidade	Considerei diferentes possibilidades para chegar às respostas.		
Esforçar-se por exatidão e precisão	Conferi os dados, revisei as informações e cuidei da apresentação estética dos meus trabalhos.		
Questionar e levantar problemas	Fiquei atento ao meu redor, de olhos e ouvidos abertos. Questionei o que não entendi e busquei problemas para resolver.		
Aplicar conhecimentos prévios a novas situações	Usei o que já sabia para me ajudar a resolver problemas novos. Associei as novas informações a conhecimentos que eu havia adquirido de situações anteriores.		
Pensar e comunicar-se com clareza	Organizei meus pensamentos e me comuniquei com clareza, usando os termos e os dados adequados. Procurei dar exemplos para facilitar as minhas explicações.		
Imaginar, criar e inovar	Pensei fora da caixa, assumi riscos, ouvi críticas e aprendi com elas. Tentei de outra maneira.		
Assumir riscos com responsabilidade	Quando tive de fazer algo novo, busquei informação sobre possíveis consequências para tomar decisões com mais segurança.		
Pensar de maneira interdependente	Trabalhei junto. Aprendi com ideias diferentes e participei de discussões.		

Atitudes para a vida